um novo dia
um novo
você

AUTORA BEST-SELLER PELO **THE NEW YORK TIMES**

JOYCE MEYER

um novo dia
um novo
você

366 Devocionais para
desfrutar a vida diária

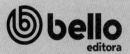

Belo Horizonte

Edição publicada mediante acordo com FaithWords, New York, New York. Todos os direitos reservados.

Diretor
Lester Bello

Autora
Joyce Meyer

Título Original
New Day, New You

Tradução
Vânia Carvalho / Idiomas & Cia

Revisão
Idiomas & Cia / Ana Lacerda

Diagramação
Julio Fado
Ronald Machado (Direção de arte)

Design capa (adaptação)
Fernando Rezende
Ronald Machado (Direção de arte)

Impressão e Acabamento
Gráfica Viena

Rua Vera Lucia Pereira, 122
Bairro Goiânia, CEP 31.950-060
Belo Horizonte/MG - Brasil
contato@belloeditora.com
www.belloeditora.com

© 2007 por Joyce Meyer
Copyright desta edição
FaithWords
Hachette Book Group
New York, NY

Publicado pela
Bello Comércio e Publicações Ltda-ME.
com a devida autorização de
Hachette Book Group e todos
os direitos reservados.

Primeira Edição — Novembro de 2010
3ª Reimpressão — Março de 2016
4ª Reimpressão - Julho 2024

Todos os direitos reservados. Nenhuma parte desta publicação poderá ser reproduzida, distribuída ou transmitida por qualquer forma ou meio, ou armazenada em base de dados ou sistema de recuperação, sem a autorização prévia por escrito da editora.

Todas as citações bíblicas, salvo indicação contrária, foram extraídas da Bíblia Sagrada, Nova Versão Internacional, Editora Vida, 2000. Outras versões utilizadas: ARA (Almeida Revista e Atualizada, SBB), ARC (Almeida Revista e Corrigida, SBB), NTLH (Nova Tradução da Linguagem de Hoje, SBB) e ABV (A Bíblia Viva, Mundo Cristão). A seguinte versão foi traduzida livremente do idioma inglês em função da inexistência de tradução no idioma português: AMP (Amplified Bible).

Publicação em acordo com as orientações do NOVO ACORDO ORTOGRÁFICO DA LÍNGUA PORTUGUESA, em vigor desde janeiro de 2009.

Dados Internacionais de Catalogação na Publicação (CIP)

Meyer, Joyce
M612   Um novo dia, um novo você: 366 devocionais
para desfrutar a vida diária / Joyce Meyer;
tradução de Vânia Carvalho / Idiomas & Cia. –
Belo Horizonte: Bello Publicações, 2016.
376p.
Título original: New day new you.
ISBN: 978-85-61721-64-0.
1. Palavra de Deus. 2. Devocionais. I. Título.

CDD: 234.2
CDU: 230.112

Introdução

Portanto, se alguém está em Cristo, é nova criação.

As coisas antigas já passaram; eis que surgiram coisas novas!

— 2 CORÍNTIOS 5:17

Incontáveis foram as ocasiões em que uma palavra do meu Pai celeste, dada num momento preciso, tirou-me das profundezas do desânimo ou do desespero e me deixou com novas esperanças e visão renovada. Muitas vezes, vi que passar apenas alguns minutos com Ele pela manhã é algo que me ajuda imensamente a desfrutar a vida e o dia a dia.

Um Novo Dia, Um Novo Você traz um ano inteiro repleto desses momentos com Deus que foram compilados a partir de dezenove de meus livros mais populares. Seja você um novo cristão, ou um cristão com muitos anos de conversão, acredito que este livro será um ótimo instrumento para ajudá-lo a adquirir sabedoria e inspiração através da Palavra de Deus.

Eu o incentivo a dedicar os próximos 365 dias ao seu Pai celeste... Dedique todos os dias a Ele passando um momento diário de quietude e concentração na Sua Palavra. Ao fazer isso, tenha a expectativa de que o Deus do universo descerá sobre sua vida a cada dia, enchendo você com Sua alegria incomensurável. Assim como Deus faz cada dia novo, Ele fará de você uma *nova pessoa* a cada dia, cheia do Seu Espírito e confiante quanto ao propósito que Ele tem para a sua vida.

Joyce Meyer

Seja Semelhante a Cristo

Então disse Deus: "Façamos o homem
à nossa imagem, conforme a nossa semelhança...".
— GÊNESIS 1:26

Quando Deus disse: "Façamos o homem à nossa imagem," essa imagem se refere à semelhança de caráter. Ele estava dizendo que assumiríamos Sua natureza divina, Seu caráter, conforme é refletido no Seu Filho Jesus Cristo. Em Colossenses 1:15, Paulo nos diz que Jesus é "a semelhança perfeita do Deus invisível [a representação visível do que é invisível]; Ele é o primogênito de toda a criação" (ABV). Como cristãos, devemos ser transformados à imagem e semelhança de Cristo.

O maior objetivo de cada crente — e certamente daqueles dentre nós que queremos ser usados por Deus em posições de liderança —, deveria ser buscar ser semelhante a Cristo. Deveríamos desejar lidar com as situações e tratar as pessoas da maneira como Jesus faria. Essa deveria ser a nossa meta. Jesus deve ser o nosso exemplo.

Em João 13:15, Ele disse aos Seus discípulos, depois de lavar seus pés como se fosse um servo: "Eu lhes dei o exemplo, para que vocês façam como lhes fiz." E Pedro nos diz em 1 Pedro 2:21: "Para isso vocês foram chamados, pois também Cristo sofreu no lugar de vocês, deixando-lhes exemplo, para que sigam os seus passos." A vocação e o alto chamado de cada cristão é ser transformado na imagem de Jesus Cristo.

Deus continuará trabalhando em cada um de nós até chegarmos ao ponto em que agiremos como Jesus agiria em cada situação da vida, até manifestarmos o mesmo tipo de fruto do Espírito que Ele manifestou.

— 2 DE JANEIRO

Dê a Melhor Hora do Dia a Deus, 1ª parte

Mas eu confio em Ti, Senhor, e digo: Tu és o meu Deus.
O meu futuro está nas Tuas mãos; livra-me dos meus inimigos e daqueles que me perseguem.
— SALMOS 31:14, 15

Eu me eduquei para começar cada dia dando a Deus os primeiros frutos do meu tempo. Percebi que não vou viver meu dia em paz se não passar um tempo com Deus. De modo que, todas as manhãs, pego meu café e geralmente enquanto ainda estou de pijama, passo o tempo que for necessário com Deus para poder sentir que sou capaz de agir da maneira certa e caminhar segundo o fruto do Espírito no decorrer daquele dia.

Aprendi a usar a melhor hora do meu dia para dar a Deus a melhor parte do meu coração. Dar a Deus os primeiros momentos da manhã me ajuda a manter as prioridades em ordem durante o restante do dia. Não use o presente que é passar um tempo com Deus para meditar sobre os seus problemas. Durante este tempo com Ele, coloque seu coração em sintonia com as palavras escritas pelo salmista: "Mas eu confio em Ti, Senhor, e digo: Tu és o meu Deus. **O meu futuro está nas Tuas mãos**" (Salmos 31:14, 15, ênfase da autora).

A Bíblia diz: "Confie no Senhor de todo o seu coração e não se apoie em seu próprio entendimento; reconheça o Senhor em todos os seus caminhos, e Ele endireitará as suas veredas. Não seja sábio aos seus próprios olhos" (Provérbios 3:5-7).

Deus quer nos ouvir dizer: "Senhor, não sei como Tu irás fazer isso. Não me importa como o faças. Sei que vai dar certo. Confio e entrego todas as minhas circunstâncias a Ti. *Meu futuro está nas Tuas mãos*, confiar em Ti é prioridade máxima em minha vida".

3 DE JANEIRO

Dê a Melhor Hora do Dia a Deus, 2ª parte

Porque no meu santo monte, no monte alto de Israel,
diz o Senhor Deus... ali requererei as vossas ofertas
e as primícias das vossas dádivas, com todas as vossas coisas santas.

— EZEQUIEL 20:40, ARA

Ezequiel 20:40 diz que devemos entregar ao Senhor as nossas primícias, a melhor parte escolhida entre as nossas ofertas. Para estar em perfeita paz, deveríamos dar a Deus o melhor do nosso tempo e das nossas ofertas. Devemos ser honestos conosco com relação a quais são nossas reais prioridades, e começar a fazer mudanças para colocar Deus em primeiro lugar. Não dê suas sobras a Deus; não dê a Ele aquela hora do dia quando você está cansado e não consegue pensar direito nem sequer manter seus olhos abertos. Dê a Deus as primícias da sua atenção. Dê-lhe a melhor parte do seu dia. Só então você descobrirá quais são suas verdadeiras prioridades.

Deus deve ser a prioridade em *tudo* que você faz. Desde o momento em que está se vestindo até a hora em que organiza sua agenda de compromissos, você pode pedir a Deus sabedoria para fazer as escolhas que irão glorificá-lo. Você pode associar seu tempo com Deus a tudo o que faz, a tal ponto de começar a orar sem cessar (orando no decorrer do dia). Ao se tornar cada vez mais ciente da presença do Senhor, não será possível colocar Deus em compartimentos separados, nem separar atividades seculares das atividades sagradas. Até mesmo os eventos mais comuns se tornarão sagrados porque Ele estará envolvido neles.

Converse com Deus no decorrer do dia; peça a Ele para orientá-lo e ajudá-lo nas decisões que precisa tomar e para fortalecê-lo para as tarefas que precisa realizar. Ao reconhecer que Deus está sempre ao seu lado, você conseguirá mantê-lo em primeiro lugar em tudo que se determinar a fazer, e Ele lhe mostrará um caminho reto que o levará à paz. Seguir a orientação do Espírito Santo a cada momento fará com que você consiga desfrutar cada dia de sua vida.

4 DE JANEIRO

Atitudes do Coração

Amazias tinha vinte e cinco anos de idade quando começou a reinar, e reinou vinte e nove anos em Jerusalém... Ele fez o que o Senhor aprova, mas não de todo o coração.

— 2 CRÔNICAS 25:1-2

Quando Deus pede o nosso coração, Ele está pedindo nossa vida inteira — isso inclui nossa personalidade, nosso caráter, nosso corpo, nossa mente e nossas emoções. O coração é quem a pessoa é na realidade, não aquilo que todos veem no exterior. A igreja e o mundo estão procurando pessoas que sejam reais. Em 2 Crônicas 25:1 e 2, lemos a respeito de um rei em cujo coração existia uma condição negativa. Nessa passagem, o Rei Amazias fez todas as coisas certas, mas seu coração não tinha a atitude correta. Portanto, Deus não se agradou dele.

Isso é assustador. Podemos fazer tudo da forma correta e mesmo assim não sermos aceitos por Deus porque fizemos com uma atitude errada de coração. Por exemplo, consideremos a questão do "dar". Em 2 Coríntios 9:7, lemos que Deus ama o que dá com alegria, aquele que não dá por impulso nem com uma atitude negativa, mas dá com disposição de coração. Deus receberá o que estamos dando mesmo que sejamos avarentos e hesitantes. Talvez Ele pegue nosso dinheiro e o use para o Seu Reino, mas essa não é a atitude de coração que Ele quer que tenhamos ao dar. Há um coração físico e um coração espiritual, e os dois são paralelos.

Fisicamente falando, o coração é órgão mais importante do corpo. Espiritualmente falando, acredito que o coração é o aspecto mais importante do corpo espiritual. E é a coisa mais importante que um cristão ou um líder pode dar a Deus. É por isso que é tão importante o estado em que se encontra nosso coração. Não é falta de capacidade ou de potencial que impedem a maioria das pessoas de fazer progresso e de ter realização na vida; acredito que sejam as atitudes erradas do coração.

UM NOVO DIA, UM NOVO VOCÊ — 9

5 DE JANEIRO

O Edificador-Chefe

Pois toda casa é edificada por alguém, mas o que edificou todas as coisas é Deus.

— HEBREUS 3:4, ARA

Deus é o Edificador-Chefe. Jesus é a Pedra Principal. É Deus quem nos constrói e nos prepara para o trabalho do Senhor Jesus Cristo. Em Filipenses 1:6, o apóstolo Paulo escreve para nos certificar de que: "Estou convencido de que aquele que começou a boa obra em vocês, vai completá-la até o dia de Cristo Jesus". Ele estava simplesmente nos dizendo o seguinte: "Foi Deus Quem começou esta obra em você e é Deus Quem vai terminá-la!" Isso significa que devemos deixar Deus em paz para fazer o Seu trabalho. Precisamos deixar de lado aquilo que cabe a Deus fazer e tratar do que é da nossa conta.

Há certas coisas que somente Deus pode fazer. Devemos fazer a nossa parte e deixar que Ele faça a Dele. Devemos cuidar do que é da nossa responsabilidade, mas lançar nossos cuidados sobre Ele. Devemos confessar nossos pecados e fracassos ao Senhor, confiantes de que Ele perdoará esses pecados e fracassos e nos limpará de toda a injustiça, como nos prometeu em Sua Palavra (veja 1 João 1:9). É nosso dever confiar que Ele fará o trabalho de nos aperfeiçoar para a obra que temos a realizar nesta vida. Conhecer essa verdade retira a pressão dos nossos ombros e alivia a preocupação e a ansiedade que frequentemente sentimos quando tentamos aperfeiçoar a nós mesmos.

6 DE JANEIRO

Comece Com o que Você Tem

Não diga ao seu próximo:"Volte amanhã, e eu lhe darei algo".

— PROVÉRBIOS 3:28

Podemos ter boas intenções e ainda assim ser desobedientes. A procrastinação, a ação de adiar o que temos a fazer, é algo enganador. Não consideramos a procrastinação como desobediência porque temos a intenção de obedecer a Deus; o problema é que pretendemos fazê-lo *quando*... Quando tivermos mais dinheiro, quando não estivermos tão ocupados, assim que passar o Natal, depois que matricularmos as crianças na escola este ano, assim que as férias terminarem, etc.

Não faz sentido orar para que Deus lhe dê mais dinheiro a fim de que você possa ser uma bênção para os outros se você não estiver sendo uma bênção com o que já tem nesse momento. Não acredite nas mentiras de Satanás de que você não tem nada para dar. Mesmo que seja apenas um pacotinho de chicletes ou a ponta de uma caneta, comece a usar o que você tem para abençoar os outros.

7 DE JANEIRO

Mude o Curso do Seu Dia

"Eu sou a videira; vocês são os ramos. Se alguém permanecer em mim e eu nele, esse dará muito fruto; pois sem mim vocês não podem fazer coisa alguma...".

— JOÃO 15:5

Se você se levantar pela manhã com um mau humor terrível, o melhor que tem a fazer é encontrar um lugar e passar um tempo com o Senhor. Estar na presença de Jesus nos transforma. Podemos mudar o curso de um dia com planos traçados por Satanás aprendendo a buscar Deus rapidamente quando pressentimos qualquer atitude ou comportamento que não reflete o caráter de Cristo. Longe Dele, não podemos fazer nada (João 15:5), mas com Ele e através Dele, podemos fazer todas as coisas (Filipenses 4:13). Aprendi que sempre terei sentimentos com relação a tudo, mas não preciso deixar que esses sentimentos me dominem. Não consigo fazer isso sozinha; mas se buscar a ajuda de Deus, Ele me fortalecerá para que eu ande no Seu Espírito, e não segundo as minhas emoções.

E quando alguém nos ofende ou fere nossos sentimentos? A Bíblia diz que não devemos nos ofender nem nos magoar facilmente. Somos ordenados a perdoar rapidamente aos que nos ofendem. Talvez queiramos fazer o que é certo, mas achemos difícil colocar isso em prática. É nessa hora que precisamos parar e orar, passar um tempo com Deus, buscar a Sua Palavra e deixar nosso coração meditar em algumas passagens bíblicas que se aplicam à situação pela qual estamos passando. Como resultado dessas atitudes, você e eu encontraremos força para fazer o que é certo. Lembre-se, estamos numa guerra; somos soldados no exército do Senhor e devemos estar sempre prontos para usar as nossas armas. Algumas dessas armas são a oração, a adoração, o louvor e a Palavra de Deus.

8 DE JANEIRO

Nossos Desejos e os Desejos de Deus

Pois é Deus quem efetua em vocês tanto o querer quanto o realizar, de acordo com a boa vontade dele.

— FILIPENSES 2:13

A Bíblia diz que Deus coloca em nós o desejo tanto para querer como para fazer a Sua boa vontade. Devemos orar e pedir por desejos santificados e puros. Deus coloca em nós desejos para nos guiar pelo caminho pelo qual Ele quer que sigamos. Se desejamos ler a Palavra, então Deus está nos *convidando* a ler a Palavra. Se desejamos orar quando estamos assistindo televisão, então Deus está falando conosco sobre a *necessidade* de orarmos.

O capítulo 15 de João nos diz que se estivermos em Cristo, se dermos continuidade ao nosso relacionamento com o Senhor e permanecermos Nele durante um período de tempo, Sua Palavra permanecerá em nós. Então poderemos pedir qualquer coisa que desejarmos, pois Ele promete nos dar tal coisa. Permanecer Nele é "andar" com Ele, ficar junto Dele, viver com Ele, tornar-se como Ele e alimentar os desejos que Ele coloca em nosso coração, porque esta é a vontade Dele para nós. Ele coloca os desejos em nossos corações para que oremos e peçamos essas coisas que Ele quer que tenhamos.

Se não oramos, Deus não possui um veículo através do qual trabalhar. Se você sente que Deus colocou certos desejos no seu coração, então é importante orar e pedir essas coisas que deseja. Se não tiver certeza se esses desejos provêm Dele, então diga: "Senhor, acredito que Tu tenhas colocado este desejo em meu coração, então estou lhe pedindo que me conceda. Mas posso ser feliz sem isso, porque sou feliz contigo. Agora, deixo em Suas mãos fazer o que o Senhor quiser fazer".

Acima de tudo, lembre-se de que devemos ser guiados pela paz. Por mais que desejemos fazer algo, se não tivermos paz no fundo de nossos corações com relação a isso, então significa que não é o certo para nós.

9 DE JANEIRO

Com Todo o Coração

Abrão creu no Senhor, e isso lhe foi creditado como justiça.

— GÊNESIS 15:6

Devemos buscar o Senhor com todo o nosso coração. Muitos cristãos só se interessam em buscar a Deus com parte de seus corações. Eles querem que Deus cuide deles, mas não querem realmente fazer os sacrifícios de tempo e devoção que são necessários para se crescer no conhecimento do Senhor e da Sua Palavra — e não querem investir tempo em orar.

Deus disse a Abrão: "Farei um concerto com você. Farei com que seu nome seja famoso, farei com que você seja rico. Farei coisas por você que ninguém mais poderá fazer. Eu lhe darei um filho na sua velhice. Mas esta é a parte que você deve fazer: precisa andar diante de Mim *com todo o seu coração*" (veja Gênesis capítulos 12 a 15). Abrão caiu com o rosto em terra diante de Deus. Ele sabia que estava na presença de um Deus poderoso, que cumpria o prometido. Abrão entendeu que Deus tinha um plano para a sua vida. Deus queria que Abrão e seus herdeiros prosperassem. Deus queria que coisas boas acontecessem a Abrão.

Aquela promessa foi passada a todos que viriam a aceitar Jesus como Senhor. Deus quer que sejamos tão felizes a ponto de as pessoas olharem para nós e dizerem: "Aquele homem serve a um Deus poderoso que cuida dele; ninguém mais poderia fazer essas coisas na vida daquele homem a não ser Deus." A glória de Deus é uma maravilhosa recompensa pela nossa devoção de todo o coração.

10 DE JANEIRO

Sede e Fome de Paz

Sem mais, irmãos, despeço-me de vocês! Procurem aperfeiçoar-se, exortem-se mutuamente tenham um só pensamento, vivam em paz. E o Deus de amor e paz estará com vocês.

— 2 CORÍNTIOS 13:11

Quando Jesus enviou seus discípulos de dois em dois para pregarem e curarem, Ele lhes disse para entrarem em cada cidade, encontrarem uma casa digna onde ficar e dizer a todo o povo: "A paz esteja com vocês." Ele continuou dizendo que, se eles fossem aceitos, deveriam permanecer lá e ministrar para aquele povo. Mas se não fossem aceitos, deveriam partir, sacudindo de seus pés a poeira daquele lugar (veja Mateus 10:11-15).

Eu costumava me interrogar sobre o porquê de Jesus ter dito aquilo. Então o Senhor me revelou que, se os discípulos permanecessem numa casa ou cidade que estivesse no meio de contenda, eles não conseguiriam realizar nenhum trabalho nesse lugar. Sabe por quê? Porque a contenda afasta o Espírito Santo. Quando deixa de existir paz, o Espírito Santo parte, e na verdade é o Espírito que realiza a obra.

Quando pensa em Jesus ministrando às pessoas, como você o imagina? Certamente não é com a atitude apressada que frequentemente manifestamos. Ao contrário, você imagina Jesus ministrando em meio a um ambiente de paz e tranquilidade. Esta é uma qualidade que você e eu precisamos desenvolver. Como embaixadores de Cristo, precisamos ser mais semelhantes ao nosso Mestre. Se queremos fazer alguma coisa pelo nosso Senhor e Salvador, precisamos aprender a ter sede e fome de paz.

11 DE JANEIRO

Que Caminho Você Escolherá?

Entrem pela porta estreita, pois larga é a porta e amplo o caminho que leva à perdição, e são muitos os que entram por ela. Como é estreita a porta, e apertado o caminho que leva à vida! São poucos os que a encontram.

— MATEUS 7:13-14

Aqui nesta passagem, Jesus fala de dois caminhos diferentes: o caminho amplo que leva à perdição e o caminho estreito que leva à vida. Enquanto eu meditava nesta passagem da Bíblia, o Senhor falou ao meu coração e disse: "Joyce, no caminho largo há lugar para todo o tipo de coisas carnais como amargura, falta de perdão, ressentimento e vingança. Mas no caminho estreito só há lugar para o Espírito".

Quando estamos "na carne" é fácil escolher o caminho amplo, todavia o resultado final é perdição e destruição. As emoções nos compelem a tomarmos o caminho fácil, a fazer o que parece bom no momento. A sabedoria nos compele a escolher o caminho difícil que leva à vida. A pergunta é: *Que caminho você escolherá?*

Independentemente do que tenha lhe acontecido no decorrer de sua vida, mesmo que tenha sido abandonado pelo seu cônjuge, abusado por seus pais, ou magoado pelos seus filhos ou por outros, se você permanecer neste caminho estreito e deixar todo excesso de bagagem para trás, mais cedo ou mais tarde encontrará a paz, a alegria e a realização que procura.

Jesus é o Caminho, e Ele nos mostrou o caminho em que devemos andar. O Senhor enviou sobre nós o Seu Espírito Santo para nos orientar e guiar pelo caminho que devemos trilhar, o caminho estreito que leva à vida e não o caminho largo que leva à perdição. Devemos andar nos caminhos do Senhor e que "não nos cansemos de fazer o bem, pois no tempo próprio colheremos, se não desanimarmos" (Gálatas 6:9).

12 DE JANEIRO

Encontrar seu Destino

Ora, vocês são o corpo de Cristo, e cada um de vocês, individualmente, é membro desse corpo.

— I CORÍNTIOS 12:27

Nós nos perguntamos às vezes: *O que devo fazer com minha vida? Qual é o meu propósito aqui? Será que Deus tem um chamado para mim?* Deus responde essas perguntas através dos nossos dons naturais e talentos. Ele nos guia aos nossos propósitos através de capacidades naturais que temos e talentos únicos que Ele derrama sobre nós. Dons dados por Deus são aquelas coisas que realizamos com facilidade sem necessidade de qualquer aprendizado formal. Temos muito prazer em fazer coisas que naturalmente sabemos fazer bem.

Se você não tem certeza de qual é o seu propósito na vida, apenas faça o que você faz bem e depois espere Deus confirmar o que está fazendo ao abençoar seus esforços. Não passe a vida tentando fazer o que você não tem o dom para fazer. Eu tentei plantar uma horta, preparar meu próprio molho de tomate em conserva e costurar as roupas de meu marido. Era péssima em cada uma dessas coisas, e até detestei a tentativa! Era óbvio que Deus não estava me chamando a realizar o trabalho de plantar, colher e fazer conservas de legumes, nem de costurar. Mas e se ninguém gostasse de hortas, de fazer conservas ou de costurar? Deus mantém nosso mundo em equilíbrio ao dar a cada um de nós talentos naturais e prazer em fazer o que precisa ser feito para o bem de todos ao nosso redor.

Sabemos que estamos operando segundo nossos dons e chamado quando o que fazemos ministra vida a outros. Se o trabalho que realizamos nos faz sentir infelizes e nos deixa sentindo apreensão, é possível que não estejamos no centro da vontade de Deus. Deus nos dá paz e alegria para que saibamos que estamos cumprindo Seu perfeito plano.

Eu incentivo você a olhar para o que gosta de fazer, o que você sabe fazer bem, o que Deus está lhe dando a graça para fazer — e depois deixe Deus ser Deus em sua vida. Ele quer fluir através de você de diferentes maneiras, mas talvez não seja da mesma maneira que Ele flui através de outros. Confie na capacidade Dele de operar em você e através de você, e não tenha medo de ser único.

---

13 DE JANEIRO

Força de Vontade: Uma Amiga Quando Tudo Vai Bem

Por isso digo: Vivam pelo Espírito, e de modo nenhum satisfarão os desejos da carne.

— GÁLATAS 5:16

A expressão *força de vontade* soa como uma coisa maravilhosa! Somos levados a acreditar que temos força de vontade suficiente em nós para lutar contra toda tentação que surgir à nossa frente. E às vezes ela funciona. Mas vou lhe contar um segredinho sobre a força de vontade. A força de vontade é nossa melhor amiga quando as coisas correm bem, mas é a primeira que desaparece quando você se abate. Descobri que se realmente não quero fazer algo, minha mente me oferece inúmeras razões para eu não fazer tal coisa. Minhas emoções juntam-se a ela e dizem: "Concordo, porque também não sinto vontade de fazer isso".

Nossa alma (mente, vontade, emoções) adoraria governar nossa vida, mas a Bíblia diz que devemos ser guiados pelo Espírito de Deus. Jamais somos instruídos a sermos guiados pela força de vontade, somos ensinados a sermos guiados pelo Espírito. A força de vontade e a disciplina são fatores importantes e vitais para uma vida bem-sucedida, mas apenas a força de vontade não é suficiente. A determinação ajuda você a começar algo e o mantém naquilo durante um tempo, mas nunca é suficiente para levá-lo até a linha de chegada. Zacarias 4:6 diz: "'Não por força nem por violência, mas pelo meu Espírito', diz o Senhor dos Exércitos".

O que aconteceria se, ao invés de primeiro recorrer à força de vontade na sua hora de necessidade, você recorresse a Deus? Quando você faz isso, Deus libera o Seu poder sobre a sua força de vontade, dando-lhe forças e capacidade para alcançar a linha de chegada. E então nossa força de vontade não recebe o crédito pelos nossos sucessos, mas sim, Deus. Jesus disse em João 15:5: "pois sem mim vocês não podem fazer coisa alguma". Esta é uma das lições mais importantes e mais difíceis que precisamos aprender se quisermos desfrutar da vida que Jesus morreu para nos dar.

14 DE JANEIRO

Livres da Maldição da Lei

A Lei foi introduzida para que a transgressão fosse ressaltada.

Mas onde aumentou o pecado, transbordou a graça...

— ROMANOS 5:20

O objetivo da lei de Deus é refrear as tendências do mal naturais ao ser humano em seu estado após a queda. Mas a lei por si só é ineficaz, porque não regula o comportamento da raça humana. Em outras palavras, a lei não tem o poder de fazer as pessoas *quererem* obedecê-la. Por exemplo, suponhamos que você tenha uma tendência de comer chocolate em excesso. Você quer se livrar deste hábito, então estipula uma lei para si mesmo: "Não *devo* comer chocolate. Não *posso* comer chocolate. Eu *nunca* comerei uma barra de chocolate novamente." Você até se convence de que para você é um *pecado* comer chocolate. Esta lei autoimposta não liberta você do desejo pelo chocolate; na verdade parece aumentar seu problema!

Agora você só pensa em chocolate. Você quer chocolate o tempo todo. Você pensa em chocolate da hora que acorda até a hora de dormir. Com o passar do tempo, você acaba se escondendo para comer um chocolatezinho, já que contou para todo o mundo que conhece que *nunca mais* vai comer chocolate. Você não pode comer chocolate na frente das pessoas, então se esconde para saboreá-lo. E agora começa a ficar com sentimento de culpa porque se tornou um pecador que faz "coisas escondidas".

Se você sabe do que estou falando, sabe a dor que se sente ao viver "debaixo da Lei" ao invés de ser livre em Cristo. Novos cristãos, que talvez sejam imaturos na fé e fracos no conhecimento da Palavra de Deus, muitas vezes concentram sua atenção nas leis de Deus a fim de poderem controlar suas paixões. Mas conforme amadurecem e aprendem a dirigir sua atenção à liderança do Espírito Santo, o Espírito os libertará do *desejo* de pecar.

15 DE JANEIRO

Pecado Acidental

Todo aquele que é nascido de Deus não pratica o pecado, porque a semente de Deus permanece nele; ele não pode estar no pecado porque é nascido de Deus.

— 1 JOÃO 3:9

Gosto de explicar isto da seguinte maneira: costumava ser uma pecadora em tempo integral, e que de vez em quando acidentalmente cometia um deslize e fazia algo certo. Mas agora que já passei vários anos construindo um relacionamento profundo e pessoal com Deus e Sua Palavra, eu me concentro em ser uma filha de Deus obediente em tempo integral. Ainda cometo erros, mas nem de longe são tantos quantos cometia antes. Ainda não estou onde preciso estar, mas *graças a Deus* não estou onde costumava estar.

Há ocasiões em que acidentalmente cometo erros, mas não é o desejo do meu coração fazer o que é errado. Não peco deliberadamente, com conhecimento pleno. Não peco habitualmente. Então não permito que essas ocasiões me façam sentir insegura. Não faço tudo certinho, mas sei que minha atitude de coração é certa. Posso estar tendo um dia absolutamente maravilhoso, sentindo-me muito perto do Senhor e muito espiritual. Então meu marido Dave chega em casa e diz que não gosta da roupa que estou usando e, de repente, fico com raiva e na defensiva, e começo a dizer tudo que eu também não gosto nele. Não pretendia que isso acontecesse; na verdade, eu planejei ter uma atitude doce e submissa quando ele chegasse.

Contudo, como disse Paulo em Romanos 7, as coisas que quero fazer não faço, e as coisas que não quero fazer, essas eu faço. Planejamos o tipo de comportamento certo porque nosso coração está no lugar certo, mas como disse Paulo, nossos planos nem sempre funcionam. Por isso, graças a Deus por Sua misericórdia que se renova a cada dia (Veja Lamentações 3:22 e 23).

16 DE JANEIRO

Deus é Deus — Nós Não!

Quem pode conhecer a mente do Senhor? Quem é capaz de lhe dar conselhos?

— 1 CORÍNTIOS 2:16, NTLH

UM NOVO DIA, UM NOVO VOCÊ — 17

Não é nosso trabalho dar orientações, conselhos ou direções a Deus. Ele deixa bem claro em Sua Palavra que não precisa que nós O informemos do que está acontecendo, nem que digamos o que Ele deve fazer a respeito. "Porque os meus pensamentos não são os vossos pensamentos, nem os vossos caminhos os meus caminhos, diz o Senhor. Porque assim como os céus são mais altos do que a terra, assim são os meus caminhos mais altos do que os vossos caminhos, e os meus pensamentos mais altos do que os vossos pensamentos" (Isaías 55:8-9).

Nosso dever é ouvir Deus e deixar Ele nos dizer o que está acontecendo e o que devemos fazer a respeito de algo — deixando o resto por conta Dele, para Ele resolver segundo Seu conhecimento e vontade, não nossos. Às vezes nos esquecemos disso, de modo que o Senhor precisa nos dizer: "Quem você pensa que é? Volte ao seu lugar de submissão e desista de tentar ser o meu patrão".

Lembro-me de uma ocasião em que estava tentando tanto resolver algo enquanto Deus estava tentando me livrar do fardo de ter de raciocinar para encontrar a solução. Finalmente Ele me disse: "Joyce, você não percebe que se algum dia chegar a entender Mim e a maneira como ajo, Eu não serei mais Deus?".

Deus é Deus — nós não. Precisamos reconhecer esta verdade e simplesmente entregar nossa confiança a Ele, porque Ele é maior do que nós em cada aspecto e em cada área. Nós fomos criados segundo a Sua imagem, mas Ele ainda está acima de nós e muito além de nós. Seus pensamentos e caminhos são mais altos do que os nossos. Se nós o ouvirmos e formos obedientes a Ele, Ele nos ensinará Seus caminhos. Mas nós jamais compreenderemos a Deus ou como Ele opera. Nem jamais deveríamos tentar fazer isso.

17 DE JANEIRO

Em Tudo Dai Graças!

Por meio de Jesus, portanto, ofereçamos continuamente a Deus um
sacrifício de louvor, que é fruto de lábios que confessam o seu nome.

— HEBREUS 13:15

Não deveríamos louvar e oferecer ação de graças a Deus apenas quando temos razão para tal. É fácil agradecer e louvar quando se tem uma razão para isso, contudo, assim nossa atitude não é considerada um sacrifício. É claro que deveríamos louvar e dar graças o tempo todo, e estar cientes de agradecer a Deus por todas as bênçãos em nossas vidas e pelo favor que Ele demonstra para conosco.

Se começarmos a fazer uma lista de bênçãos, rapidamente nossa mente será iluminada quanto a tudo de bom que temos na vida. Há muitas coisas às quais não damos o verdadeiro valor porque as temos em abundância, quando pessoas em outros países se considerariam ricas se as tivessem. Um exemplo disso é a água limpa e potável. Na Índia e em muitas outras partes do mundo, a água é uma utilidade que não se consegue com muita facilidade. Algumas pessoas precisam caminhar quilômetros para conseguir um suprimento diário de água. Nós nos banhamos com água, nadamos na água, lavamos nossa louça com ela, lavamos o cabelo com ela, cozinhamos com ela, entre muitas outras coisas. Dependendo do nosso gosto, podemos escolher entre água quente ou fria, sempre que desejarmos. Às vezes quando estou tomando um banho quente, especialmente quando estou cansada, faço uma pausa para agradecer a Deus pela água quente.

Há muitas outras coisas pelas quais podemos estar agradecidos se decidirmos que seremos pessoas que oferecemos louvor a Deus continuamente. A carne procura coisas pelas quais reclamar, mas o espírito busca razões para dar glória a Deus.

18 DE JANEIRO

Dê Fruto, Não Apenas Folhas!

Por essa razão, desde o dia em que o ouvimos, não deixamos de orar por vocês... para que vocês vivam de maneira digna do Senhor e em tudo possam agradá-lo, frutificando em toda boa obra, crescendo no conhecimento de Deus.

— COLOSSENSES 1:9-10

Pessoas que querem ser líderes devem agir com caráter em seus relacionamentos com os outros. Devem cumprir sua palavra. Devem ser pessoas íntegras. Em Mateus 21:18-19, lemos sobre uma ocorrência na vida de Jesus:

E, de manhã, voltando para a cidade, teve fome; E, avistando uma figueira perto do caminho, dirigiu-se a ela, e não achou nela senão folhas [sabendo que o fruto da figueira aparece ao mesmo tempo em que as olhas]. E disse-lhe: Nunca mais nasça fruto de ti! E a figueira secou imediatamente (AMP).

Eu costumava sentir pena da figueira. Não conseguia compreender esta história de jeito nenhum. Pensava: *Não foi culpa da figueira ela não ter figos. Por que Jesus a amaldiçoou?* Depois de algum tempo, Deus me mostrou a razão. Como diz a nota da versão *The Amplified Bible* (acrescentada na tradução em português em colchetes), em uma figueira o fruto aparece ao mesmo tempo em que as folhas. Então, quando de longe Jesus avistou a figueira cheia de folhas, esperava encontrar fruto nela. Quando não encontrou nenhum fruto, Ele a amaldiçoou. Por quê? Porque ela era enganosa, continha folhas, mas nenhum fruto. No corpo de Cristo, devemos ser muito cautelosos para não possuirmos apenas folhas e nenhum fruto. Não vamos ganhar o mundo apenas com um adesivo em nosso carro, um broche de Jesus no casaco, uma Bíblia grande debaixo do braço e uma lista de vídeos de ensino para compartilhar. Devemos possuir frutos porque Jesus disse que é através do nosso fruto que seremos conhecidos.

19 DE JANEIRO

Viva sem Remorsos

Irmãos, quanto a mim, não julgo que o haja alcançado; mas uma coisa faço [é o que aspiro], e é que, esquecendo-me das coisas que atrás ficam, e avançando para as que estão diante de mim, prossigo para o alvo, pelo prêmio da soberana vocação de Deus em Cristo Jesus.

— FILIPENSES 3:13-14, AMP

Muitas pessoas continuam presas ao passado. Só há uma coisa que podemos fazer com relação ao passado: esquecê-lo. Quando cometemos erros, como todos nós fazemos, a única coisa que podemos fazer é pedir o perdão de Deus e seguir em frente. Como Paulo, todos nós estamos avançando para tentar alcançar o alvo da perfeição, mas nenhum de nós chegou lá ainda. Acredito que Paulo desfrutou de sua vida e ministério e que essa "aspiração" que ele possuía era parte da razão disso. Como nós, ele avançava para tentar alcançar o alvo da perfeição, admitindo que ainda não alcançara sua meta, mas tendo o entendimento de como desfrutar a vida enquanto trilhava sua jornada.

Passei muitos anos me odiando por causa de cada um dos meus fracassos. Eu queria desesperadamente ser uma boa cristã. Queria agradar a Deus, mas ainda achava que minha perfeita atuação era o que agradaria a Ele. Eu ainda não havia aprendido que Ele se agradava com minha fé. Em Hebreus 11:6 lemos: "Sem fé é impossível agradar a Deus".

Até mesmo quando cometemos erros e desperdiçamos um tempo precioso por causa deles ficando zangados ou tristes enquanto poderíamos estar desfrutando a vida, é desperdício de tempo continuar arrasado por muito tempo devido ao erro original. Dois erros não consertam nada.

Se você cometeu um erro há vinte anos ou há dez minutos, não há nada que possa fazer a respeito de nenhum deles, senão pedir perdão e recebê-lo, esquecer o passado e seguir em frente. Talvez possa oferecer algum tipo de restituição ao indivíduo que magoou; e se for o caso, faça tudo ao seu alcance para isso. Mas no final das contas, você ainda precisa abrir mão do passado a fim de abraçar o futuro. Até fazer isso, você não conseguirá desfrutar a vida da maneira que Deus pretendia que desfrutasse quando Ele enviou Jesus ao mundo.

20 DE JANEIRO

Como Viver uma Vida Santa

Mas, assim como é santo aquele que os chamou, sejam santos vocês também em tudo o que fizerem, pois está escrito: "Sejam santos, porque eu sou santo".

— 1 PEDRO 1:15-16

20 — JOYCE MEYER

Viver de maneira santa começa por se livrar do egoísmo em sua vida. O paradoxo da felicidade é que ela chega quando nos esquecemos de nós mesmos e vivemos para ajudar os demais. Descobri que não se pode ser feliz quando se pensa o tempo todo em si mesmo. Passei muitos anos vivendo como uma cristã infeliz. E se não tivermos justiça, paz e alegria, então perdemos o reino.

A prosperidade, a cura, o sucesso e as promoções em nossos empregos são todos benefícios que Deus quer que tenhamos. Ele nos mostra na Bíblia como adquiri-los, mas esses benefícios não são o reino. Devemos buscar primeiro o reino de Deus e a Sua justiça, e todas essas coisas nos serão acrescentadas (Veja Mateus 6:33).

Anos atrás, por puro egoísmo e um estilo de vida egocêntrico, comecei a clamar a Deus: "O que está errado?" Deus me mostrou o quanto eu era egoísta. A verdade mudou meu coração. Agora só quero ajudar as pessoas. Esta é a razão pela qual escrevo, viajo e faço palestras. Não faço as coisas para impressionar as pessoas; só quero agradar a Deus.

Se conseguirmos nos esquecer das nossas dores e incômodos, das nossas dificuldades e tribulações pessoais; se conseguirmos parar de pensar em nós mesmos e sairmos à procura de alguém que precisa de ajuda, nossas vidas irão melhorar. Esta é uma descoberta maravilhosa!

21 DE JANEIRO

Aguente Firme Até Chegar a Alegria!

O choro pode durar uma noite, mas a alegria vem pela manhã.

— SALMOS 30:5, ARC

Adquiri uma maravilhosa pérola de sabedoria através da experiência pessoal: Não tenha medo da dor! Por mais estranho que pareça, quanto mais você teme e resiste à dor da cura, mais aumenta o efeito que essa dor tem sobre você.

Vivenciei um exemplo desta verdade há alguns anos, quando resolvi fazer um jejum pela primeira vez na vida. Deus me chamou a fazer um jejum de sucos durante vinte e oito dias. No começo, tive sérias dificuldades. Passei muita fome mesmo. De fato, estava tão esfomeada que sentia dor de verdade. Ao buscar o Senhor, reclamando que não conseguia mais suportar, Ele me respondeu. Lá bem dentro de mim Eu ouvi "a voz calma e suave" (1 Reis 19:12) de Deus a me dizer: "Pare de lutar contra a dor; deixe que ela realize seu trabalho". Dali em diante, o jejum foi bem mais tranquilo e pude até desfrutá-lo, porque eu sabia que cada vez que sentisse aquele desconforto, era um sinal de progresso.

A regra é a seguinte: quanto mais se resiste à dor, mais forte ela se torna. Quando uma gestante entra em trabalho de parto, o conselho que recebe dos que a auxiliam é: "Relaxe". Eles sabem que quanto mais a gestante resistir à dor, mais forte ela se tornará e mais tempo o parto levará. Portanto, quando estiver sentindo dor, não lute contra ela. Deixe a dor cumprir o seu propósito. Lembre-se desta promessa: "Aqueles que semeiam com lágrimas, com cantos de alegria colherão" (Salmos 126:5). *Aprenda a suportar seja o que for que precisar suportar, sabendo que encontrará a alegria do outro lado!*

22 DE JANEIRO

Seja uma bênção

Portanto, enquanto temos oportunidade, façamos o bem a todos [não apenas sendo útil ou

ajudando-os, mas também fazendo o que é para o bem e vantagem espiritual deles], especialmente

aos da família da fé [os que pertencem à Família de Deus junto com você, os crentes].

— GÁLATAS 6:10, AMP

Nossa filha Sandra nos contou que estava receosa por encontrar uma certa pessoa, pois no passado essa pessoa não a havia tratado bem. Enquanto lutava contra pensamentos negativos com relação ao encontro que se aproximava, Deus falou ao coração dela, dizendo: "Sandra, não precisa se preocupar em como os outros lhe tratam; sua preocupação deveria ser como você os trata". Esta mensagem causou um forte impacto na vida de Sandra e também na minha.

Nós nos preocupamos tanto sobre como somos tratados, que pensamos pouco ou nada sobre a maneira como tratamos os outros. Tememos que as pessoas tirem vantagem de nós, especialmente se tivemos uma experiência dolorosa com alguém no passado. O temor e a apreensão que sentimos provavelmente nos deixa excessivamente sensíveis a tudo que é dito ou feito. Talvez interpretemos mal as coisas e as vejamos sob uma ótica negativa por causa das nossas expectativas. De acordo com a Palavra de Deus, nossos temores nos sobrevêm (veja Jó 3:25). Concordo que é difícil não se preocupar se os outros nos tratarão mal no futuro quando aconteceu algo assim no passado. É por isso que é tão importante nem sequer pensar nisso.

Devemos depositar nossa confiança em Deus e confiar que Ele cuidará de nós (veja 1 Pedro 4:19). É Ele Quem nos defende (veja Jó 19:25), e desde que estejamos nos portando apropriadamente para com os outros, inclusive para com os nossos inimigos, Deus nos recompensará. A Bíblia diz que devemos "enquanto temos oportunidade, fazer o bem a todos" (veja Gálatas 6:10). Isso significa que nossas mentes devem estar cheias de pensamentos e maneiras sobre como podemos ajudar os outros. Quando nossas mentes estão cheias de ideias sobre sermos uma bênção, não temos tempo para viver pensando em nossos problemas pessoais. Isso dá a Deus a oportunidade de resolvê-los para nós.

23 DE JANEIRO

Sonhe GRANDES Sonhos!

Cada um exerça o dom que recebeu para servir os outros,
administrando fielmente a graça de Deus em suas múltiplas formas.

— I PEDRO 4:10

É lamentável o potencial desperdiçado e que não é desenvolvimento existente neste mundo. Todos foram criados para fazerem algo grandioso — grande na sua própria esfera. Cada um de nós tem o potencial de se tornar grande em algo: uma grande esposa, uma grande mãe, uma grande costureira, um grande marido, um grande pai, um grande homem de negócios. Mas seja o que for que fizermos, não deveríamos ter ideias, sonhos ou visões pequenos. As pequenas coisas são importantes e nunca devemos desprezar a dia das coisas pequenas. Mas devemos ter grandes ideias, sonhos e visões porque servimos a um Deus grande.

Eu prefiro ter um grande sonho e ver metade dele ser realizado do que ter um pequeno sonho que se realiza por completo. Acredito que, quando Deus criou todos nós, Ele moldou e planejou cada pessoa, soprou em nós o fôlego da vida e depois pegou uma pequena parte de Si mesmo e colocou dentro de cada um. Talvez um de nós tenha um dom para música, outro talvez seja ótimo orador e outro ainda seja capaz de escrever com habilidade. O problema só aparece quando tentamos pegar o dom que Deus nos deu e usá-lo para fazer o que outra pessoa está fazendo ao invés de desenvolver nosso próprio potencial. Temos uma parte de Deus dentro de nós. Não somos um erro. Não temos que passar nossas vidas em segundo plano.

Não somos velhos demais nem jovens demais. Temos sonhos e visões que nos foram dados por Deus. Mas os sonhos e visões que Deus nos dá para o futuro são possibilidades, não "mentiras positivas" (Este é um termo que Deus usou ao falar comigo muito tempo atrás). Com Ele, nada é impossível; mas também é preciso a nossa cooperação e disposição através da determinação, da obediência e do trabalho duro para desenvolver os dons que Ele colocou dentro de nós.

24 DE JANEIRO

Simplesmente Graça

Por meio de quem obtivemos acesso pela fé a esta graça na qual agora estamos firmes; e nos
gloriamos na esperança da glória de Deus.

— ROMANOS 5:2

Na verdade, a graça de Deus não é complicada nem confusa. É simples, e esta é a razão pela qual muitas pessoas não a encontram. Não há nada mais poderoso do que a graça. De fato, tudo na Bíblia: salvação, ser cheio do Espírito Santo, relacionamento com Deus e tudo que nos traz vitória em nosso cotidiano baseia-se nela. Sem a graça, não somos nada, não temos nada, não podemos fazer nada. Se não fosse pela graça de Deus, todos nós seríamos uns miseráveis desesperançados. Em Lucas 2:40 lemos que Jesus, quando era criança, "crescia e se fortalecia, enchendo-se de sabedoria; e a graça de Deus estava sobre ele". Esse versículo contém tudo que precisamos para ser felizes, saudáveis, prósperos e bem-sucedidos em nossa jornada como cristãos.

Frequentemente falamos sobre todas as coisas que precisamos ter, mas na verdade, há apenas uma única coisa de que realmente precisamos — a mesma coisa que Jesus precisava: precisamos nos tornar fortes em espírito, cheios da sabedoria de Deus e de Sua graça sobre nós. Se você e eu permitirmos que a graça de Deus governe por completo nossas vidas, nada nos será impossível. Sem essa graça, nada é possível. Como Paulo escreveu aos cristãos de sua época, tudo que somos, fazemos e temos é através da graça de Deus. Você e eu somos cem por cento impotentes. Embora muitas vezes confessemos como Paulo que: "Posso todas as coisas em Cristo Jesus que me fortalece", isso só é verdade através da graça da Deus (Veja 1 Coríntios 15:10; Filipenses 4:13).

25 DE JANEIRO

Semear e Colher

Não julguem, para que vocês não sejam julgados. Pois da mesma forma que julgarem, vocês serão julgados; e a medida que usarem, também será usada para medir vocês.

— MATEUS 7:1-2

Estes versículos nos dizem claramente que nós colheremos o que semearmos (veja Gálatas 6:7). O princípio de semear e colher não se aplica apenas no campo da agricultura ou financeiro, mas também na esfera mental. Podemos semear e colher uma atitude assim como uma plantação ou um investimento. Um pastor que conheço muitas vezes diz que quando ouve que alguém anda falando dele negativamente ou criticando-o, ele se pergunta: "Eles estão semeando ou sou eu que estou colhendo?". Muitas vezes nós colhemos em nossas vidas o que anteriormente semeamos na vida de outra pessoa.

26 DE JANEIRO

Com a Consciência Limpa

Digo a verdade em Cristo, não minto; minha consciência o confirma no Espírito Santo.

— ROMANOS 9:1

Vemos que Paulo faz referência à sua consciência sendo iluminada pelo Espírito Santo. Paulo conseguia saber através de sua consciência se o que fazia era aceitável perante Deus, e tenho certeza de que ele também sabia discernir quando não agradava a Deus. Essa é a função da consciência. Paulo falava da importância de manter a consciência limpa. Um dos principais objetivos do Espírito Santo em nossas vidas é nos ensinar toda a verdade, nos deixar convictos do pecado e nos convencer da justiça (veja João 16: 8 e 13).

Por isso procuro sempre conservar minha consciência limpa diante de Deus e dos homens. — Atos 24:16

Não podemos adorar a Deus adequadamente se sabemos que a presença do pecado está em nossas vidas. A confissão do pecado pode ser o prelúdio para a verdadeira adoração. Devemos buscar a Deus com uma consciência limpa. Não há paz para a pessoa com culpa na consciência. Sua fé não funcionará; portanto, suas orações não serão respondidas. As duas passagens bíblicas abaixo confirmam isso:

...mantendo a fé e a boa consciência que alguns rejeitaram e, por isso, naufragaram na fé. — 1 Timóteo 1:19

Devem apegar-se ao mistério da fé com a consciência limpa. — 1 Timóteo 3:9

27 DE JANEIRO

Diga Sim a Deus

Então ouvi a voz do Senhor, conclamando:"Quem enviarei? Quem irá por nós?" E eu respondi: Eis-me aqui. Envia-me!

— ISAÍAS 6:8

Eu seria uma pessoa miserável hoje se tivesse dito não ao chamado de Deus para minha vida. Talvez tivesse ficado em casa, tentando cuidar do meu canteiro de tomates e costurando as roupas do meu marido, porque era isso que eu achava que faria com que eu me encaixasse na vizinhança. Mas por dentro eu me sentiria miserável por toda a vida. Receba esta verdade em sua própria vida hoje.

Quando Deus começou a mostrar a Dave e a mim ensinamentos sobre cura, batismo do Espírito e os dons do Espírito, estávamos frequentando uma igreja onde tais ideias e práticas não eram muito populares nem sequer aceitas. Acabamos saindo daquela igreja e deixando todos os nossos amigos para trás.

UM NOVO DIA, UM NOVO VOCÊ — 25

A decisão de sair daquela igreja não foi fácil. Mas se eu tivesse me conformado às exigências deles, teria perdido a vontade de Deus para minha vida.

Respondeu Jesus: "Digo-lhes a verdade: Ninguém que tenha deixado casa, irmãos, irmãs, mãe, pai, filhos, ou campos, por causa de mim e do Evangelho, deixará de receber cem vezes mais, já no tempo presente, casas, irmãos, irmãs, mães, filhos e campos, e com eles perseguição; e, na era futura, a vida eterna".

— Marcos 10:29-30

Se Deus o convida a sair do padrão, o mundo exigirá que você se conforme a ele. Decida-se por Deus. Você enfrentará batalhas — é parte do desafio. Você atravessará um período de solidão. Haverá outros problemas. Mas você sairá do outro lado vitorioso. Conseguirá se deitar à noite e ter a paz dentro de si ao saber que, mesmo não sendo uma pessoa popular no meio de todas as outras, você está agradando a Deus.

28 DE JANEIRO

Eu Creio!

Eu lhes asseguro que se alguém disser a este monte: "Levante-se e atire-se no mar", e não duvidar em seu coração, mas crer que acontecerá o que diz, assim lhe será feito.

— MARCOS 11:23

Dizemos que vivemos em uma sociedade complicada, mas acredito que os complicados somos nós, e que nós complicamos a vida. Não acho que a vida seja tão complicada. Acredito que é a maneira como a encaramos e nosso jeito de abordá-la que são complicados. Servir a Deus não deveria ser algo complicado, todavia pode se tornar muito complicado e complexo. Acredito que somos nós que tornamos as coisas assim. Pense na maneira simples e descomplicada como uma criança encara a vida. Algo que as crianças parecem ter em comum é o fato de procurarem se divertir o máximo possível. Elas são leves, livres e não carregam fardos de preocupação. E acreditam no que lhes dizem. A natureza das crianças lhes diz para confiar, a não ser que tenham sofrido alguma experiência nessa área que lhes diga o contrário.

Jesus quer que cresçamos e amadureçamos na maneira como somos e nos comportamos, mas Ele também quer que permaneçamos como crianças — com uma atitude de confiança e dependência Dele. Lembre-se que Ele nos disse em João 3:16: "Deus amou o mundo de tal maneira que lhe deu seu único filho, para que todo aquele que nele *crê,* não pereça mas tenha a vida eterna" (ARC, ênfase da autora). Tudo que Ele quer nos ouvir dizer é: "Eu creio".

Quando Deus sussurra algo ao seu coração, ou quando você lê algo na Bíblia, deveria dizer: "Eu creio. Se Deus diz que Ele vai me dar prosperidade, eu creio. Se Ele diz que eu colherei se semear, eu creio. Se Ele diz que devo perdoar meus inimigos, mesmo que isso não faça o menor sentido para mim — eu creio. E ao invés de atacá-los, vou fazer o que Ele me diz. Se Ele diz para eu orar pelos meus inimigos, eu creio e vou fazê-lo. Se Ele diz para considerar as "coisas que não são como se fossem", eu creio e vou agir assim".

29 DE JANEIRO

Apoie-se em Jesus e Dependa Dele

Nele porei a minha confiança.

— HEBREUS 2:13

Em Provérbios 17:1 lemos que uma casa cheia de iguarias e farta de carnes com contendas e brigas não agrada ao Senhor. Em outras palavras, podemos oferecer o melhor às pessoas e fazer todo o tipo de sacrifícios de tempo e esforço para tentar ajudá-las, mas Deus não se agrada a não ser que estejamos em paz. Buscar a paz significa fazer um esforço. Mas não podemos manter a paz usando apenas o nosso próprio esforço carnal. Precisamos da ajuda de Deus e da Sua graça, que são o Seu poder para nos auxiliar e capacitar a fazer o que precisa ser feito.

Nossos esforços devem ser *em Cristo*. Muitas vezes tentamos apenas fazer o que é certo sem pedir a ajuda de Deus, e este tipo de esforço carnal nunca produz bom fruto. A Bíblia chama isso de "obra da carne." É o homem se esforçando para fazer o trabalho de Deus. Estou tentando dizer o seguinte: Certifique-se de se apoiar em Deus e pedir que Ele o ajude. Quando você for bem-sucedido, dê a Ele o crédito, a honra e a glória porque o sucesso é impossível sem Ele. Jesus disse: "Sem Mim nada podeis fazer" (João 15:5, ARA).

Para a maioria de nós, leva muito tempo para acreditarmos o suficiente nesse versículo a ponto de pararmos de tentar fazer as coisas sem nos apoiarmos em Deus. Nós tentamos e falhamos, tentamos e falhamos inumeráveis vezes até ficarmos esgotados e percebermos que o Próprio Deus é nossa força, nosso sucesso e nossa vitória. Ele não apenas nos dá força — Ele é a nossa Força. Ele não apenas nos dá a vitória — Ele é a nossa Vitória. Sim, nós devemos nos esforçar para manter a paz, mas não devemos ousar fazer esse esforço sem depender do poder de Deus fluindo através de nós. Sem essa dependência, o fracasso é garantido.

30 DE JANEIRO

Avalie o Preço

Porque, como pela desobediência de um só homem, muitos foram feitos pecadores, assim pela obediência de um muitos serão feitos justos.

— ROMANOS 5:19, ARC

Nossa escolha de obedecer ou desobedecer não afeta apenas a nós, mas a multidões de outras pessoas. Pense nos israelitas e em como suas vidas teriam sido melhores se eles tivessem obedecido a Deus prontamente. Muitos deles e seus filhos morreram no deserto porque não conseguiam se submeter aos caminhos de Deus. Seus filhos eram afetados por suas decisões, da mesma forma que os nossos também são. Recentemente, meu filho mais velho disse: "Mãe, tenho algo para lhe dizer. Talvez eu chore, mas me escute". Ele prosseguiu: "Tenho pensado em você e papai, nos anos que vocês têm dedicado a este ministério e em todas as vezes que escolheram obedecer a Deus e como isso nem sempre foi sido fácil para vocês. Mãe, percebi que você e o papai têm passado por coisas que ninguém sabe que passam, e quero que saibam que esta manhã Deus me fez perceber que eu estou sendo abundantemente beneficiado pela obediência de vocês. E estou muito agradecido por isso".

O que ele disse significou muito para mim e me lembrou do versículo de Romanos 5:19. Sua decisão de obedecer a Deus afeta outras pessoas, e quando você decide desobedecer a Deus, isso também as afeta. Talvez você desobedeça a Deus e escolha permanecer no deserto, mas, por favor, lembre-se de que se você tem ou já teve filhos, suas decisões manterão seus filhos no deserto junto com você. Talvez eles tentem sair de lá quando crescerem, mas posso garantir que pagarão um alto preço pela sua desobediência.

31 DE JANEIRO

Fé *versus* Sentimentos

Até quando coxeareis entre dois pensamentos?

—— I REIS 18:21

Deus tem bênçãos e novas oportunidades preparadas para nós. Para recebê-las, devemos dar passos de fé. Muitas vezes isso significa fazer coisas que não temos vontade de fazer ou que em nossa mente não acreditamos que funcionarão. Porém, nossa confiança em Deus e reverência a Ele devem ser maiores do que aquilo que pessoalmente queremos, pensamos ou sentimos. Vemos um exemplo perfeito disso em Lucas 5. Pedro e alguns dos outros discípulos de Jesus haviam passado toda a noite pescando, mas não tinham pegado nada. Estavam cansados e exaustos, e precisavam dormir. Tenho certeza de que estavam com fome. Eles haviam acabado de lavar e guardar suas redes, algo que dava muito trabalho.

Jesus apareceu na margem do lago e lhes disse que se quisessem fazer uma boa pesca, deveriam jogar suas redes novamente, só que desta vez em águas mais profundas. Pedro explicou ao Senhor como eles estavam exaustos. Eles não tinham pegado um peixe sequer a noite toda. Mas então, Pedro acrescentou: "Mas, porque és Tu quem está dizendo isto, vou lançar as redes". É esse o tipo de atitude que o Senhor quer que tenhamos. Talvez não sintamos vontade de fazer algo, talvez não achemos que é uma boa ideia, ou talvez tenhamos receio de que não funcionará, mas devemos estar dispostos a obedecer a Deus ao invés de seguir nossos temores ou sentimentos.

O diabo tenta usar o temor em suas muitas diferentes formas para nos manter em águas rasas. Contudo, mesmo que tenhamos medo, precisamos concentrar nossa atenção em Deus, e sob a Sua Palavra nos lançarmos ao fundo para receber as bênçãos que Ele tem preparadas para nós.

1º DE FEVEREIRO

Relacione-se Bem com VOCÊ!

Deus derramou Seu amor em nossos corações por meio do Espírito Santo que Ele nos concedeu.

— ROMANOS 5:5

A Bíblia nos ensina que o amor de Deus foi derramado em nossos corações através do Espírito Santo que nos foi dado. Isso simplesmente significa que, quando o Senhor, na forma do Espírito Santo, vem habitar nosso coração devido à nossa fé em Seu filho Jesus Cristo, o Espírito traz consigo amor, porque Deus é amor (veja 1 João 4:8). Todos nós precisamos nos perguntar o que estamos fazendo com o amor de Deus que nos foi dado livremente. Estamos rejeitando esse amor porque não achamos que temos valor suficiente para sermos amados? Será que acreditamos que Deus é como as outras pessoas que nos rejeitaram ou nos magoaram? Ou estamos recebendo Seu amor por fé, acreditando que Ele é maior do que nossos fracassos e fraquezas? Que tipo de relacionamento você tem com Deus, consigo mesmo, e no final das contas, com o seu semelhante?

Nunca havia me ocorrido o fato de que eu também me relacionava comigo mesma. Simplesmente era algo sobre o qual nunca havia pensado, até que Deus começou a me ensinar sobre essa questão. Agora entendo que passo mais tempo comigo mesma do que com qualquer outra pessoa, portanto, é de vital importância que eu me dê bem comigo mesma. *Você nunca conseguirá se livrar de si mesmo.* Todos nós sabemos a agonia que é trabalhar dia após dia junto com alguém e não se dar bem com essa pessoa. Mas pelo menos não a levamos para casa conosco à noite. Mas estamos com nós mesmos o tempo todo, dia e noite. Jamais passamos um minuto longe de nós mesmos, nem sequer um segundo: logo, é de suma importância ter paz consigo mesmo.

2 DE FEVEREIRO

Receba o Perdão

Se confessarmos os nossos pecados, ele é fiel e justo para perdoar
os nossos pecados e nos purificar de toda injustiça.

— 1 JOÃO 1:9

Há muitos anos, quando estava começando a crescer no meu relacionamento com o Senhor, eu implorava Seu perdão pelos meus pecados passados todas as noites. Certa noite, quando estava ajoelhada ao lado de minha cama, ouvi o Senhor me dizer: "Joyce, eu a perdoei da primeira vez que você Me pediu, mas você não recebeu o Meu presente de perdão porque ainda não se perdoou". Você já recebeu o dom do perdão de Deus? Se ainda não, e está pronto para recebê-lo, peça ao Senhor para lhe perdoar de todos os seus pecados agora mesmo. Depois faça esta oração em voz alta:

Senhor, eu recebo o perdão por (nome do pecado) em Cristo Jesus. Eu me perdoo e aceito Seu dom de perdão para mim. Acredito que Tu removeste o pecado completamente de mim, lançando-o bem longe para que nunca mais seja achado novamente — tão longe quanto o ocidente do oriente. E Senhor, acredito que não Te lembras mais do meu pecado.

Você perceberá que falar em voz alta frequentemente ajuda muito, porque você está fazendo uma declaração baseada na Palavra de Deus. O diabo não pode ler sua mente, mas ele compreende suas palavras. Declare perante todos os principados, poderes e dominadores deste mundo de trevas (veja Efésios 6:12) que Cristo o libertou e que você tem a intenção de caminhar segundo essa liberdade.

Quando falar, fale com convicção! Se o diabo tentar trazer aquele pecado novamente à sua mente na forma de culpa e condenação, repita sua declaração, dizendo: "Eu fui perdoado daquele pecado! Isso já foi tratado — portanto, não me preocupo mais com isso".

3 DE FEVEREIRO

Uma Voz Calma e Suave

Aquietai-vos, e sabei que eu sou Deus; sou exaltado entre as nações, sou exaltado na Terra!

— SALMOS 46:10, ARA

Enquanto a maioria dos cavalos é guiada e conduzida por um cabresto preso a suas bocas, alguns cavalos mantêm um de seus ouvidos atentos à voz confiável de seu dono, para serem orientados por ele. Isso é chamado de "*rédeas de ouvido*", e significa que o cavalo tem um "ouvido obediente". Elias precisava ouvir Deus, e felizmente ele tinha um ouvido obediente sintonizado com o Senhor.

Ele acabara de derrotar quatrocentos e cinquenta falsos profetas num duelo de poder. Agora a Rainha Jezabel ameaçava matar Elias naquele mesmo dia. Elias fugiu para defender sua vida, escondeu-se numa caverna e orou a Deus pedindo para morrer antes que Jezabel o encontrasse. Então o Senhor enviou Sua palavra a Elias, perguntando-lhe: "O que faz aí?". Elias relatou os eventos e as ameaças ocorridos.

Então o Senhor demonstrou mais uma vez Sua presença a Elias, dizendo-lhe para se colocar de pé na montanha diante Dele. Um vento forte soprou entre as montanhas e quebrou as pedras em pedaços, mas o Senhor não se encontrava no vento. Depois do vento, houve um terremoto terrível, mas o Senhor não estava no terremoto. E depois do terremoto, iniciou-se um fogo; mais uma vez o Senhor não estava no fogo. Depois do fogo veio então uma voz "calma e suave". E o Senhor disse a Elias para deixar seu esconderijo e ir ungir o próximo rei que reinaria sobre a Síria e Israel e o profeta que tomaria o seu lugar (veja 1 Reis 16 e 19, NTLH). E Elias obedeceu à voz calma e suave do Senhor.

A história de Elias nos ajuda a entender como ouvir Deus quando precisamos de orientação. Deus não tranquilizou Elias através de uma manifestação de poder vistosa e exuberante, embora já tivesse provada que era capaz de fazer isso. Deus falou com Seu profeta através de uma voz mansa e suave. E esta é uma das maneiras como o Senhor ainda fala conosco hoje em dia. Deus escolhe se comunicar diretamente com Seus filhos através de um sussurro bem profundo em seus espíritos.

4 DE FEVEREIRO

Dê com Ousadia

Dai, e dar-se-vos-á; boa medida, recalcada, sacudida, transbordante, generosamente vos darão; porque com a medida com que tiverdes medido vos medirão também.

— LUCAS 6:38, ARA

Quando você e eu dermos algo, devemos dar com generosidade e ousadia. Porque da mesma maneira que dermos, também receberemos. Quando olhamos em nossa carteira ou bolsa, não devemos tirar a menor nota que encontramos.

Ao invés disso, devemos dar como Deus dá: com abundância. Agora entendo que não há oferta pequena demais nem oferta grande demais. Mas ao mesmo tempo temos que aprender a ser ousados ao dar como somos em qualquer outro aspecto da nossa vida como cristãos. Eu busco ser uma pessoa doadora. Desejo dar o tempo todo.

Certa vez estava numa livraria cristã e vi uma pequena caixa de ofertas para um dos ministérios que ajuda a alimentar crianças com fome. Havia um cartaz ao lado dizendo: "Com cinquenta centavos duas crianças são alimentadas durante dois dias". Comecei a abrir minha bolsa para fazer um donativo quando uma voz disse dentro de mim: "Você não precisa fazer isso; você dá o tempo todo".

Na mesma hora me indignei e tornei-me violenta — espiritualmente violenta! Ninguém podia perceber isso olhando para mim, mas por dentro eu estava fervendo. Peguei minha bolsa, tirei um dinheiro e coloquei na caixa só para provar que eu podia dar como um ato do meu livre arbítrio!

Você pode fazer o mesmo. Sempre que ficar tentado a reter, dê um pouco mais! Mostre ao diabo que você é um doador ousado!

5 DE FEVEREIRO

A Glória de Deus em Nossas Fraquezas

Pelo contrário, Deus escolheu as coisas loucas do mundo para envergonhar os sábios e escolheu as coisas fracas do mundo para envergonhar as fortes; e Deus escolheu as coisas humildes do mundo, e as desprezadas, e aquelas que não são, para reduzir a nada as que são; a fim de que ninguém se vanglorie na presença de Deus.

— I CORÍNTIOS 1:27-29, ARA

Certa vez, quando lia a respeito de Smith Wigglesworth e sua grande fé, fiquei muito impressionada com todas as coisas maravilhosas que ele fez, tais como curar os enfermos e ressuscitar os mortos. Pensei: "Senhor, sei que fui chamada, mas jamais poderia fazer algo assim". De repente o Senhor falou comigo e disse: "Por que não? Você não é uma grande bagunça como todas as outras pessoas?" Sabe, vemos as coisas do lado do avesso. Achamos que Deus procura pessoas do tipo "certinhas", mas isso não é verdade. A Bíblia diz que Deus escolhe as coisas fracas e tolas do mundo para confundir os sábios. Ele procura os que irão demonstrar uma atitude humilde e permitirão que Ele opere Sua vontade e caminho através de suas vidas.

6 DE FEVEREIRO

Deixe que Seu Problema se Torne Sua Mensagem

E todos nós… segundo a sua imagem estamos sendo transformados com glória cada vez maior, a qual vem do Senhor, que é o Espírito.

— 2 CORÍNTIOS 3:18

Incentivo as pessoas a deixarem seu passado para trás, mas nunca fugirem dele. A única maneira de ganhar a vitória contra a dor do nosso passado é deixar Deus nos ajudar a atravessar de volta a porta da dor e depois passar pela porta da vitória. Ninguém pode conseguir essa vitória por nós; temos que colocar em ação nossa própria salvação. Paulo explicou esta verdade em sua carta à igreja de Filipos, dizendo:

Assim, meus amados, como sempre vocês obedeceram, não apenas na minha presença, porém muito mais agora na minha ausência, ponham em ação a salvação de vocês com temor e tremor, pois é Deus quem efetua em vocês tanto o querer quanto o realizar, de acordo com a boa vontade dele. — Filipenses 2:12 e 13

Temos que deixar Deus enfrentar e atravessar as coisas conosco e deixá-Lo operar em nós para que nosso problema se torne nossa mensagem. As coisas difíceis que enfrentamos em nosso passado nos preparam para a bênção de Deus em nosso futuro.

7 DE FEVEREIRO

O Favor de Deus Para ser Você mesmo

Sendo os caminhos do homem agradáveis ao Senhor,

até a seus inimigos faz que tenham paz com ele.

— PROVÉRBIOS 16:7

Deus nos dará o favor das pessoas se lhe pedirmos e depositarmos nossa confiança Nele. Ele pode fazer com que até nossos inimigos tenham paz conosco. Quando era bem mais nova, antes de permitir que Deus operasse Sua obra em mim, eu fingia muito. Era só achar que as pessoas queriam que eu fosse de determinada maneira para que tentasse ser assim. Usava muitas máscaras, tentando ser aceita por todos.

Esse tipo de comportamento pode se tornar um verdadeiro problema se não for tratado e modificado. Deus nunca nos ajudará a ser alguém que não seja nós mesmos. Às vezes me sentia uma máquina de vender. Qualquer pessoa que se aproximava apertava um botão diferente e esperava uma coisa diferente. Meu marido queria uma boa esposa, adorável e submissa. Meus filhos queriam uma mãe atenciosa. Meus pais e minha tia, que eram todos mais velhos e dependiam de mim, queriam minha atenção. O chamado em minha vida exigia muitas coisas de mim. As pessoas para quem eu ministrava queriam que eu estivesse à disposição delas sempre que sentiam que precisavam de mim. Eu dizia sim a tudo até finalmente ficar doente devido ao estresse e perceber que, se não aprendesse a dizer não, ficaria com sérios problemas de saúde.

Eu queria que todos me amassem e me aceitassem; queria desesperadamente a aprovação das pessoas — mas estava tentando conseguir isso da maneira errada. O Senhor me disse que Ele me daria o favor das pessoas se eu orasse por elas e confiasse Nele. Deus pode fazer com que pessoas que normalmente nos desprezariam, passem a nos aceitar e gostar de nós. A Bíblia diz que Ele muda o coração dos homens como muda o curso de um rio (veja Provérbios 21:1). Se Deus pode fazer um rio fluir numa direção específica, com certeza Ele pode mudar o coração de alguém para conosco. Não se desgaste tentando fazer o que somente Deus pode fazer.

8 DE FEVEREIRO

Rir é Tudo de Bom

Alegrem-se no Senhor e exultem, vocês que são justos!
Cantem de alegria, todos vocês que são retos de coração!

— SALMOS 32:11

Há muitas coisas extremamente sérias acontecendo no mundo, e precisamos estar cientes e preparadas para elas. Ao mesmo tempo, porém, precisamos aprender a relaxar e aceitar as coisas conforme elas se apresentam, sem sermos afetados por elas e ficarmos nervosos e zangados. Precisamos aprender a desfrutar da boa vida que Deus nos deu através da morte e ressurreição de Seu Filho Jesus Cristo (veja João 10:10). Apesar de todas as coisas perturbadoras no mundo ao nosso redor, nossa confissão diária deveria ser: "Este é o dia que o Senhor nos deu. Eu me regozijarei e me alegrarei nele".

Algo que nós, cristãos, precisamos fazer mais em nossas vidas é rir. Temos a tendência de sermos tão pesados com relação a tudo: nosso pecado, esperar perfeição de nós mesmos, nosso crescimento em Deus, nossa vida de oração, os dons do Espírito e a memorização de versículos bíblicos. Andamos por aí carregando tantos fardos pesados! Se apenas ríssemos um pouco mais — *tenham bom ânimo,* "alegrai-vos" — veríamos que um pouco de riso torna bem mais leve aquele fardo.

No mundo em que vivemos não se encontra muita razão para sorrir, então teremos que fazer uma força e rir de propósito. É fácil encontrar coisas com que nos preocuparmos, mas para ser feliz precisamos fazer um pouco de esforço nessa direção. Precisamos sorrir e desfrutar de um bom momento!

9 DE FEVEREIRO

Declarar com Palavras

Assim o digam os que o Senhor resgatou.

— SALMOS 107:2

Hebreus 4:12 nos ensina que a Palavra de Deus é uma espada afiada de dois gumes. Acredito que um lado da espada derrota Satanás, enquanto o outro lado corta o caminho para as bênçãos do céu. Efésios 6:17 nos diz que a espada do Espírito, que é a Palavra de Deus, é uma das partes da armadura que devemos usar para lutarmos eficazmente a batalha espiritual. David, o salmista, frequentemente fazia declarações deste tipo: "Direi do Senhor: Ele é o meu refúgio e a minha fortaleza, o meu Deus, em quem confio" (Salmos 91:2, ARA).

Talvez devêssemos nos perguntar regularmente: "O que estou falando sobre o Senhor?" Precisamos *DIZER* as coisas certas, não apenas pensá-las. Talvez você pense: "Acredito em todas essas coisas maravilhosas sobre o Senhor", mas você está *dizendo* algo que está lhe ajudando? Muitas vezes as pessoas dizem acreditar em algo, mas é o oposto a isso que sai de suas bocas. Precisamos falar em voz alta. Precisamos fazê-lo nos momentos adequados, nos locais adequados, mas devemos ter a certeza de que o fazemos. Faça com que as confissões verbais se tornem parte do seu tempo de convívio com Deus!

Frequentemente saio para caminhar pela manhã. Oro, canto e confesso a Palavra em voz alta. Cada vez que digo algo do tipo: "Deus está do meu lado, posso fazer qualquer coisa que Ele me designar para fazer". Ou: "Deus é bom e Ele tem um bom plano para a minha vida. As bênçãos estão me perseguindo e transbordando em minha vida", isso é equivalente a atingir Satanás com uma espada afiada. Verbalize seus louvores, seus momentos de agradecimento e ação de graça, seus momentos de adoração. Cante canções em voz alta que estão cheias de louvor e adoração. Assim você estará tomando uma atitude agressiva contra o inimigo!

10 DE FEVEREIRO

Não Têm Vocês Muito Mais Valor Do Que Elas?

Observem as aves do céu: não semeiam nem colhem nem armazenam em celeiros; contudo, o Pai celestial as alimenta. Não têm vocês muito mais valor do que elas?

— MATEUS 6:26

Acredito que seria muito proveitoso para todos nós passar um tempo observando os pássaros. Foi o que o Senhor nos disse para fazer. Se não for possível fazer isso todos os dias, então pelo menos de vez em quando precisamos dedicar um tempo para observá-los e recordar como nossos amigos de penas são bem cuidados. Eles literalmente não sabem de onde surgirá sua próxima refeição, mas, mesmo assim, jamais vi um pássaro sentado num galho de árvore tendo uma crise nervosa devido à preocupação. O objetivo do Mestre nesta passagem é na verdade muito simples: *"Será que você não vale mais do que um passarinho?"*. Mesmo que você seja alguém que tem uma autoimagem baixa, com certeza consegue acreditar que tem mais valor do que um pássaro, e veja como o seu Pai celeste cuida bem deles.

UM NOVO DIA, UM NOVO VOCÊ — 35

11 DE FEVEREIRO

Aprenda a Esperar em Deus

Converte-te a teu Deus, guarda o amor e o juízo e no teu Deus espera sempre.

— OSÉIAS 12:6, ARA

Quando foi traído por Judas, Jesus apenas ficou lá, de pé, esperando. Então vieram os soldados e colocaram as mãos em Jesus e o prenderam.

Pedro, pronto para defender Jesus, desembainhou a espada, feriu o servo do sumo sacerdote e cortou sua orelha. Vupt! O valentão Pedro estava cheio de zelo carnal. Sabem no que Pedro pensava? "Meu Deus, não precisamos aguentar este tipo de coisa! Vocês estão mexendo com o ungido do Senhor!".

Mas Jesus disse: "'Basta!' E tocando na orelha do homem, ele o curou" (Lucas 22:51). Pedro estava sempre abrindo a boca quando não era hora de falar, fazendo coisas quando não era hora de fazê-las. Pedro precisava aprender a esperar em Deus; ele precisava aprender humildade e mansidão. Deus queria usá-lo poderosamente, mas se Pedro queria pregar as Boas Novas do evangelho, não poderia fazê-lo desembainhando espadas e cortando orelhas quando ficasse zangado.

Nossas palavras ásperas podem cortar o ouvido das pessoas, da mesma forma como a espada de Pedro cortou a orelha do servo. Não podemos abordar as pessoas apenas quando achamos que é preciso fazer justiça. Devemos ser submissos a Deus; e se Ele disser: "Não diga nada," devemos permanecer lá parados e deixá-las achar que estão certas, mesmo sabendo que não estão. Temos de dizer: "Sim, Senhor," e aceitar que Ele nem sequer nos deve uma explicação. Quantas vezes impedimos o crescimento espiritual de alguém, ou quantas vezes impedimos as bênçãos do Senhor em nossas vidas, apenas por não termos controle das palavras que saem de nossa boca?

Nenhum de nós teria seu nome escrito no Livro da Vida do Cordeiro se Jesus não tivesse sido submisso ou tivesse aberto Sua boca quando não devia. E Ele é o nosso exemplo. Jesus nos pede para confiar e esperar Nele, porque Ele nos ama.

12 DE FEVEREIRO JANEIRO

Encontre a Paz

Sem mais, irmãos, despeço-me de vocês! Procurem aperfeiçoar-se, exortem-se mutuamente, tenham um só pensamento, vivam em paz. E o Deus de amor e paz estará com vocês.

— 2 CORÍNTIOS 13:11

Uma das coisas que produzem estresse em nossa sociedade e que precisamos enfrentar diariamente é o barulho. Vivemos numa sociedade barulhenta. Para podermos desfrutar de uma atmosfera tranquila, precisamos criá-la. Encontre um lugar quieto, um lugar onde você não será interrompido, e aprenda a desfrutar simplesmente de um momento de quietude durante certos períodos de tempo. Tenho uma determinada cadeira em minha sala onde me sento para me recuperar. A cadeira é branca e reclinável e está voltada para uma janela com vista para o nosso jardim, que é cheio de árvores.

Às vezes me sento lá durante várias horas. Ficar em silêncio causa um efeito tranquilizador em nós. A paz produz mais paz. Quando encontramos um lugar tranquilo e ficamos lá por um tempo, começamos a sentir a calma envolver nossa alma. Não podemos viver vidas barulhentas continuamente e esperar estar em paz.

Jesus procurava garantir certos momentos para estar sozinho e em paz. Ele ministrava às pessoas, mas regularmente escapava das multidões para ficar sozinho e orar. "Todavia, as notícias a respeito dele se espalhavam ainda mais, de forma que multidões vinham para ouvi-lo e para serem curadas de suas doenças. Mas Jesus retirava-se para lugares solitários, e orava" (Lucas 5:15-16).

Se Jesus precisava desse tipo de atividade e estilo de vida, com certeza nós também precisamos. Esperar em quietude diante de Deus contribui mais para a restauração de nossos corpos, mentes e emoções do que qualquer outra coisa. Precisamos disso regularmente. Insista nessa prática e não deixe ninguém tirar este tempo de você. Faça sua agenda girar ao redor de Deus — não tente apenas incluí-lo em algum lugar do seu dia.

13 DE FEVEREIRO

Você é Um Favorito de Deus

Protege-me como à menina dos teus olhos; esconde-me à sombra das tuas asas.

— SALMOS 17:8

O que significa favorito? Quer dizer ser amado com preferência, preferido, predileto. Significa desfrutar de atenção especial, de uma afeição especial e de tratamento preferencial, mesmo sem merecer. Não há nada em você ou em mim, ou em nenhuma outra pessoa, que pode fazer de nós um dos favoritos de Deus. Ele nos escolhe para este lugar de honra e afeto por um ato de Sua soberana graça. Tudo que podemos fazer é receber Seu dom gracioso numa atitude de gratidão e humildade.

Mas quando falo sobre ser favorito de Deus, é preciso deixar algo bem claro. Porque Deus é o Deus de toda a criação e porque Ele tem um relacionamento pessoal com cada um de Seus filhos, Ele pode dizer a cada um de nós ao mesmo tempo, e dizê-lo com sinceridade: "Você é a menina dos Meus olhos: você é Meu filho favorito". Demorou um bom tempo até que eu pudesse compreender essa

UM NOVO DIA, UM NOVO VOCÊ — 37

verdade. De fato, no início eu tinha medo de acreditar nela. Era difícil me imaginar como uma favorita de Deus, mesmo sendo isso que Ele dizia que eu era.

Então comecei a perceber que é isso que Ele diz a cada um de Seus filhos. Ele quer dizer isso a qualquer pessoa que acredite, aceite e caminhe nessa verdade. Deus garante a cada um de nós que somos Seus filhos favoritos porque ele quer que estejamos seguros de quem somos em Cristo Jesus, para que tenhamos a confiança e garantia que precisamos para trilhar vitoriosamente esta vida e atrair outros para compartilhar conosco de Sua maravilhosa graça.

14 DE FEVEREIRO

Deus Tem Planos para Você

Porque somos criação de Deus realizada em Cristo Jesus para fazermos boas obras, as quais Deus preparou antes para nós as praticarmos.

— EFÉSIOS 2:10

Deus tem um bom plano para cada um de nós, mas nem todos nós o vivemos ou o experimentamos. Muitas vezes vivemos longe do padrão que Deus pretendia que desfrutássemos. Por anos não exercitei meus direitos e privilégios como filha de Deus. Isso aconteceu por duas razões. Em primeiro lugar, eu nem sabia que possuía algum direito ou privilégio. Embora fosse cristã e acreditasse que ia para o céu quando morresse, não sabia que algo podia ser feito com relação ao meu passado, presente ou futuro nesta terra.

A segunda razão pela qual vivia longe do nível de vida que Deus pretendia que eu vivesse era simplesmente a maneira errada como me via e me sentia a meu próprio respeito. Tinha uma pobre imagem de mim mesma que afetava minha vida e meu dia a dia, e também minha perspectiva do futuro. **DEUS TEM PLANOS PARA VOCÊ!** "'Porque sou eu que conheço os planos que tenho para vocês', diz o Senhor, 'planos de fazê-los prosperar e não de lhes causar dano, planos de dar-lhes esperança e um futuro'" (Jeremias 29:11).

Se você tem uma autoimagem negativa como eu tinha, recomendo que leia a história de Mefibosete, que se encontra no capítulo 9 de 2 Samuel. Essa história exerceu um grande impactou em minha vida, e acredito que fará o mesmo por você. Ela o ajudará a ver não apenas por que você está vivendo bem abaixo do nível que Deus pretende que viva agora, mas também porque corre o risco de perder o que Ele tem em mente para você no futuro.

15 DE FEVEREIRO

Você Está Exausto?

E então lhes disse:"O sábado foi feito por causa do homem, e não o homem por causa do sábado.

Assim, pois, o Filho do homem é Senhor até mesmo do sábado".

— MARCOS 2:27-28

Você se sente excessivamente cansado o tempo todo, mesmo depois de dormir? Você vai ao médico, mas não consegue encontrar nada de errado? Talvez esteja com alguns dos sintomas de esgotamento. Longos períodos de esforço excessivo e estresse podem causar fadiga constante, dores de cabeça, insônia, problemas gastrointestinais e tensão.

Eis alguns dos sintomas de um esgotamento: chorar, ficar com raiva facilmente, negativismo, irritabilidade, depressão, cinismo (desdenhar, zombar das virtudes de outros), e amargura devido às bênçãos de outros e até da boa saúde que gozam. Deus estabeleceu a lei de descansar no Sábado para prevenir o esgotamento em nossas vidas. A lei do *Sabath* diz simplesmente que podemos trabalhar seis dias; mas no sétimo, devemos descansar e passar um tempo adorando a Deus. Até o próprio Deus descansou depois de seis dias de trabalho. É claro que ele nunca se cansa, mas nos deu este exemplo para que pudéssemos seguir.

Em Êxodo 23:10 a 12, vemos que até a terra precisa descansar depois de seis anos, por isso os Israelitas não deviam plantar no sétimo ano. Durante esse descanso, tudo se recuperava e se preparava para a produção futura. Hoje em dia as pessoas argumentam rapidamente que não podem se dar ao luxo de tirar um dia de folga, mas eu digo que elas não podem se dar ao luxo de não tirar. Frequentemente ouvimos: "Estou ocupado demais para fazer isso. Nunca vou conseguir realizar nada se tirar um dia de folga".

Minha resposta é: "Então você está ocupado demais e alguma coisa precisa mudar em sua vida". Quando estamos ocupados demais para obedecer às ordenanças de Deus, pagamos o preço. Lembre-se que a Bíblia diz que colhemos o que semeamos. Se semearmos estresse contínuo sem um descanso para equilibrá-lo, colheremos os resultados em nossos corpos, nossas emoções e nossas mentes.

16 DE FEVEREIRO

Acerte nas Pequenas Coisas

Lembrem-se: aquele que semeia pouco, também colherá pouco, e aquele que semeia com fartura,

também colherá fartamente.

— 2 CORÍNTIOS 9:6

UM NOVO DIA, UM NOVO VOCÊ — 39

Você já saiu para tomar café da manhã com alguém cuja conta custou dez reais e observou a pessoa se torturar por causa da gorjeta? A pessoa está com uma nota de dois reais na mão, mas sabe que deixar apenas um real seria vergonhoso. Mas será que ela deixa a nota de dois reais? De jeito nenhum! Seria demais. Ao invés disso, gasta dez minutos de sua vida tentando trocar os dois reais para deixar uma gorjeta de um real e cinquenta centavos e economizar cinquenta centavos, ao invés de deixar uma gorjeta "gorda demais" de dois reais.

Mas o que aconteceria se a pessoa desse os dois reais? Ela economizaria um tempo precioso — tempo que sem dúvida alguma vale mais do que cinquenta centavos. E faria o dia da garçonete mais feliz. Não que cinquenta centavos significassem tanto assim para ela, mas o recado que aqueles cinquenta centavos a mais transmite é de grande valor! É como dizer a ela: "Obrigado! Você faz algo de valor!". Talvez essa mensagem se perca — ela pode apenas guardar a gorjeta sem contar — mas a pessoa generosa sempre será abençoada e saberá instintivamente que escolheu o melhor.

Que oportunidade! Podemos aumentar a felicidade de outros, e também a nossa, através de meros trocados! Este é apenas um pequeno exemplo das muitas maneiras como as pequenas coisas que fazemos podem causar repercussões surpreendentes. As coisas pequenas ditam o rumo do nosso dia. Dar um passo a mais em prol de alguém — seja com uma gorjeta um pouco maior, um elogio inesperado ou um presente, ou até mesmo segurando a porta para a pessoa passar — custa muito pouco e gera para nós uma grande recompensa.

17 DE FEVEREIRO

Encontre o Descanso de Deus

Deixo-lhes a paz; a minha paz lhes dou. Não a dou como o mundo a dá. Não se perturbe o seu

coração, nem tenham medo.

— JOÃO 14:27

Com relação a entrar no descanso de Deus, gostaria de dizer o seguinte: "descansar em Deus" não significa de maneira alguma deixar de enfrentar oposição. Para ilustrar este ponto, permitam-me contar uma história que ouvi certa vez sobre dois artistas a quem foi pedido para pintar ilustrações sobre a paz, de acordo com a percepção de cada um. Um deles pintou um lago quieto e parado, rodeado por lindas montanhas. O outro pintou uma cachoeira forte e furiosa com uma árvore que se inclinava sobre ela e um ninho de passarinhos sobre um dos galhos desta árvore, tendo a cachoeira ao fundo.

Qual dos quadros descreve a paz? O segundo, porque não existe paz sem oposição. A primeira pintura representa estagnação. A cena pode transmitir serenidade; uma pessoa pode ser motivada a ir a um lugar assim para recuperar-se.

Talvez seja um quadro bonito, mas não representa o "descanso de Deus." Jesus disse: "Deixo-vos a paz; a minha paz lhes dou. Não a dou como o mundo a dá" (João 14:27). Sua paz é uma paz espiritual e Seu descanso é algo que ocorre no meio da tempestade — não na ausência dela.

Jesus não veio para remover toda a oposição de nossas vidas, mas para nos dar uma maneira diferente de abordar as tempestades da vida. Devemos tomar o Seu jugo sobre nós e aprender Dele (veja Mateus 11:29). Isso significa que devemos aprender os Seus caminhos, para abordarmos a vida da mesma maneira que Ele. *Jesus não se preocupou, e nós tampouco devemos nos preocupar!*

18 DE FEVEREIRO

Limpeza Divina

Se, porém, [realmente] andarmos na luz, como ele está na luz, temos comunhão [verdadeira] uns com os outros, e o sangue de Jesus, seu Filho, nos purifica de todo pecado [nos mantém limpos do pecado e de todas as suas formas e manifestações].

— I JOÃO 1:7, AMP

Gosto da última parte deste versículo que fala do sangue de Jesus que nos limpa do pecado e de todas as suas formas e manifestações. Deixe-me lhe dar um exemplo de como isso acontece no nosso cotidiano. Se há alguma coisa estragada na geladeira, você saberá cada vez que abrir a porta por causa do cheiro. Talvez não saiba exatamente o que é ou onde se encontra, mas você pode ter certeza de que está lá em algum lugar.

Acredito que nossas vidas sejam assim também. Se há algo apodrecido dentro de nós, as pessoas que estão perto de nós irão percebê-lo, independentemente de saberem o que é ou onde se encontra. Eles "cheirarão" tal coisa ou a sentirão. Em 2 Coríntios 2:15, o apóstolo Paulo nos diz que, como cristãos, nós somos "o aroma de Cristo entre os que estão sendo salvos e os que estão perecendo". Infelizmente isso também funciona da maneira oposta.

Quando há algo dentro de nós que ficou fechado e se estragou e apodreceu, exalamos um aroma totalmente diferente — facilmente detectável por todos. É por isso que devemos nos abrir e permitir que o Espírito Santo entre e limpe nossos corações, e remova seja o que for que estiver causando um odor desagradável. Quando nos abrimos para o Senhor e deixamos que Ele comece a nos limpar e nos curar por dentro, percebemos que estamos convivendo cada vez melhor com todos ao nosso redor. Não acontece da noite para o dia, porque é um processo. Mas começará a acontecer, um passo de cada vez.

19 DE FEVEREIRO

Não Tenha Medo, Ore

Por isso não tema, pois estou com você; não tenha medo, pois sou o seu Deus. Eu o fortalecerei e o ajudarei; eu o segurarei com a minha mão direita vitoriosa... Pois eu sou o Senhor, o seu Deus, que o segura pela mão direita e lhe diz: Não tema; eu o ajudarei.

— ISAÍAS 41:10,13

Há algum tempo o Senhor me disse as seguintes palavras: "Ore sobre tudo e não tema nada". Ele me disse isso quando eu sentia um vago receio com relação a uma nova cabeleireira que iria fazer meu cabelo, e temia que ela não faria um bom trabalho.

O Espírito Santo falou comigo: "Não tema, apenas ore. Ore para que o Senhor unja esta mulher para que ela possa fazer em você o bom trabalho que precisa ser feito". Então, nas semanas seguintes, Ele continuou me mostrando diversas coisas sobre o princípio da oração *versus* temor. Muitas dessas coisas tratavam de pequenas áreas em que o temor tenta entrar em minha vida e me causar problemas. Ele me mostrou que, em cada uma delas, seja uma situação grande e importante ou pequena e insignificante, a solução era orar.

20 DE FEVEREIRO

Seu Verdadeiro Valor

Agora, pois, se diligentemente ouvirdes a minha voz e guardardes a minha aliança, então sereis a minha propriedade peculiar dentre todos os povos, porque toda a terra é minha.

— ÊXODO 19:5, ARA

Em Êxodo 19:5, o Senhor diz ao Seu povo que eles são Sua "propriedade peculiar". Essa se palavra se aplica a nós hoje tanto quanto se aplicava aos filhos de Israel. Em João 3:18, Jesus disse a Nicodemos que aquele que acredita Nele jamais será condenado (rejeitado). Talvez você não se sinta uma propriedade peculiar de Deus, ou até mesmo aceitável perante Ele, mas você é. Em Efésios 1:6, Paulo diz que todos nós que acreditamos em Cristo fomos feitos "agradáveis a Deus no Amado" (ARC). Isso deveria nos dar um senso de valor pessoal e autoestima.

Lembro-me de estar em uma fila para receber oração e de ouvir uma mulher próxima a mim dizer ao pastor que ministrava sobre ela o quanto ela se odiava e se desprezava. O pastor foi muito firme com ela e a repreendeu severamente, dizendo: "O que você pensa que é? Você não tem direito de se odiar. Deus pagou um preço alto por você e pela sua liberdade. Ele a amou tanto que enviou Seu único Filho para morrer por você, para sofrer em seu lugar. Você não tem o direito de sentir ódio e rejeição por si mesma. Sua parte é receber o que Jesus morreu para lhe dar!".

A mulher ficou chocada. Eu também fiquei chocada, apenas ouvindo. Mas às vezes é preciso uma palavra forte para nos fazer perceber a armadilha que Satanás armou para nós. Você não tem apreço por si mesma e minimiza seu próprio valor? Com certeza, você é uma pessoa valiosa; de outra forma, seu pai Celeste não teria pagado um preço tão alto pela sua redenção.

21 DE FEVEREIRO

O Poder do Perdão

Cada coração conhece a sua própria amargura, e não há quem possa partilhar sua alegria.

— PROVÉRBIOS 14:10

Alimentar a falta de perdão é provavelmente um dos estados mais perigosos em que nosso coração pode estar, porque a Bíblia nos diz claramente que, se não perdoarmos outras pessoas, então Deus não pode nos perdoar. Se não perdoarmos os outros, nossa fé não funcionará. E tudo que procede de Deus depende da fé. Se nossa fé não funciona, estamos em sérios problemas.

Quando prego sobre perdão, sempre peço que as pessoas presentes que tiverem sido ofendidas e precisarem perdoar alguém fiquem de pé. Nunca vi menos do que oitenta por cento da congregação se levantar. Não é preciso ser gênio para perceber por que nos falta o poder que precisamos ter no corpo de Cristo. O poder vem do amor — não do ódio, da amargura e da falta de perdão. "Mas você não sabe o que fizeram comigo," dizem as pessoas para tentarem justificar suas amarguras, ressentimentos e falta de perdão.

Se tomarmos como base o que diz a Bíblia, na verdade não importa muito o tamanho da ofensa. Servimos a um Deus que é maior; e se tratarmos da maneira certa com as ofensas que nos são cometidas, Ele nos trará justiça e recompensa, se permitirmos que Ele o faça. Em Isaías 61:7 o Senhor nos promete: "Em lugar da vergonha que sofreu, o meu povo receberá porção dupla" (ARC). Esta porção é uma recompensa, um pagamento pelas mágoas passadas.

Em Romanos 12:19 lemos: "Não vos vingueis a vós mesmos, amados, mas dai lugar à ira, porque está escrito: Minha é a vingança; eu recompensarei, diz o Senhor" (ARC). Não tente fazer as pessoas pagarem pelo que lhe fizeram. Deixe isso nas mãos de Deus.

Jesus nos ensinou que devemos perdoar os que nos ofenderam, orar pelos que nos maltratam e abençoar os que nos amaldiçoam. Isso é difícil. Mas há algo ainda mais difícil: estar cheio de ódio, amargura e ressentimento. Não passe sua vida odiando alguém que provavelmente está desfrutando a vida enquanto você está zangado e infeliz.

UM NOVO DIA, UM NOVO VOCÊ — 43

22 DE FEVEREIRO

Continue a Dar Passos de Obediência

"Façam tudo o que ele lhes mandar".

— JOÃO 2:5

O primeiro milagre de Jesus de que se tem registro aconteceu quando Ele participava de uma festa de casamento. Quando o casal de noivos ficou sem vinho para servir aos convidados, Maria pediu a seu Filho que fizesse algo para ajudar naquela situação, dizendo aos servos: "Façam tudo o que ele lhes mandar". Jesus ordenou que eles enchessem vários jarros enormes com água. Depois, Ele pediu que eles servissem daqueles jarros d'água, que então haviam se transformado milagrosamente em vinho (veja João 2:1-11). Porque obedeceram a Jesus, a necessidade física de muitos foi suprida naquele dia.

Se estiver buscando um milagre em sua vida, certifique-se de que você está semeando sementes de obediência, porque o Senhor nos prometeu que se fizermos isso em confiança paciente Nele, ao final ceifaremos: "E não nos cansemos de fazer o bem, pois no tempo próprio colheremos, se não desanimarmos" (Gálatas 6:9).

Às vezes, quando as coisas não estão correndo da maneira como achamos que deveriam, ou quando não estamos recebendo as respostas às nossas orações tão rapidamente quanto gostaríamos, pensamos: "Hum, como Deus não está fazendo nada, por que eu deveria fazer algo? Por que eu deveria ser obediente se isso não está dando resultado?". Nessas ocasiões, devemos entender que Deus sempre está trabalhando. Talvez não consigamos ver, pois Ele geralmente trabalha em segredo.

23 DE FEVEREIRO

Não Ignore Quando Deus diz: Se... e Mas...

Se vocês obedecerem fielmente ao Senhor, o seu Deus, e seguirem cuidadosamente todos os seus mandamentos que hoje lhes dou, o Senhor, o seu Deus, os colocará muito acima de todas as nações da terra. Todas estas bênçãos virão sobre vocês e os acompanharão, se vocês obedecerem ao Senhor, o seu Deus.

— DEUTERONÔMIO 28:1-2

Observe os "se" nesta passagem. Muitas vezes escolhemos ignorar os "se" e "mas" que estão na Bíblia. Considere por exemplo, 1 Coríntios 1:9-10:

Fiel é Deus, o qual os chamou à comunhão com seu Filho Jesus Cristo, nosso Senhor. Irmãos, em nome de nosso Senhor Jesus Cristo suplico a todos vocês que concordem uns com os outros no que falam, para que não haja divisões entre vocês; antes, que todos estejam unidos num só pensamento e num só parecer.

Vemos que Deus é fiel, e também vemos que nos beneficiamos desta fidelidade ao honrá-Lo através da obediência em como nos relacionamos. Nossa desobediência não muda Deus. Ele ainda continua fiel, mas a obediência abre a porta da bênção que já existe devido à bondade de Deus, e faz com que ela caia sobre nós.

24 DE FEVEREIRO

Seja Cheio da Luz de Deus

Esta é a mensagem que dele ouvimos e transmitimos a vocês: Deus é luz;
nele não há treva alguma. Se afirmarmos que temos comunhão com ele,
mas andamos nas trevas, mentimos e não praticamos a verdade.

— I JOÃO 1:5-6

Frequentemetornam-se escuridão em nosso interior. Mas esta passagem nos diz que em Deus não existe treva alguma. Então, quando permitimos que Ele entre por completo em nossos corações e mentes, ali não haverá trevas. Estou muito feliz por Deus preencher cada espaço do meu coração, para que eu possa ser preenchida com a Sua luz. Não há lugar algum em meu coração que esteja bloqueado ao acesso de Deus e da luz que vem da Sua presença. Muitas vezes, um dos sinais de que estamos andando na luz do Evangelho é o fato de que temos um bom relacionamento com todas as pessoas com quem mantemos contato no nosso cotidiano — inclusive nossos cônjuges e nossos filhos.

Posso verdadeiramente dizer que neste momento não conheço nenhuma pessoa em minha vida com quem tenha um sério problema. E isso não aconteceu porque *as pessoas* mudaram. A razão para isso ter acontecido é que permiti que o Senhor entrasse nesses recantos escuros do meu coração e os preenchesse com Sua maravilhosa luz. Quando eu era uma pessoa por dentro e outra por fora, tinha que usar máscaras e fingir. Estou muito feliz porque agora posso ficar diante de Deus e me sentir em paz comigo mesma e com os outros.

Não tenho mais que viver com temor do que as pessoas pensam de mim, porque abri meu coração ao Espírito Santo de Deus e Ele iluminou os lugares escuros do meu interior para que eu possa viver livre! Você pode dizer o mesmo se abrir seu coração a Deus e permitir que Ele encha cada parte do seu ser com Seu Espírito que vivifica!

25 DE FEVEREIRO

Deixe Deus tomar a Liderança

Depois de comerem, Jesus perguntou a Simão Pedro: "Simão, filho de João, você me ama mais do que estes?" Disse ele: "Sim, Senhor, tu sabes que te amo". Disse Jesus: "Cuide dos meus cordeiros".

— JOÃO 21:15

Três vezes Jesus perguntou a Pedro: "Você me ama? Pedro, você me ama? Você me ama, Pedro?" Finalmente, na terceira vez, Pedro estava perturbado por Jesus continuar a lhe fazer a mesma pergunta. Ele disse: "Sim, Senhor, tu sabes que eu Te amo". Então descobrimos a célebre razão pela qual Jesus fazia aquela pergunta a Pedro. "Digo-lhe a verdade: Quando você era mais jovem, vestia-se e ia para onde queria; mas quando for velho, estenderá as mãos e outra pessoa o vestirá e o levará para onde você não deseja ir" (João 21:18).

Deus me desafiou com esta passagem da Bíblia porque eu tinha meu próprio plano e andava pelo meu próprio caminho. Mas se realmente queremos a perfeita vontade de Deus, talvez Ele nos peça para fazer coisas que não queremos fazer. Se realmente o amamos, permitiremos que Ele realize a Sua vontade em nossas vidas.

26 DE FEVEREIRO

Como Lidar com a Decepção

Esqueçam o que se foi; não vivam no passado.

— ISAÍAS 43:18

Todos nós precisamos enfrentar e lidar com a decepção em várias ocasiões. Nenhuma pessoa tem o privilégio de ver as coisas acontecerem da maneira que deseja ou espera que aconteça. Quando as coisas não funcionam ou nossos planos não alcançam o sucesso que imaginávamos, nossa primeira reação é sentir decepção. Isso é normal. Não há nada de errado em se sentir decepcionado. Mas devemos saber o que fazer com esse sentimento, ou ele se transformará em algo mais sério. No mundo, não podemos viver sem decepção, mas em Jesus podemos sempre receber uma nova opção!

Em Filipenses 3:13 o apóstolo Paulo diz: "mas uma coisa faço [é minha aspiração principal]: esquecendo-me das coisas que ficaram para trás e avançando para as que estão adiante" (AMP). Paulo declara que a coisa mais importante para ele é deixar o que ficou para trás e avançar para as coisas que estão adiante! Quando nos decepcionamos, imediatamente recebemos uma nova opção, e é exatamente isso que devemos fazer: deixar as causas da decepção para trás e seguir adiante para o que Deus tem preparado para nós. Ao fazer isso, recebemos uma nova visão, um plano, uma ideia, uma nova perspectiva, uma nova mentalidade e mudamos nosso foco. *Decidimos seguir em frente!*

27 DE FEVEREIRO

Uma Nova Perspectiva

Não se amoldem ao padrão deste mundo, mas transformem-se pela renovação da sua mente, para que sejam capazes de experimentar e comprovar a boa, agradável e perfeita vontade de Deus.

— ROMANOS 12:2

É preciso vigilância constante para não nos tornarmos como o mundo e seus caminhos e atitudes. A mídia frequentemente anuncia notícias negativas, geralmente com relatos frios de eventos trágicos, e muitas vezes escutamos tudo isso com reações igualmente frias. Hoje em dia, ouvimos tanto falar de violência que mal reparamos ou prestamos atenção nisso. Isso é compreensível, mas não aceitável. O mal é progressivo e continuará a aumentar se não o combatermos agressivamente.

Acredito que tudo isto seja parte do plano geral de Satanás para o mundo. Ele quer que tenhamos uma perspectiva endurecida, que nossos corações reajam com frieza sem nos importarmos verdadeiramente com as pessoas ou suas necessidades. Porém, como cristãos, devemos orar pelos que estão sofrendo e fazer um voto de lutar contra a apatia do mundo diante do mal. Talvez não consigamos resolver sozinhos todos os problemas do mundo atual, mas podemos nos importar — e podemos orar.

Jesus disse: "O Espírito do Senhor está sobre mim, porque ele me ungiu para pregar boas novas" (Lucas 4:18). Acredito que ainda existam mais coisas boas do que ruins, só é preciso que alguém as noticie. Não estou dizendo que nunca devemos ligar o noticiário ou ler o jornal, mas sim que não deveríamos nos limitar a permanecer limitados às notícias do mundo ou nos conformar com seu ponto de vista. Precisamos escutar o que Deus diz sobre as notícias e atualidades em nossas vidas, e orar conforme Ele nos guia a interceder por outros que são afetados por elas.

28 DE FEVEREIRO

Amor: Sua Prioridade Máxima

Mas procurai com zelo os maiores dons (os dons mais altos e as melhores graças). Ademais, eu vos mostrarei um caminho sobremodo excelente [um que é de longe o melhor e mais alto de todos: o amor].

— I CORÍNTIOS 12:31, AMP

Onde se encontra o amor em sua lista de prioridades? Jesus disse: "Um novo mandamento vos dou: que vos ameis uns aos outros; assim como eu vos amei" (ARA). Acredito que Jesus estava dizendo que o amor é a coisa mais importante na qual devemos nos concentrar. O apóstolo Paulo afirma que: "permanecem a fé, a esperança e o amor... mas o maior desses é o amor" (1 Coríntios 13:13).

O amor deveria ser o número um na nossa lista de prioridades espirituais. Deveríamos estudar o amor, orar sobre o amor e desenvolver o fruto do amor praticando amar os outros. Deus é amor, então, quando andamos no Seu amor, estamos andando com Ele.

Caminhar no amor de Deus se concretiza quando recebemos este amor e o expressamos, portanto não devemos nos enganar achando que podemos amar a Deus enquanto odiamos as outras pessoas (veja 1 João 4:20). Precisei de quarenta e cinco anos para perceber que minhas prioridades estavam confusas e que eu não tinha o amor como a principal meta em minha vida. O compromisso de aprender a andar em amor tem sido, sem dúvida alguma, a melhor decisão que já tomei como cristã.

29 DE FEVEREIRO

Todos Mancam

Então disse: Não te chamarás mais Jacó [usurpador], mas Israel [que luta com Deus]; porque tens lutado com Deus e com os homens e tens prevalecido.

— GÊNESIS 32:28, AMP

Jacó era um homem com muitas fraquezas, mas ele contendeu com Deus porque estava determinado a receber Sua bênção. Deus gosta deste tipo de determinação. Por Jacó ser tão decidido, Deus pôde ser glorificado nele. Deus pode obter glória para Si mesmo através daqueles que não deixarão suas fraquezas pessoais serem um obstáculo à obra de Deus neles. Para que Deus faça isso através de nós, primeiro precisamos encarar o fato de que temos fraquezas, e depois devemos estar determinados a não deixar essas fraquezas nos atrapalharem. Nossas imperfeições não vão parar Deus a não ser que permitamos.

Vou lhe pedir para fazer algo muito importante. Pare agora mesmo, coloque os braços em volta de si mesmo, dê em você um grande abraço e diga em voz alta: "Eu me aceito. Eu me amo. Sei que tenho fraquezas e imperfeições, mas não serei detido por elas". Experimente fazer isso várias vezes ao dia e logo você conquistará uma nova atitude e perspectiva.

Jacó lutou com um anjo do Senhor que tocou sua coxa e por causa isso ele ficou manco daquele dia em diante (veja Gênesis 32:24 a 32). Sempre digo que Jacó saiu mancando daquela luta, mas mancando com sua bênção nas mãos. Outra maneira de apresentar este princípio é: "Deus nos abençoará mesmo sabendo que todos nós mancamos (temos um ponto fraco)". Lembre-se que Deus vê o nosso coração. Se temos nossa fé firme Nele e um coração que deseja fazer o que é certo, temos tudo o que precisamos para receber as bênçãos de Deus.

1º DE MARÇO

Você é Único!

Um é o esplendor do sol, outro o da lua, e outro o das estrelas; e as estrelas diferem em esplendor umas das outras.

— 1 CORÍNTIOS 15:41

Deus nos criou para sermos diferentes uns dos outros; e Ele fez isso de propósito. Cada um de nós responde a uma necessidade, e todos somos parte do grande plano de Deus. Quando lutamos para ser como outros, não só nos perdemos, mas também entristecemos o Espírito Santo. Deus quer que nos encaixemos em Seu plano, não que nos sintamos pressionados a tentar nos encaixar nos planos de outros. Ser diferente é legal, e não há o menor problema nisso.

Todos nascemos com um temperamento diferente, com características físicas diferentes, impressões digitais diferentes, dons e capacidades diferentes. Nossa meta deveria ser encontrar aquilo em que somos bons e depois nos lançarmos de coração nisso.

Algumas pessoas sentem que não são boas em nada, mas isso não é verdade. Quando nos esforçamos para fazer o que os outros sabem fazer bem, frequentemente falhamos porque não temos o dom para essas coisas. Mas isso não significa que não somos bons em nada. Temos nossas limitações e devemos aceitá-las. Isso não é ruim; é apenas um fato. É maravilhoso ser livre para ser diferente e não sentir que há algo de errado conosco porque somos assim.

Devemos nos sentir livres para amar, nos aceitar e aceitarmos uns aos outros sem a pressão de nos compararmos ou competirmos. Pessoas seguras que sabem que Deus as ama e tem um plano para elas não se sentem ameaçadas pelos talentos de outros. Elas desfrutam do que as outras pessoas podem fazer e desfrutam o que elas podem fazer também. Quando nos apresentarmos diante de Deus, Ele não me perguntará por que não fui como Davi, ou como o apóstolo Paulo, ou como a esposa do meu pastor, ou como minha amiga. Não quero ouvi-lo me dizer: "Por que você não foi Joyce Meyer?" Quero ouvi-lo dizer: "Muito bem, serva boa e fiel" (Mateus 25:23).

2 DE MARÇO

Colocando Nossa Motivação à Prova

Passado algum tempo, Deus pôs Abraão à prova, dizendo-lhe:"Abraão!" Ele respondeu:"Eis-me aqui".

Então disse Deus:"Tome seu filho, seu único filho, Isaque, a quem você ama, e vá para a região de

Moriá. Sacrifique-o ali como holocausto num dos montes que lhe indicarei". Na manhã seguinte,

Abraão levantou-se e preparou o seu jumento. Levou consigo dois de seus servos e Isaque seu filho.

Depois de cortar lenha para o holocausto, partiu em direção ao lugar que Deus lhe havia indicado.

— GÊNESIS 22:1-3

Acredito que Deus estava colocando as prioridades de Abraão à prova. Isaque provavelmente havia se tornado muito importante para Abraão, de modo que Deus o testou para ver se ele abriria mão do menino por simples fé e obediência. Quando Deus viu que Abraão estava disposto a obedecer, providenciou um cordeiro para ser sacrificado no lugar de Isaque.

Lembre-se de que todos nós passamos por testes. Assim como aconteceu a Abraão, esses testes são planejados para provar, testar e aumentar a nossa fé. Esta foi uma das provas que tive de enfrentar: "E se eu nunca tiver o ministério pelo qual tenho sonhado há tanto tempo? E se nunca chegar a ministrar a mais de cinquenta pessoas por vez? Será que ainda vou amar a Deus e ser feliz?".

E você? E se não conseguir o que quer, seja lá o que for, ainda vai continuar amando a Deus? Ainda vai continuar servindo-o todos os dias de sua vida? Ou será que você está apenas tentando conseguir algo Dele? Nossa motivação é marcada por uma tênue linha divisória entre o egoísmo e o altruísmo; e devemos sempre nos certificar de que sabemos de que lado dessa linha nos encontramos.

3 DE MARÇO

Você Está Aproveitando a Viagem?

Eu vim para que tenham vida, e a tenham plenamente [uma vida plena, até transbordar].

— JOÃO 10:10, AMP

Não posso imaginar um Deus que não nos dá uma vida da qual podemos desfrutar. Para começarmos a entender a qualidade de vida que Deus desfruta, devemos mudar nossa perspectiva moderna do que constitui verdadeiramente vida. Nossa sociedade caiu na armadilha de acreditar que quantidade é mais do que qualidade, mas isso não é verdade. Essa mentira de Satanás tem alimentado o espírito de ganância que prevalece no mundo hoje em dia.

Está cada vez mais difícil encontrar algo de excelente qualidade. Na maioria das nações industrializadas do mundo, especialmente nos Estados Unidos, há abundância de tudo; porém há mais pessoas infelizes do que nunca. Acredito que se tivéssemos mais qualidade e um pouco menos quantidade, teríamos mais alegrias verdadeiras em nossa vida cotidiana. Seria muito melhor viver quarenta anos ao máximo, verdadeiramente desfrutando de cada aspecto da vida, do que viver cem anos e nunca desfrutar de nada.

Graças a Deus porque podemos ter vários anos de vida e qualidade de vida também; mas estou querendo chamar sua atenção para um ponto: como crentes, você e eu temos à nossa disposição a qualidade de vida de Deus. A vida divina não é cheia de temores, estresses, preocupações, ansiedade ou depressão. Deus não é impaciente, e tampouco tem pressa. Ele separa um tempo para desfrutar de Sua criação — as obras de Suas mãos. Aprenda a desfrutar não só de seu trabalho e realizações, mas até do percurso que faz pela manhã a caminho do trabalho. Não fique tão frustrado com o trânsito e a cabeça tão preocupada com o que precisa fazer quando chegar ao trabalho a ponto de deixar de aproveitar a viagem.

4 DE MARÇO

Escolha a Vida!

Hoje invoco os céus e a terra como testemunhas contra vocês, de que coloquei diante de vocês a vida

e a morte, a bênção e a maldição. Agora escolham a vida, para que vocês e os seus filhos vivam.

— DEUTERONÔMIO 30:19

Nunca vamos desfrutar a vida a não ser que façamos uma escolha consciente de fazer isso. Satanás é perito em furtos, e a nossa alegria é um dos seus alvos favoritos. Neemias 8:10 nos diz que a alegria do Senhor nos fortalece. Em João 10:10 ouvimos que "o ladrão" vem para matar, roubar e destruir, mas que Jesus veio para que tenhamos e desfrutemos a vida. Satanás é um ladrão, e uma das coisas que ele procura roubar de nós é a alegria. Se ele conseguir fazer isso, seremos fracos; e quando somos fracos, o inimigo ganha vantagem sobre nós.

Crentes fracos não são ameaça para ele e sua obra de destruição. Para vivermos como Deus quer que vivamos, primeiro temos que realmente acreditar que é da vontade de Deus termos alegria constantemente. E então, devemos escolher entrar nessa alegria. Desfrutar essa alegria em nossas almas é de vital importância para a nossa saúde física, mental, emocional e espiritual. Provérbios 17:22 diz: "O coração bem disposto é remédio eficiente, mas o espírito oprimido resseca os ossos". Deus quer que desfrutemos a vida! Agora é a hora de escolhermos entrar nesta vida plena e abundante que Deus quer que vivamos.

Temos a alegria e o prazer à nossa disposição, tanto quanto o sofrimento. Retidão e paz estão à nossa disposição, assim como condenação e perturbação. Há bênçãos e maldições à disposição, por isso Deuteronômio 30:19 nos diz para escolhermos a vida e as bênçãos.

5 DE MARÇO

Pescando do Lado Errado do Barco

"Vou pescar", disse-lhes Simão Pedro. E eles disseram: "Nós vamos com você". Eles foram e entraram no barco, mas naquela noite não pegaram nada.

— JOÃO 21:3

Pedro não tinha muita certeza do que deveria fazer depois que Jesus ressuscitou dos mortos e provou, tanto para ele como para os outros discípulos, que estava vivo. Por essa razão, voltou a fazer o que fazia antes de conhecer Jesus: pescar. Os outros resolveram se juntar a ele e pescaram a noite inteira sem pegar nem um peixe sequer.

João 21:4-5 diz: "Ao amanhecer, Jesus estava na praia, mas os discípulos não o reconheceram. Ele lhes perguntou: 'Filhos, vocês têm algo para comer?' Eles responderam que não". Decisões baseadas nas nossas emoções geralmente nos deixam de mãos vazias. Em outras palavras, não dão resultados gratificantes.

A passagem continua no versículo 6: "Ele disse: 'Lancem a rede do lado direito do barco e vocês encontrarão'. Eles a lançaram, mas não conseguiam recolher a rede, tal era a quantidade de peixes". É interessante vermos que Jesus não chamou os discípulos de homens, mas de filhos. Ele lhes perguntou se estavam conseguindo algo com o que tentavam fazer. Essa é uma pergunta que devemos nos fazer quando não temos frutos (ou peixes) para mostrar como resultado das nossas longas horas de trabalho.

Quando pescamos fora da vontade de Deus é como se estivéssemos pescando do lado errado do barco. Às vezes, lutamos, trabalhamos, nos esforçamos e nos desgastamos tentando fazer com que algo grandioso aconteça. Tentamos mudar as coisas, ou nos mudar. Tentamos conseguir mais dinheiro. Tentamos nos curar. Tentamos mudar nosso cônjuge ou até mesmo encontrar um. Mas podemos trabalhar incansavelmente e ainda assim não ter nada para mostrar como fruto desse trabalho. Você pegou alguma coisa? Conseguiu algo além de ficar exausto? Se sua resposta for não, talvez você esteja pescando do lado errado do barco. Se ouvir a voz de Deus, Ele lhe dirá onde jogar a sua rede.

6 DE MARÇO

Deixe no Altar

Passado algum tempo, Deus pôs Abraão à prova, dizendo-lhe: "Abraão!" Ele respondeu: "Eis-me aqui". Então disse Deus: "Tome seu filho, seu único filho, Isaque, a quem você ama, e vá para a região de Moriá. Sacrifique-o ali como holocausto num dos montes que lhe indicarei".

— GÊNESIS 22:1-2

O Senhor me disse recentemente: "Joyce, você Me ama? Se ama, ainda Me amaria e Me serviria mesmo se Eu não fizesse tudo da maneira como você quer ou quando acha que deveria ser feito?". O Senhor me disse isso quando eu estava pedindo a Ele um ministério imenso. Ele também disse: "Joyce, se eu pedir que você vá para os arredores de St. Louis e passe o resto da vida ministrando para cinquenta pessoas, sem nunca ser conhecida por ninguém, você faria isso?". Minha resposta foi: "Senhor, com certeza Tu não podes estar me pedindo isso!".

Sempre temos planos grandiosos para nós mesmos. Se Deus nos pedir para fazer algo que não é proeminente, nem sempre temos certeza de que estamos ouvindo Sua voz corretamente ou que essa seja a Sua vontade para nós! Quando Deus me fez aquelas perguntas sobre o meu ministério, senti-me como imagino que Abraão deve ter se sentido quando o Senhor lhe pediu para sacrificar seu filho Isaque, através de quem Ele havia prometido abençoá-lo e a todas as nações na face da Terra (ver Gênesis 22).

Deus parecia estar me pedindo para abrir mão da obra que Ele havia me dado, com a qual Ele abençoaria muitos outros através de mim. Mas Deus não estava me pedindo para desistir daquele ministério. Ele só me pedia para colocá-lo no altar, assim como Abraão colocou Isaque no altar em oferta a Deus. Não devemos permitir que nada — nem mesmo nosso trabalho para Deus — torne-se mais importante para nós do que o próprio Deus. Para evitar que isso aconteça, de tempos em tempos Deus nos pede para colocarmos tudo no altar como prova do nosso amor e dedicação. Ele nos põe à prova pedindo-nos que coloquemos as bênçãos que nos são mais preciosas no altar, como prova do nosso amor por Ele.

7 DE MARÇO

Não Desista

E não nos cansemos de fazer o bem, pois no tempo próprio colheremos, se não desanimarmos.

— GÁLATAS 6:9

Não importa quão ruins sejam as condições ou circunstâncias de sua vida, não desista! Tome o território que o diabo roubou de você! Mesmo que precise fazer isso centímetro por centímetro, faça-o apoiando-se sempre na graça de Deus e não na sua própria capacidade de obter os resultados desejados. Em Gálatas 6:9 o apóstolo Paulo nos encoraja a simplesmente continuarmos em frente! Não seja um desistente! Não tenha aquele velho espírito desanimado. Deus procura pessoas que irão até o fim por Ele. "Quando você atravessar as águas, Eu estarei com você; e, quando você atravessar os rios, eles não o encobrirão. Quando você andar através do fogo, você não se queimará; as chamas não o deixarão em brasas" (Isaías 43:2). Não importa o que você esteja enfrentando ou passando neste momento em sua vida, eu o encorajo a ir até o fim e não desistir! É fácil desistir, mas é preciso fé para chegar do outro lado.

8 DE MARÇO

Encontramos Alegria e Paz ao Crermos

Que o Deus da esperança os encha de toda alegria e paz, por sua confiança nele, para que vocês transbordem de esperança, pelo poder do Espírito Santo.

— ROMANOS 15:13

A alegria nunca está presente onde há descrença, mas ela é sempre encontrada onde há fé. Crer é muito mais simples do que não crer. Se não cremos em Deus, na Sua Palavra, nas Suas promessas, então nos resta o trabalho de raciocinar e tentar resolver nós mesmos as coisas. O autor de Hebreus 4:13 observou que nós, que cremos, entramos no descanso de Deus. Em Hebreus 4:10 ele diz: "Pois todo aquele que entra no descanso de Deus, também descansa das suas obras [do cansaço e da dor da labuta humana], como Deus descansou das suas" (AMP).

Em Mateus 11:28 Jesus disse: "Venham a mim, todos os que estão cansados e sobrecarregados, e eu lhes darei descanso".

Jesus nos instrui a irmos até Ele, mas *como* fazemos isso? Em Hebreus 11:6 lemos que "Sem fé é impossível agradar a Deus, pois quem dele se aproxima precisa crer que ele existe e que recompensa aqueles que o buscam".

Isso significa que quando buscamos a Deus, devemos fazê-lo em uma atitude de fé. Quando fizermos isso, teremos alegria; e onde há alegria, também há felicidade. Esta é a vontade de Deus para nós, que tenhamos e desfrutemos da vida. Jesus não morreu por você e por mim para sermos infelizes. Ele morreu para nos livrar de todo tipo de opressão e infelicidade. Sua obra já está terminada; só nos resta agora *crer*.

9 DE MARÇO

Deus Ajuda os Indefesos

Deus... concede graça aos humildes.

— 1 PEDRO 5:5

O mundo diz: "Deus ajuda a quem se ajuda." Essa declaração não tem nada a ver com a Bíblia. Nós nos ajudamos a nós mesmos em alguns assuntos: Deus não vai enviar um anjo para limpar nossos carros e casas, por exemplo. Precisamos ser os responsáveis por isso. Também precisamos sair e procurar um emprego para ganharmos o nosso pão. Deus nos dá sabedoria e forças, mas precisamos usar nossos braços da carne nesses assuntos.

Dizer que Deus ajuda aqueles que se ajudam não só não tem base na Palavra de Deus, mas pode nos desviar. Essa afirmação tende a fazer com que as pessoas sintam que precisam fazer tudo ao seu alcance antes de sequer pedir ajuda a Deus. Não é de se admirar que seja um "ditado do mundo" frequentemente aceito como a Palavra de Deus.

Satanás, o deus do sistema deste mundo (ver 2 Coríntios 4:4) adoraria que acreditássemos nessa mentira e passássemos nossas vidas frustrados tentando cuidar de nós mesmos em vez de dependermos de Deus.

Deus não ajuda aqueles que se ajudam. Pelo contrário, Ele ajuda aqueles que sabem que não podem fazer por si mesmos, os que entendem que dependem totalmente Dele para os livrar.

10 DE MARÇO

Montanhas Transformadas em Planícies

Quem você pensa que é, ó montanha majestosa? Diante de Zorobabel você se tornará uma planície.

Ele colocará a pedra principal aos gritos de "Deus abençoe! Deus abençoe!".

— ZACARIAS 4:7

Os samaritanos que investiram contra os israelitas que construíam o templo do Senhor haviam se transformado em uma montanha de obstáculos humanos, frustrando e impedindo o povo de Israel de fazer o que Deus lhes havia ordenado. Talvez você se encontre numa situação assim no momento em que lê essas palavras. Talvez sinta que o Senhor lhe disse para fazer algo, mas o inimigo lançou uma montanha no seu caminho para frustrá-lo e impedi-lo de realizar a vontade de Deus. Se este for o caso, saiba que sei exatamente como você se sente, porque era assim que eu costumava me sentir. O problema é a nossa perspectiva. Nesta passagem, o Senhor diz a Zacarias que o problema que os israelitas encaravam, embora parecesse uma montanha, não passava na verdade de um morrinho, uma planície. Você não gostaria que todas as montanhas de sua vida se tornassem meros morrinhos? Isso pode acontecer, se você fizer o que Deus está dizendo aqui e não olhar para o problema, mas para o Senhor e o Seu poder. Se Deus lhe disse para fazer algo, com certeza é a vontade Dele que você não apenas comece, mas que também termine essa obra.

11 DE MARÇO

Você Foi Criado Para Ser uma Bênção

Farei de você um grande povo, e o abençoarei. Tornarei famoso o seu nome, e você será uma bênção.

— GÊNESIS 12:2

Sempre que você pensar algo bom de alguém, verbalize-o. As pessoas não podem ler sua mente. Seus pensamentos têm poder e podem afetar um pouco a confiança de alguém, mas suas palavras podem verdadeiramente colocar esse alguém para cima e encorajá-lo. Todo mundo precisa de afirmação, especialmente aqueles que foram emocionalmente feridos ou magoados. Temos mais poder do que percebemos. Podemos ajudar as pessoas! As palavras certas ditas na hora certa têm poder para curar: "Dar resposta apropriada é motivo de alegria; e como é bom um conselho na hora certa!" (Provérbios 15:23).

As palavras certas ditas na hora certa fazem bem não somente aos outros, mas a nós também. Ficamos felizes quando edificamos os outros. Somos criados por Deus para sermos uma bênção. Ele disse a Abraão: "Eu o abençoarei e você será uma bênção". Somos abençoados para sermos uma bênção. Deus o criou para ser uma bênção. Comece a ser o que foi criado para ser e você começará a receber o que lhe é devido!

1 2 DE MARÇO

Se For a Tua Vontade

Vocês cobiçam coisas, e não as têm; matam e invejam, mas não conseguem obter o que desejam. Vocês

vivem a lutar e a fazer guerras. Não têm, porque não pedem. Quando pedem, não recebem, pois

pedem por motivos errados, para gastar em seus prazeres.

— TIAGO 4:2-3

Há certas coisas na Palavra de Deus que estão tão claras que nem precisamos orar, "Se for a Tua vontade". A salvação é um exemplo disso. Em 1 Timóteo 2:3-4 a Bíblia diz que Deus quer que todos sejam salvos e venham a conhecê-lo. Eu nunca oraria: "Querido Pai que está no Céu, peço, em nome de Jesus, que salves o fulano, se for a Tua vontade". Eu já sei que Ele quer salvar essa pessoa.

Tiago 4:2 diz que não temos porque não pedimos. O versículo 3 diz que às vezes pedimos e não recebemos porque pedimos com o propósito errado e por motivos maus e egoístas. Entendo que às vezes é difícil acreditarmos nisso; mas, não obstante, é verdade. É especialmente verdade com relação ao crente que não permitiu que o processo de purificação de Deus ocorresse em sua vida. Neste estado, a pessoa tem Deus em si, mas também possui uma abundância de seu próprio "ego".

Acredito que nesses casos, quando o que estamos pedindo não está bem esclarecido na Palavra e não temos certeza de que ouvimos a Deus sobre o assunto, é sábio e também um ato de verdadeira submissão orarmos "se for a Tua vontade".

Não creio que seja um sinal de fraqueza na fé orar, "Senhor, quero isto dessa maneira — *se* for a Tua vontade, *se* estiver dentro do Teu plano, *se* for o melhor que Tu tens para mim e *se* for a hora certa, de acordo com a Tua vontade". Provérbios 3:7 diz: "Não seja sábio aos seus próprios olhos". Abracei esse versículo e guardo-o no fundo do coração porque acredito que ele já me poupou de muita agonia. Devemos resistir à tentação de darmos uma de "Espírito Santo Júnior". Em vez disso, vamos deixar Deus ser Deus.

13 DE MARÇO

O Efeito Negativo de Julgar os Outros

Portanto, você, que julga os outros é indesculpável; pois está condenando a si mesmo naquilo em que julga, visto que você, que julga, pratica as mesmas coisas.

— ROMANOS 2:1

Em outras palavras, este versículo diz que nós fazemos exatamente aquilo pelo qual julgamos os outros. O Senhor me deu um bom exemplo certa vez para me ajudar a entender este princípio. Eu estava ponderando sobre porque fazemos certas coisas e achamos que não há problema algum, mas julgamos outras pessoas por fazerem o mesmo. Ele disse: "Joyce, você se vê com óculos cor de rosa, mas vê todos os demais com lentes de aumento".

Nós desculpamos nosso próprio comportamento, mas quando outra pessoa faz algo exatamente igual, geralmente não demonstramos misericórdia. Fazer aos outros aquilo que queremos que nos façam (ver Mateus 7:12) é um bom princípio de vida que, se seguido, nos ajudará a não julgar e criticar os demais. Uma mente que vive julgando os outros é fruto de uma mente negativa — de quem pensa no que está errado com as pessoas em vez de pensar no que há de certo. *Seja positivo e não negativo!* Os outros se beneficiarão disso, mas você se beneficiará mais do que qualquer um.

14 DE MARÇO

Submeta-se ao Oleiro

Contudo, Senhor, Tu és o nosso Pai. Nós somos o barro; Tu és o oleiro. Todos nós somos obra das Tuas mãos.

— ISAÍAS 64:8

Gosto da história sobre um casal que foi a uma loja de antiguidades certo dia e encontrou uma linda xícara de porcelana na prateleira. Eles a tiraram da prateleira para vê-la mais de perto e disseram que gostariam muito de adquirir aquela xícara maravilhosa.

De repente, a xícara começou a falar: "Eu nem sempre fui assim. Houve um tempo em que não passava de um monte de argila fria, dura e sem cor. Um dia meu mestre me pegou e disse que poderia fazer algo comigo. Ele então me deu um tapinha carinhoso, trabalhou em mim e mudou meu feitio. Eu perguntei, 'O que você está fazendo? Isso dói. Eu não sei se quero ficar assim! Pare!' Mas ele disse, 'Ainda não.' Ele então me colocou no roda e começou a girar até eu gritar, 'Tire-me daqui, estou ficando tonto!' 'Ainda não!' foi a resposta. Ele então me fez no formato de uma xícara e me colocou no forno. Eu gritei, 'Deixe-me sair! Está quente aqui, estou sufocando.' Mas ele olhou para mim pela janelinha de vidro e disse com um sorriso no rosto, 'Ainda não'".

"Quando ele me tirou de lá, achei que tinha acabado de operar sua obra em mim, mas então ele começou a me pintar. Eu não podia acreditar no que estava por vir. Ele me colocou no forno de novo, e eu disse: 'Você tem que acreditar em mim, eu não aguento isso! Por favor, tire-me daqui!' Mas ele disse, 'Ainda não'. Ele finalmente me tirou do forno e me colocou na prateleira e achei que tinha se esquecido de mim. Então, um dia, me pegou da prateleira e me pôs diante de um espelho. Eu não podia acreditar nos meus próprios olhos: eu havia me transformado numa linda xícara de porcelana que todo mundo quer comprar".

Talvez passemos por certas coisas na vida que não entendemos. Mas quando finalmente chegarmos à condição na qual Deus quer que estejamos, veremos que aquilo nos preparou para o que Deus queria de nós o tempo todo.

15 DE MARÇO

Liberando Alegria

Mas o fruto do Espírito é amor, alegria, paz, paciência, amabilidade, bondade, fidelidade, mansidão

e domínio próprio. Contra essas coisas não há lei.

— GÁLATAS 5:22-23

Dúvida e descrença roubam a nossa alegria, mas a fé simples e infantil libera a alegria que vive em nossos espíritos por causa do Espírito Santo que habita em nós. Como vemos em Gálatas 5:22-23, um dos frutos do Espírito Santo é alegria. Portanto, visto que somos preenchidos com o Espírito Santo de Deus, nós, crentes, deveríamos expressar alegria e desfrutar nossas vidas. Deveríamos entender a questão da seguinte forma: A alegria vive no íntimo de uma pessoa que aceita Jesus como seu Salvador — há alegria em seu espírito. Mas se sua alma (sua mente, vontade e emoções) estiver cheia de preocupação, pensamentos negativos, raciocínio, dúvidas e descrença, essas coisas negativas transformam-se num muro que impede a liberação do fruto do Espírito, a alegria, que habita nela.

O apóstolo Pedro disse para lançarmos toda a nossa ansiedade (angústias, preocupações, receios) sobre o Senhor (ver 1 Pedro 5:7). Paulo exorta os crentes de sua época dizendo: "Não andem ansiosos por coisa alguma, mas em tudo, pela oração e súplicas, e com ação de graças, apresentem seus pedidos a Deus. E a paz de Deus, que excede todo o entendimento, guardará os seus corações e as suas mentes em Cristo Jesus" (Filipenses 4:6-7). Mantenha sua mente cheia de pensamentos alegres e felizes; quando você confiar em Deus, Ele cuidará dos seus problemas.

16 DE MARÇO

Ande no Espírito

Por isso digo:Vivam pelo Espírito, e de modo nenhum satisfarão os desejos da carne.

— GÁLATAS 5:16

Quando Deus fala, Ele separa os pensamentos da nossa alma da verdade em nosso espírito e traz à vida o Seu propósito para nós. Quando me tornei uma estudante da Palavra de Deus, não sabia quando estava operando na minha própria alma e quando operava no espírito. Eu não sabia dizer quando agia segundo as minhas emoções até estudar a Palavra de Deus e aprender a operar pela fé nas Suas promessas.

Quando queria algo, simplesmente fazia a coisa acontecer. Eu tentava de todas as maneiras erradas. Se não conseguisse da minha maneira, fazia beiço e pirraça. Às vezes ficava sem falar com Dave por dias, na esperança de manipulá-lo e levá-lo a desistir de sua postura e me dar o que eu queria. Eu só me importava com o que *eu* queria. Era uma pessoa carnal, egoísta, egocêntrica, e extremamente infeliz porque estava totalmente envolvida em mim mesma.

Muitas pessoas entram num relacionamento com Deus esperando que Ele lhes dê o que querem. Sua vida de oração é uma lista das coisas que *elas* querem. Consequentemente essas pessoas permanecem bebês na fé, cristãos que não crescem durante toda a vida. Entram pela porta do Céu quando morrem, mas nunca têm a vitória nesta vida. Nunca aprendem a ouvir a Deus e ao que Ele quer delas. Não é possível andarmos na carne e termos vitória, ou sermos verdadeiramente felizes! Não podemos passar a vida buscando satisfazer os nossos próprios apetites e ainda assim afetarmos a vida das pessoas ao nosso redor de maneira positiva. É impossível! Mas se seguirmos a orientação do Espírito Santo, não vamos satisfazer a concupiscência, ou seja, os desejos, da nossa carne.

17 DE MARÇO

Pessoas São Mais Importantes do que Coisas

Não amem o mundo nem o que nele há. Se alguém amar o mundo, o amor do Pai não está nele.

— 1 JOÃO 2:15

UM NOVO DIA, UM NOVO VOCÊ — 59

Certo dia, uma antiga empregada de nossa casa estava cozinhando uma carne assada para nós na panela de pressão. Ela fez algo errado, então a válvula saiu e a panela soltou vapor, carne, gordura, batata e cenoura por todo o lado. O ventilador de teto acima do fogão estava na rotação máxima. Ele pegou aquela comida e gordura e mandou voando por toda a cozinha: paredes, teto, chão, mobília — e na empregada. Quando cheguei em casa do trabalho, ela estava sentada em um canto, chorando. Ela parecia tão mal que eu pensei que tinha recebido uma notícia trágica. Finalmente consegui que me dissesse o que havia acontecido. Quando ela me contou, comecei a rir. A esta altura Dave chegou, e nós duas ríamos histericamente.

Ela então disse: "Eu destruí a cozinha!".

Eu me lembro de ter lhe dito: "A cozinha pode ser substituída, mas não você. Você é mais importante do que a cozinha. Graças a Deus que não se machucou". Houve uma época na minha vida em que essa talvez não tivesse sido a minha resposta. Antes de aprender que as pessoas são mais importantes do que as coisas, eu teria ficado zangada e dito coisas feias para fazer minha empregada se sentir estúpida e culpada.

Se nós amamos as pessoas, Deus pode substituir as coisas perdidas; mas se amamos as coisas excessivamente, talvez venhamos a perder as pessoas, que não podem ser substituídas.

18 DE MARÇO

Veja Deus Todo o Tempo

Peçam, e lhes será dado; busquem, e encontrarão; batam, e a porta lhes será aberta.

— MATEUS 7:7

Em 2 Crônicas 20, o rei Jeosafá proclamou um jejum para mostrar sua sinceridade a Deus. Pular algumas refeições e separar um tempo para buscar a Deus não é uma má ideia. Desligar a televisão e passar com Deus o tempo que normalmente você passaria assistindo-a também não é má ideia. Fique em casa algumas noites e passe um tempo extra com o Senhor em vez de sair com seus amigos para lhes falar repetidamente de seus problemas. Essas atitudes, entre outras, mostram que sabemos que ouvir a Deus é vital.

Aprendi que a palavra *buscar* significa procurar, desejar ardentemente, correr atrás com tudo de si. Em outras palavras, agir como um homem que está morrendo de fome em busca de comida para se manter vivo. Gostaria de acrescentar que precisamos buscar a Deus todo o tempo, não apenas quando estamos passando por dificuldades. Certa vez Deus me disse que a razão de tantas pessoas terem problemas o tempo todo era porque era a única maneira delas O buscarem. Ele me mostrou que, se retirasse os problemas, não conseguiria nem um pouquinho de tempo com aquelas pessoas. Ele disse: "Busque-me como se você estivesse desesperada o tempo todo, e então não vai precisar se encontrar em situações desesperadoras tantas vezes". Acho que este é um bom conselho, e eu recomendo veementemente que todos nós o sigamos.

19 DE MARÇO

Um Coração Abatido

Sou pobre e necessitado e, no íntimo, o meu coração está abatido.

— SALMOS 109:22

É errado termos um coração abatido? Não, um coração abatido, ou ferido, não é errado, mas você precisa curá-lo e seguir em frente. Na época do Velho Testamento, se um sacerdote tivesse uma ferida ou machucado que estivesse sangrando, ele não poderia ministrar. Acho que hoje temos muitos "curadores" feridos. Quero dizer que muitas pessoas no corpo de Cristo hoje estão tentando ministrar a outras, enquanto elas mesmas ainda têm feridas do passado que não foram curadas. Essas pessoas ainda estão sangrando.

Estou querendo dizer com isso que essas pessoas não podem ministrar a outras? Não, mas digo que elas precisam encontrar a cura. Jesus disse que um cego não pode guiar outro cego; porque, se fizer isso, ambos cairão na vala. Há uma mensagem nessa declaração: o que adianta tentar ministrar vitória para outra pessoa se eu mesma não tenho vitória em minha própria vida? Como posso ministrar cura emocional a outros se eu ainda tenho problemas emocionais não resolvidos?

Para ministrar da forma devida, precisamos buscar a Deus e permitir que Ele nos cure primeiro. Creio que precisamos despertar e perceber que Deus não está buscando corações feridos. Ele procura pessoas com feridas que Ele possa curar e que irão, por sua vez, levar a cura a outros. Deus gosta de usar pessoas que já foram magoadas e feridas, porque ninguém pode ministrar para outra pessoa melhor do que alguém que já teve o mesmo problema ou esteve na mesma situação.

Contudo, se ainda estivermos sangrando e machucados por nossas próprias feridas, não teremos condições de encarar os problemas de outras pessoas com a mesma fé agressiva que teríamos se já tivéssemos resolvido nossos próprios problemas. A conclusão é que precisamos deixar Deus nos curar, para que então Ele nos use para levar a cura a outros.

20 DE MARÇO

Ninguém é Inútil Para Deus

Mas Deus escolheu as coisas loucas do mundo para envergonhar os sábios, e escolheu as coisas fracas do mundo para envergonhar as fortes. Ele escolheu as coisas insignificantes do mundo, as desprezadas e as que nada são, para reduzir a nada as que são, para que ninguém se vanglorie diante dele.

— I CORÍNTIOS 1:27-29

UM NOVO DIA, UM NOVO VOCÊ — 61

Os ensinamentos de Cristo são a melhor coisa que conheço para aprendermos a ignorar o ego (a carne) e abraçar o espírito. Foi isso que eles fizeram por mim.

Deus escolhe aquilo que o mundo descarta como inútil. Não há casos sem esperança, nem pessoas inúteis aos olhos de Deus. Cada um de nós é Sua criação especial. Não somos um acidente; e se lhe dermos uma chance, Ele poderá restaurar qualquer coisa que tenha sido danificada e nos ajudar a ser alguém que até nós mesmos ficaremos felizes em ser. O ego adora a competição e ser o primeiro de tudo, mas qual é o propósito da competição? O que ela faz por você? Nela não há contentamento, nem alegria.

A competição não lhe dá a única coisa que realmente importa — salvação eterna e paz com Deus. Para obter isso, você tem que abrir mão do ego e abraçar o espírito; e muitas vezes as pessoas que têm mais facilidade em fazer isso não são as poderosas ou as ricas, mas as mansas. As pessoas mansas sabem que não são nada sem Deus e não têm nenhum problema com isso. É através delas que Deus escolhe operar. O espírito não cresce na competição, pelo contrário, ele cresce na cooperação e no amor; porque a única meta verdadeira é conhecer a Deus e então ajudar os outros, através do amor, a também virem a conhecê-lo.

21 DE MARÇO

O Único Tipo Certo de Temor

Aquele que teme o Senhor possui uma fortaleza segura, refúgio para os seus filhos.

— PROVÉRBIOS 14:26

Só existe um tipo certo de temor descrito na Bíblia — o temor reverente que se maravilha perante Deus. Temer a Deus não significa ter medo Dele ou crer que Ele vai prejudicá-lo de alguma forma. Ter medo de Deus ou do que Ele possa vir a lhe fazer é uma perversão do tipo de temor que Deus quer que tenhamos em relação a Ele. O temor a Deus que a Bíblia menciona é o tipo de temor que teríamos por uma autoridade. É o tipo de temor que uma criança tem de seus pais, as esposas de seus maridos, os alunos de seus professores. É uma espécie de respeito divino que envolve um temor reverente e admiração. Em nossa sociedade não há mais muito respeito à autoridade. Pelo contrário, há muita rebelião.

Provérbios 14:26 é um versículo interessante: "No temor do Senhor, tem o homem forte amparo" (ARA). Por quê? Se você tiver um temor reverente e um senso de admiração, vai obedecer. Você *vai* fazer o que Deus diz para fazer e através de sua confiança Nele vai continuar crescendo. Ter um temor reverente com um senso de admiração a Deus tem um efeito positivo no seu relacionamento com as pessoas. Eu notei que quanto mais temor reverente e admiração tenho por Deus, mais percebo quem Deus é, e mais cuidado tenho em lidar com as outras pessoas. Sei que vou prestar contas a Deus pelas minhas ações e que os outros são tão valiosos para Ele como eu sou valiosa aos Seus olhos.

22 DE MARÇO

Construindo Pontes em Vez de Muros

Pois foi Cristo quem nos trouxe a paz, tornando os judeus e os não-judeus um só povo. Por meio do sacrifício do seu corpo, ele derrubou o muro de inimizade que separava os judeus dos não-judeus.

— EFÉSIOS 2:14, NTLH

Um dia, enquanto orava, o Espírito Santo me mostrou que minha vida tinha se tornado uma ponte pela qual os outros podiam passar para encontrar o seu lugar em Deus. Por muitos anos, ergui apenas muros em minha vida; mas agora esses muros estavam sendo substituídos por pontes. Todas as coisas difíceis e injustas que me haviam acontecido tinham se tornado estradas pelas quais outros agora podiam passar e encontrar a mesma liberdade que eu encontrara. *Aprendi a construir pontes em vez de muros.*

Em Hebreus 5:9 Jesus é citado como o autor, "a Fonte de eterna salvação". Ele desbravou o caminho até Deus para nós; Ele se tornou uma estrada pela qual podemos passar. É como se Ele se deparasse com uma floresta gigantesca e entrasse nela por nós, para que quando passássemos por ali pudéssemos caminhar tranquilamente sem termos que lutar contra os obstáculos à frente e a densidade da floresta. Ele se sacrificou por nós; e agora que estamos nos beneficiando de Seu sacrifício, Ele nos dá uma chance de nos sacrificarmos pelos outros, para que eles também possam colher os mesmos benefícios dos quais desfrutamos.

Hebreus 12:2 diz que Jesus suportou a cruz pela alegria de ganhar o prêmio que estava perante Ele. Gosto de me recordar deste fato quando o caminho parece difícil. Eu falo comigo mesma: "Continue em frente, Joyce. O contentamento espera por você logo à frente".

Decida derrubar os seus muros e construir pontes. Há gente demais perdida em meio ao caos que criaram, e que precisam de alguém que vá à sua frente para lhes mostrar o caminho. Por que não ser esta pessoa para elas? Muros ou pontes? A escolha é sua.

23 DE MARÇO

Seja Rápido Para Perdoar

Livrem-se de toda amargura, indignação e ira (paixão, raiva, mau temperamento), gritaria e calúnia (maledicência, uso de linguagem abusiva ou blasfema), bem como de toda maldade (menosprezo, má vontade, ou qualquer ato baixo). Sejam bondosos e compassivos (compreensivos, amorosos) uns para com os outros, perdoando-se mutuamente [prontamente e liberalmente], assim como Deus perdoou vocês em Cristo.

— EFÉSIOS 4:31-32, AMP

A Bíblia nos ensina a perdoar "prontamente e liberalmente". Devemos ser rápidos para perdoar. De acordo com 1 Pedro 5:5 devemos nos revestir do caráter de Jesus Cristo, ou seja, sermos longânimos, pacientes e cheios de misericórdia. Minha definição da palavra *misericórdia* é a capacidade de ver além do que foi feito e descobrir a razão por que algo foi feito. Muitas vezes as pessoas fazem coisas que nem mesmo elas entendem, mas sempre há uma razão por trás dessas ações.

O mesmo acontece com os cristãos. Devemos ser misericordiosos e perdoadores, assim como Deus nos perdoou em Cristo pelos nossos erros — mesmo quando não entendemos por que os outros nos fazem certas coisas. A Bíblia nos ensina a perdoar para não permitir que Satanás leve vantagem sobre nós. Por isso, quando perdoamos os outros, não só estamos fazendo um favor a eles, mas estamos também fazendo um grande favor a nós mesmos. Quando não perdoamos, isso produz em nós uma raiz de rancor que envenena todo o nosso sistema. Quanto mais tempo deixarmos essa raiz de rancor crescer e se espalhar, mais poderoso é esse rancor e mais ele infecta todo o nosso ser: nossa personalidade, nossa atitude e comportamento, nossa perspectiva e nossos relacionamentos com as pessoas — e especialmente o nosso relacionamento com Deus.

Para evitar que Satanás tire vantagem de você, perdoe! Faça um favor a si mesmo e deixa a ofensa para lá! Perdoe para se manter livre do veneno do rancor e de sua prisão.

24 DE MARÇO

Delegue ou Esgote-se

> *Você e o seu povo ficarão esgotados, pois essa tarefa*
> *lhe é pesada demais. Você não pode executá-la sozinho.*
>
> — ÊXODO 18:18

Aprendi por experiência que é prudente estabelecermos certos limites apropriados para nós mesmos. É um sinal de força, não de fraqueza. Pedir ajuda também é algo bom. Deus colocou certas pessoas na vida de cada um de nós para nos ajudar. Se não recebermos a ajuda delas, ficaremos frustrados e com trabalho demais nas nossas costas, e elas ficarão insatisfeitas porque não estão usando seus talentos. Lembre-se que Deus não o chamou para fazer tudo para todo o mundo em todas as situações. Você não pode ser tudo para todos o tempo todo. Você tem necessidades legítimas.

Não está errado precisar de ajuda e pedi-la. Por outro lado, é errado precisar de ajuda, mas ser orgulhoso demais para pedi-la. Em Êxodo 18:12-27, vemos que Moisés era um homem com muitas responsabilidades. As pessoas o buscavam para tudo, e ele tentou satisfazer todas as suas necessidades. O sogro de Moisés sugeriu que ele delegasse um pouco de sua autoridade a outros. Ele disse que Moisés deveria deixar os outros tomarem as decisões menos importantes e cuidar apenas dos casos mais difíceis.

Moisés fez o que seu sogro lhe sugeriu, e isso lhe permitiu aguentar a pressão de tudo o que tinha para fazer. E os outros se beneficiaram com o sentimento de realização pelas decisões que tomaram por conta própria. Muitas pessoas ou reclamam o tempo todo do que se espera que façam ou acabam esgotadas emocional e fisicamente porque não deixam ninguém ajudá-las a fazer nada. Elas não encontram ninguém tão qualificado para a tarefa como elas.

É fácil se considerar mais importante do que realmente se é. Aprenda a delegar. Permita que o máximo de pessoas o ajude. Se fizer isso, você vai durar muito mais e desfrutar muito mais a vida.

25 DE MARÇO

Você é Responsável por Si Mesmo

Nisto conhecemos o que é o amor: Jesus Cristo deu
a sua vida por nós, e devemos dar a nossa vida por nossos irmãos.

— 1 JOÃO 3:16

O Espírito Santo está ciente dos seus desejos quando lhe diz para demonstrar amor a outra pessoa. Muitas vezes eu me senti guiada a demonstrar amor, como se ouvisse um "Faça isso. Faça isso!" Mas então argumentava, "Olha, Deus, você está sempre me falando algo. Quando é que vai falar alguma coisa com o Dave?!!". Eu sentia como se fosse a única a ser corrigida. Se Deus não lidasse com o Dave também, eu não aguentava!

Cheguei ao ponto de me aproximar de Dave umas duas vezes e perguntar, "Dave, Deus está lidando com você sobre alguma coisa?". Ele invariavelmente dava com os ombros e respondia, "Não, nada que eu consiga me lembrar".

Certa vez Deus lidou comigo duramente sobre demonstrar respeito a Dave, apesar de eu conseguir me lembrar de várias ocasiões em que Dave não havia me respeitado! Se eu interrompesse Dave quando estava falando, o Espírito Santo dizia, "Isso é falta de respeito." Eu retrucava em contrapartida, *"Ora, ele me interrompe também quando estou falando! Por que ele pode ser rude e eu não?!"*

Queima a nossa carne quando Deus quer que você pare de fazer algo que a outra pessoa também faz. Mas cada um de nós é responsável por fazer o que Deus nos mostra para fazer. Faça aquilo que é difícil agora, e a sua recompensa com certeza virá mais tarde.

26 DE MARÇO

Confie em Cristo Para Guiá-lo

Tu me diriges com o Teu conselho, e depois me receberás com honras.

— SALMOS 73:24

Nós cremos que Deus seja inerentemente bom e que Ele também está no controle de nossas vidas. Portanto, quando ocorre uma tragédia ou perda, não compreendemos por que Deus não evitou que tal coisa nos sobreviesse e nos magoasse sobremaneira.

Quando nos deparamos com uma perda trágica, muitas vezes ficamos zangados e perguntamos, "Se Deus é bom e todo-poderoso, por que Ele permitiu que coisas ruins acontecessem a pessoas boas?". Essa pergunta transforma-se numa grande questão quando nós, filhos de Deus, é que estamos sofrendo.

Em momentos assim a razão quer gritar que não faz nenhum sentido acontecer tal coisa. A pergunta não cala, "Por que, Deus, por quê?" e atormenta aqueles que estão chorando uma perda em suas vidas, assim como tortura os solitários e rejeitados. Pensar demais e tentar calcular e entender aquilo para o qual não temos condições de encontrar uma resposta nos atormenta e confunde; mas Provérbios 3:5-6 nos diz que confiar no Senhor nos dá certeza e orientação: "Confie no Senhor de todo o seu coração e não se apoie em seu próprio entendimento; reconheça o Senhor em todos os seus caminhos, e Ele endireitará as suas veredas".

Quando encaramos um momento de crise na vida, precisamos de orientação. Esses versículos nos dizem que confiar em Deus é a maneira de encontrarmos orientação. *Confiar requer permitir que algumas questões fiquem sem resposta em sua vida!*

Não importa o quanto esteja magoado por causa de alguma perda ou tragédia, o Espírito Santo pode lhe dar uma paz profunda e o sentimento de que tudo vai ficar bem, de alguma forma. Ficar contrariado com Deus é inútil, porque Ele é o Único que pode ajudá-lo.

27 DE MARÇO

Há PODER no Nome de Jesus

Até agora vocês não pediram nada em meu nome.

Peçam e receberão, para que a alegria de vocês seja completa.

— JOÃO 16:24

Quando você e eu nos apresentamos perante o trono da graça de Deus pedindo em fé, segundo a Sua Palavra e em nome de Seu Filho Jesus Cristo, sabemos que teremos as petições que fizermos a Deus. Não porque somos perfeitos ou dignos

66 — JOYCE MEYER

por nosso próprio mérito ou porque Deus nos deva alguma coisa, mas porque Ele nos ama e quer nos dar o que precisamos para fazer o trabalho que Ele nos chamou a realizar.

Há poder no nome de Jesus. O simples fato de mencioná-lo faz com que cada joelho, no Céu, na Terra, ou abaixo da Terra, tenha que se dobrar (ver Filipenses 2:10). Pelo poder deste nome, você e eu podemos impor as mãos nos doentes e eles sararão; podemos expulsar demônios e eles fugirão, e fazer todas as mesmas obras que Jesus fez e até maiores do que essas para a glória de Deus (ver Marcos 16:17-18 e João 14:12).

Jesus adquiriu uma herança gloriosa para nós ao derramar o Seu sangue. Agora somos herdeiros com Ele (ver Romanos 8:17). Tudo o que Ele adquiriu com o Seu sacrifício está nos céus, guardado para nós. E nós temos as chaves deste depósito: a oração.

Não temos que viver com medo e falta. Vamos começar a usar essas chaves e abrir as portas para que as bênçãos celestes caiam sobre nós abundantemente para a glória de Deus, para que a Sua vontade divina seja feita na Terra como no Céu, e para que a nossa alegria seja completa.

28 DE MARÇO

Eu Entendo

Pois não temos um sumo sacerdote que não possa compadecer-se das nossas fraquezas, mas sim alguém que, como nós, passou por todo tipo de tentação, porém, sem pecado.

— HEBREUS 4:15

Nós, seres humanos, temos uma necessidade profunda de sermos compreendidos. Quando não somos, nos sentimos sós. Quando ouço as pessoas se abrirem sobre suas mágoas e pesares, vejo que as palavras "eu entendo" têm um efeito incrivelmente tranquilizador. Eu disse ao meu marido certa vez: "Mesmo que você não tenha ideia do que estou falando, só me dizer que me entende já me faz sentir bem melhor". Não há como um homem entender sobre TPM, mas é melhor ele fingir entender o que a sua esposa está passando. Ela precisa ser compreendida. Ela não quer se sentir só na sua dor e dificuldade.

Um dia meu marido voltou para casa depois de ter ido tentar jogar golfe. Ele não teve uma boa experiência porque sua perna estava doendo e inchada. Não estava feliz com isso. Seu jogo de golfe é muito importante para ele, de modo que eu disse que entendia como ele se sentia. Eu me ofereci para ajudá-lo como pudesse fisicamente, mas o fato de tê-lo compreendido pareceu ajudar mais do que qualquer outra coisa.

Houve ocasiões em que minha atitude teria sido: "Qual é o problema? É só um jogo de golfe. Afinal de contas, você joga o tempo todo". E essa atitude nos levava a discussões e construía um muro entre nós. Ele queria que eu entendesse suas necessidades, e eu queria que ele entendesse as minhas.

Um dos meus versículos favoritos na Bíblia é Hebreus 4:15, que nos ensina que Jesus é um Sumo Sacerdote que entende as nossas fraquezas e enfermidades porque Ele foi tentado em tudo como nós somos, porém sem pecar. Só de saber que Jesus entende como eu me sinto faz com que eu me aproxime mais Dele. Isso me ajuda a ser vulnerável e confiar Nele. Ajuda-me a sentir-me conectada a alguém, e não sozinha.

29 DE MARÇO

Não Permita que o Egoísmo Vença a Guerra

Então caiu de joelhos e bradou:"Senhor, não os consideres culpados deste pecado". E, tendo dito isso, adormeceu.

— ATOS 7:60

Uma das coisas mais poderosas que podemos fazer é nos esquecer conscientemente de nós mesmos e dos nossos problemas e fazer algo por outra pessoa que esteja passando por dificuldades. Quando Jesus estava na cruz em um sofrimento intenso, Ele dedicou tempo para consolar o ladrão ao Seu lado (ver Lucas 23:39-43). Quando Estevão estava sendo apedrejado, orou por aqueles que o apedrejavam, pedindo a Deus que não lhes imputasse aquele pecado (ver Atos 7:59-60). Quando Paulo e Silas foram postos na prisão, dedicaram tempo para ministrar ao carcereiro. Até mesmo depois de Deus entrar em cena com um terremoto tremendo que quebrou suas correntes e abriu as portas para eles saírem, permaneceram ali somente para ministrar a seu captor. Como não deve ter sido tentadora a ideia de fugirem enquanto tinham oportunidade. Como não devem ter sido tentados a cuidarem de si e não se preocuparem com mais ninguém. Seu ato de amor tocou aquele homem e o fez perguntar como poderia ser salvo, e ele e toda a sua família nasceram de novo (pediram para Jesus entrar em seus corações) (ver Atos 16:25-34).

Eu acredito que se nós, a igreja de Jesus Cristo, Seu corpo aqui nesta Terra, nos engajarmos numa luta contra o egoísmo e andarmos em amor, o mundo vai começar a notar. Não vamos impressionar o mundo sendo iguais a ele. Mas quantos amigos e parentes não salvos ainda poderão vir a conhecer Jesus se nós os amarmos genuinamente em vez de os ignorarmos, julgarmos ou rejeitarmos? Acho que é hora de descobrirmos isto, concorda?

30 DE MARÇO

Períodos de Crescimento

Seguindo a verdade em amor, cresçamos em tudo naquele que é a cabeça, Cristo.

— EFÉSIOS 4:15

Se você fizer uma retrospectiva de sua vida, verá que nunca cresceu durante os períodos fáceis, quando tudo vai bem, mas sim nas dificuldades. Durante as épocas fáceis você pode desfrutar do que ganhou nos períodos difíceis. Este é verdadeiramente um princípio da vida; é simplesmente assim que funciona. Você trabalha a semana inteira, então recebe seu pagamento para desfrutar no fim de semana de folga.

Você faz exercícios, alimenta-se corretamente e cuida bem de si mesmo, e então pode desfrutar um corpo saudável. Você limpa a casa, o porão, a garagem, para poder então desfrutar de um ambiente limpo sempre que passar por ele. Isso me lembra Hebreus 12:11: "Nenhuma disciplina parece ser motivo de alegria no momento, mas sim de tristeza. Mais tarde, porém, produz fruto de justiça e paz para aqueles que por ela foram exercitados".

Para sermos verdadeiramente vitoriosos, devemos crescer de modo a chegarmos ao ponto em que não temos medo dos períodos difíceis da vida, mas nos sentimos desafiados por eles. Porque é nesses momentos que crescemos.

31 DE MARÇO

Trabalhe Agora, Desfrute Depois

Pague suas dívidas.

— 2 REIS 4:7

Temos visto que a Bíblia nos ensina que não devemos dever nada a ninguém, exceto o amor. Quando nos permitimos ser tomados por dívidas, podemos ser levados ao desânimo e até à depressão. Quando Dave e eu éramos recém-casados, tivemos problemas ao adquirir algumas dívidas. Aconteceu por usarmos nossos cartões de crédito ao máximo, comprando o que queríamos para nós e nossos filhos. Pagávamos o que podíamos a cada mês, mas os juros eram tão altos que parecia que nunca conseguíamos progredir em quitar as dívidas. Na verdade, ficávamos cada vez mais endividados. Se você e eu quisermos chegar a algum lugar no reino de Deus, temos que aprender a viver com sabedoria e não seguir os nossos desejos carnais, que não passam de emoções humanas (ver Provérbios 3:13).

A Bíblia ensina que Jesus se fez sabedoria para nós, e que o Espírito Santo é a sabedoria que habita em nós (ver 1 Coríntios 1:30 e Efésios 1:17). Se ouvirmos os cutucões do Espírito, não nos meteremos em encrencas. Mas se vivermos pelo que a nossa carne nos dita, seguiremos rumo à destruição.

A sabedoria decide hoje o que o deixará confortável amanhã. A emoção escolhe se sentir bem hoje e não pensa no amanhã. Quando o amanhã chega, o sábio o desfruta em paz e com segurança, mas o tolo acaba desanimado e em depressão. Por quê? Porque o sábio se preparou para o dia de amanhã e tem condições de desfrutar dos frutos de seu trabalho, ao passo que o tolo que colocou os prazeres momentâneos em primeiro lugar, vai pagar pelo dia de ontem que desperdiçou.

Para viver uma vida disciplinada, temos de estar dispostos a investir no dia de hoje de modo a colhermos amanhã. Para nos livrarmos do desânimo e da depressão que acompanham a pessoa que adquire dívidas, devemos nos livrar das dívidas adquirindo autodisciplina, de modo a não pensarmos nos sacrifícios que fazemos hoje, mas sim nas recompensas que receberemos amanhã.

1º DE ABRIL

Entrando no Descanso de Deus

Como anseio pelos teus preceitos! Preserva a minha vida por tua justiça ....

Obedecerei constantemente à tua lei, para todo e sempre Andarei em verdadeira liberdade, pois

tenho buscado os teus preceitos.

— SALMOS 119:40, 44-45

Se você realmente ama a Palavra de Deus — se a ouve, recebe e *obedece* — terá a verdadeira liberdade e viverá tranquilo. Em outras palavras, a vida não será difícil, frustrante ou árdua. Você terá uma alegria plena quando acreditar nas promessas que Deus fez para sua vida e obedecer aos *Seus* mandamentos.

A Bíblia nos ensina que aqueles que desobedecem às instruções de Deus, que não ouvem a Sua Palavra, não vão entrar no lugar de repouso que Ele lhes oferece. Então, quando você se sentir frustrado ou chateado, ou se perder a paz e a alegria, pergunte-se se está crendo verdadeiramente na Palavra de Deus.

A única maneira de ser verdadeiramente livre das batalhas da vida é acreditar na Palavra e obedecer a tudo que Jesus colocar em seu coração para fazer. Acreditar na Palavra de Deus nos livra da luta e nos leva a descansar nas Suas promessas. A Palavra diz que, "Pois nós, os que cremos, é que entramos naquele descanso" (Hebreus 4:3).

Se seus pensamentos se tornaram negativos e você está cheio de dúvidas, é porque parou de ouvir, receber e obedecer à Palavra de Deus. Assim que começar a crer na Palavra de Deus, você voltará a ter alegria e a estar novamente tranquilo. E este lugar de repouso Nele é onde Deus quer que você esteja a *cada dia* de sua vida.

2 DE ABRIL

Nossa Meta Número Um

Pois aqueles que de antemão conheceu, também os predestinou para serem conformes à imagem de seu Filho, a fim de que ele seja o primogênito entre muitos irmãos.

— ROMANOS 8:29

Nossa meta número um como cristãos deveria ser uma só: sermos como Cristo. Jesus é a expressão e a imagem do Pai, e nós deveríamos seguir os Seus passos. Ele veio como o pioneiro de nossa fé para nos mostrar pelo Seu exemplo como deveríamos viver e qual deveria ser a nossa conduta. Deveríamos procurar agir para com os outros como Jesus agia. Nossa meta não é nos esforçarmos para sermos o mais bem sucedidos que pudermos nos negócios ou famosos. Nossa meta não é prosperidade, popularidade, ou até mesmo edificarmos um grande ministério, mas sim sermos como Cristo.

O mundo não precisa apenas que lhes preguem um sermão; as pessoas também precisam ver ações que dão respaldo ao que dizemos acreditar como cristãos. Nossas vidas deveriam fazer outras pessoas terem fome e sede de possuírem o que temos em Cristo. A Bíblia se refere a nós como o sal da terra, que faz com que as pessoas tenham sede, e também como uma luz, que expõe a escuridão.

Muitos cristãos têm adesivos nos seus carros, ou usam algum tipo de ornamento que indica que creem em Jesus Cristo. O mundo não se impressiona com esses dizeres no seu carro nem com ornamentos cristãos; as pessoas querem ver o fruto através de sua conduta segundo os padrões de Deus. Elas querem ver gente que clama ser cristã viver o que prega, não apenas pregar para os outros aquilo que não parece funcionar na sua própria vida.

3 DE ABRIL

Simplesmente Faça

Porque todos os que são guiados pelo Espírito de Deus são filhos de Deus.

— ROMANOS 8:14

Descobri que se quiser ser feliz e se quiser ter unção em minha vida, devo ser obediente à voz de Deus. Nem sempre tenho que saber *por que* Deus quer que eu faça algo. Eu só tenho de saber *o que* Ele me diz para fazer e então simplesmente fazê-lo!

Temos de continuar levando a vida em frente mesmo quando perdemos o controle de nossos sentimentos. Temos de submeter a nossa vontade ao que Deus

UM NOVO DIA, UM NOVO VOCÊ — 71

nos diz para fazer através da Sua Palavra. Se não temos vontade de ir à igreja, vamos assim mesmo. Se não sentimos vontade de dar aqueles cem reais de oferta que Deus nos disse para dar, damos assim mesmo, e com alegria.

"Andar no Espírito" é uma frase que cristãos carismáticos têm usado levianamente nas últimas décadas. O verdadeiro significado de andar no Espírito é ouvir Deus falar e fazer qualquer coisa que Ele lhe disser para fazer. É fácil apontar o dedo para os outros quando vemos que não estão obedecendo, mas o que Deus quer de nós é ver o nosso exemplo pessoal de obediência.

4 DE ABRIL

Só Deus Pode Realmente Ajudar

Contudo, Tu mesmo me tiraste do ventre; deste-me segurança junto ao seio de minha mãe. Desde que nasci fui entregue a Ti; desde o ventre materno és o meu Deus. Não fiques distante de mim, pois a angústia está perto e não há ninguém que me socorra.

— SALMOS 22:9-11

Já faz um bom tempo que tenho caminhado com Deus, portanto, tenho certa experiência de vida e passei por momentos bem difíceis. Mas nunca me esqueço dos muitos anos em que o diabo me controlou e manipulou. Eu me lembro das noites em que costumava andar de um lado para o outro chorando, sentindo que simplesmente não iria aguentar.

Lembro-me de correr para os meus amigos e outras pessoas que eu achava que teriam condições de me ajudar. Finalmente acabei tendo sabedoria suficiente para parar de correr para as pessoas — não porque eu não gostava delas ou confiava nelas, mas porque sabia que elas não poderiam me ajudar — somente Deus podia fazer isso.

Certa vez ouvi um palestrante dizer: "Se as pessoas podem ajudá-lo, então você não tem realmente um problema".

Eu costumava ficar bem chateada com meu marido porque ele não me dizia nada quando tinha um problema ou estava passando por um momento difícil. Então, duas ou três semanas depois de ter conseguido a vitória naquela situação, ele me dizia: "Eu estava realmente passando por uma grande dificuldade nas últimas semanas".

Antes que ele conseguisse sequer terminar a frase eu lhe perguntava "Por que você não me disse?".

Sabe o que ele me respondia?

"Eu sabia que você não tinha condições de me ajudar, então não lhe pedia ajuda!".

Não estou dizendo que seja errado compartilhar com alguém que você ama e confia o que está acontecendo em sua vida, mas Dave entendia uma verdade que eu precisava colocar em prática em minha própria vida. Há momentos em que só

Deus pode nos ajudar. Apesar de querer poder ajudar meu marido, eu não poderia fazê-lo. Só Deus podia, e ele precisava recorrer a Ele.

5 DE ABRIL

Conheça Seu Inimigo

Pois a nossa luta não é contra seres humanos, mas contra os poderes e autoridades, contra os dominadores deste mundo de trevas, contra as forças espirituais do mal nas regiões celestiais.

— EFÉSIOS 6:12

Satanás usa pessoas e circunstâncias, mas elas não são os nossos verdadeiros inimigos, e sim ele. Satanás encontra coisas e pessoas através das quais operar, e se deleita em nos observar lutar e guerrear sem sequer percebermos que ele é a fonte do problema. Quando usou Pedro para tentar desviar Jesus de ir à Jerusalém para completar a tarefa pela qual Deus O havia enviado, "Jesus virou-se e disse a Pedro: 'Para trás de mim, Satanás! Você é uma pedra de tropeço para mim'" (Mateus 16:23, ênfase da autora). Satanás usou Pedro, mas Jesus sabia que ele não era o verdadeiro problema. Ele virou-se e não olhou para Pedro, mas se dirigiu à fonte de Sua tentação.

Precisamos ver além do que está diante dos nossos olhos ou da primeira coisa que sentimos e também procurarmos conhecer a fonte do nosso problema. Geralmente culpamos as pessoas e ficamos zangados com elas, o que só complica e aumenta o problema. Quando nos comportamos dessa maneira, na verdade estamos fazendo o joguinho de Satanás e ajudando os seus planos. Também culpamos muitas vezes as circunstâncias e às vezes até Deus, e Satanás se deleita com isso.

De fato, precisamos conhecer nosso inimigo — não apenas quem ele é, mas o seu caráter. A Bíblia nos encoraja a conhecermos o caráter de Deus para que possamos depositar nossa fé Nele e no que Ele diz. Da mesma forma, deveríamos conhecer o caráter de Satanás para não ouvirmos nem acreditarmos nas suas mentiras.

6 DE ABRIL

Mais do que Vencedores

Mas, em todas estas coisas somos mais que vencedores, por meio daquele que nos amou.

— ROMANOS 8:37

Precisamos ter um sentimento de triunfo. Em Romanos 8:37 Paulo afirma que somos mais do que vencedores através de Jesus Cristo. Crer nesta verdade nos dá confiança. Certa vez ouvi que uma mulher é mais do que vencedora se seu marido sai, trabalha a semana inteira e volta para casa com seu salário. Mas Deus falou

UM NOVO DIA, UM NOVO VOCÊ — 73

comigo e disse, "Você é mais do que vencedora quando sabe que tem a vitória mesmo antes de ter o problema".

Às vezes nossa confiança fica abalada quando surge uma dificuldade que nos põe à prova, especialmente se ela se prolonga por muito tempo. Deveríamos ter tanta confiança no amor de Deus por nós que, não importa o que nos sobreviesse, saberíamos no fundo do coração que somos mais do que vencedores. Se verdadeiramente confiarmos, não precisaremos temer nenhum problema, desafio ou dificuldade, porque sabemos que todos eles vão passar. Sempre que se deparar com qualquer tipo de problema, lembre-se: *Isto também vai passar!* Confie que você vai aprender algo durante a dificuldade que irá ajudá-lo no futuro.

Se não confiamos em Deus ficamos perplexos a cada passo. Satanás joga uma bomba e nossos sonhos são destruídos. Acabamos por recomeçar em algum ponto, mas nunca fazemos muito progresso. Começamos e somos derrotados de novo e de novo. Mas aqueles que confiam constantemente, aqueles que sabem que são mais do que vencedores através de Jesus Cristo, fazem progresso rápido.

Devemos dar um passo de fé e decidir ser confiantes em qualquer situação. Deus talvez precise nos corrigir de vez em quando, mas isso é melhor do que nunca sacudir o barco e nunca fazermos nada. Pessoas confiantes dão conta do recado; elas têm os ministérios que fazem a diferença no mundo hoje. Elas sentem-se realizadas porque têm êxito em serem elas mesmas.

7 DE ABRIL

Espalhe Seu Sal

Vocês são o sal da terra. Mas se o sal perder o seu sabor
(sua força, sua qualidade)... Não servirá para nada.

— MATEUS 5:13, AMP

Muitos de nós procuram encontrar a felicidade da maneira errada a maior parte da vida. Tentamos encontrá-la recebendo, mas é dando que encontramos a felicidade. Amor só é amor se o dermos, essa é a sua natureza: "Porque Deus tanto amou o mundo que deu o seu Filho Unigênito para que todo o que nele crer não pereça, mas tenha a vida eterna" (João 3:16).

Nós demonstramos amor pelos outros quando satisfazemos suas necessidades, quer práticas quer espirituais. A generosidade é o amor em ação. O amor existe na edificação e encorajamento, na paciência, na gentileza, na cordialidade, na humildade, no altruísmo, no temperamento controlado, na gentileza (acreditando no melhor) e na sinceridade. Deveríamos buscar ativamente maneiras de demonstrar amor, especialmente nas pequenas coisas.

"Vocês são o sal da terra. Mas se o sal perder o seu sabor (sua força, sua qualidade), como restaurá-lo? Não servirá para nada, exceto para ser jogado fora e pisado pelos homens" (Mateus 5:13, AMP). Neste versículo, Jesus nos diz que somos o sal da terra; mas se o sal perder o gosto, não serve para nada.

Eu diria que a vida sem amor é insossa. Até mesmo atos de generosidade feitos por obrigação, mas sem amor sincero, nos deixam vazios. O amor é o sal, a energia da vida, a razão para levantarmos todas as manhãs.

Cada dia pode ser emocionante se nos considerarmos como agentes secretos de Deus, escondidos, esperando à espreita o momento para jogarmos sal sobre as vidas insossas com as quais nos deparamos.

8 DE ABRIL

Decida-se

Alguém que tem mente dividida (hesitante, dúbia, irresoluta) é instável [incerto, em quem não se pode confiar] em tudo o que faz [que pensa, sente, decide].

— TIAGO 1:8, AMP

Seja qual for o problema ou situação, tomar uma decisão é sempre melhor do que ficar na dúvida ou na indecisão. Por exemplo, se você discutiu com alguém, é muito mais fácil *decidir* pedir desculpas do que continuar zangado com a pessoa e cheio de falta de perdão, ressentimento e rancor enquanto espera a outra pessoa vir lhe pedir desculpas. Seja um pacificador e você terá muito mais alegria na vida. Passei vários anos fazendo guerra; e pode acreditar em mim, o preço que paguei foi bem alto. Custou-me a paz e alegria, e às vezes até minha saúde. Jesus tem um jeito de fazer as coisas e podemos agir à Sua maneira e desfrutar a vida. A indecisão é um desperdício de tempo, e tempo é algo muito precioso para desperdiçarmos.

Seja uma pessoa decidida e irá realizar muito mais com muito menos esforço. Ninguém aprende a ouvir a Deus sem cometer alguns erros. Não se preocupe demais com os seus erros. Não se leve muito a sério. Você é um ser humano falho, não é um deus infalível. Aprenda com os seus erros, corrija os que puder e continue sendo uma pessoa decidida. Não volte a cair na indecisão e a ter uma mente dividida só porque você erra de vez em quando. Se sentir que Deus o está guiando a abrir mão de algo, faça isso! Tire a coisa da cabeça. Aja e semeie a semente. Se você acredita que é certo, então vá em frente. É assim que descobrirá com certeza.

Dedique um tempo razoável para esperar em Deus. Não siga o zelo da carne, siga o seu coração. Não tenha medo de si mesmo! Você não é a primeira pessoa a cometer um erro, nem será a última. O medo do fracasso mantém milhares de pessoas na indecisão, e isso definitivamente rouba a alegria e complica a vida. Não tenha medo de tomar uma decisão e colocá-la em prática. *Simplesmente faça!*

9 DE ABRIL

Receba a Correção

> _O insensato faz pouco caso da disciplina de seu pai,_
>
> _mas quem acolhe a repreensão revela prudência._
>
> — PROVÉRBIOS 15:5

Pergunte-se como você reage à correção e à crítica dos outros. Tente ser honesto na sua avaliação. Pessoas confiantes que se atribuem valor conseguem receber correção sem ficarem zangadas ou na defensiva. Deus diz que apenas o tolo odeia a correção (ver Provérbios 15:5). Por quê? Porque deveríamos ser sábios o suficiente para querermos aprender tudo o que pudermos sobre nós mesmos.

Pessoas confiantes conseguem ouvir o ponto de vista de outra pessoa com objetividade. Elas conseguem orar sobre o que é dito e receber ou rejeitar isso, segundo o que Deus lhes coloca no coração. Durante os anos nos quais eu vivia com vergonha e culpa, não conseguia receber nem uma palavra sequer de correção do meu marido. Se ele me dissesse qualquer coisa que sugerisse, mesmo que remotamente, que ele achava que eu precisava mudar de alguma forma, eu ficava emotiva e chateada, zangada e na defensiva. Dave dizia repetidas vezes: "Só estou tentando ajudá-la".

Mas eu só conseguia ver os meus sentimentos quando ele ou qualquer outra pessoa tentava me ajudar. Se eu lhe perguntava se havia gostado da roupa que eu estava usando, já começava a ficar na defensiva caso ele dissesse que não. Eu não lhe permitia sequer dar sua opinião sincera. Se não concordasse com a minha, eu a rejeitava. Estou grata por esses anos terem passado. As pessoas não têm de gostar de tudo o que eu gosto para eu me sentir segura.

É totalmente maravilhoso podermos ser capazes de aceitar a nós mesmos, porque acreditamos que Deus nos aceita, mesmo se os outros não nos aceitarem. É bom sermos humildes o bastante para recebermos correção, porém confiantes o suficiente para não permitirmos que as opiniões dos outros nos controlem.

10 DE ABRIL

Um Coração Perdoador

> _Mas se vocês não perdoarem, também o seu Pai que está no céu não perdoará os seus pecados._
>
> — MARCOS 11:26

Jesus nos ensinou a orar: "Perdoe as nossas ofensas assim como nós perdoamos os que nos têm ofendido". Deus é um Deus de misericórdia, mas essa questão do perdão é muito importante para Ele. Ele nos ensina em Sua Palavra repetidas vezes que se quisermos misericórdia, temos que ser misericordiosos. Estamos dispostos a receber o perdão de Deus continuamente, mas é impressionante como temos dificuldade em perdoar os outros.

Em Mateus 18:23-35 Jesus contou a história sobre o servo que devia uma quantidade enorme de dinheiro a seu mestre e teve sua dívida perdoada. Em seguida, esse servo saiu e foi cobrar a outro servo que lhe devia uma pequena soma de dinheiro, ameaçando lançá-lo na prisão se não lhe pagasse imediatamente. O homem lhe implorou mais tempo para conseguir aquela soma de dinheiro, mas foi posto na prisão de qualquer forma. Quando os outros ouviram sobre o acontecido, contaram ao mestre, que então chamou o servo sem misericórdia à sua presença e lhe disse: "Como ousa sair da minha presença depois de ter-lhe sido perdoada uma dívida enorme e ir direto cobrar a alguém uma quantia tão irrisória e não a perdoar?".

No versículo 34 de Mateus 18, Jesus disse que o mestre entregou então o servo sem misericórdia aos torturadores, ou aos carcereiros, até que ele pagasse toda a sua dívida. Acredito que quando recusamos perdoar os outros, somos nós que acabamos numa prisão emocional atormentadora.

Nós nos prejudicamos mais do que a qualquer outra pessoa, porque quando guardamos rancor, ressentimento e não perdoamos alguém, ficamos péssimos. No final da história, Jesus adverte Seus ouvintes: "Assim também lhes fará meu Pai celestial, se cada um de vocês não perdoar de coração a seu irmão". Se você quiser ser usado por Deus em um ministério, precisa aprender a perdoar.

1 1 DE ABRIL

Derrube Seus Muros Com Fé

"Farei cicatrizar o seu ferimento e curarei as suas feridas", declara o Senhor, "porque a você, Sião,

chamam de rejeitada, aquela por quem ninguém se importa"!

— JEREMIAS 30:17

Para evitar a dor, alguns de nós construímos muros ao nosso redor para não nos magoarmos, mas isso é inútil. Deus me mostrou que é impossível vivermos neste mundo sem nos dispormos a sermos eventualmente magoados. As pessoas não são perfeitas; portanto, elas irão nos magoar e decepcionar, assim como nós iremos magoar e decepcionar os outros.

Tenho um marido maravilhoso, mas ele me magoa de vez em quando. Por ter tido um passado doloroso, assim que esse tipo de coisas acontecia eu costumava começar a construir um muro para me proteger. *Afinal*, pensava comigo mesma, *ninguém vai poder me magoar se eu não permitir que se aproximem de mim*. Mas aprendi que se mantiver os outros à distância, atrás dos meus muros, eu é que fico isolada. O Senhor me mostrou que Ele quer ser o meu protetor, mas não pode fazer isso se eu estiver ocupada tentando me proteger.

UM NOVO DIA, UM NOVO VOCÊ — 77

Ele não prometeu que eu *nunca* me magoaria, mas prometeu me curar se eu O buscasse em vez de tentar cuidar de tudo sozinha. Se você construir muros ao seu redor por medo, então deve destruí-los por fé. Busque Jesus com cada ferida passada e receba a Sua graça curadora. Quando alguém o magoar, leve essa nova ferida a Jesus. Não permita que piore. Coloque nas mãos do Senhor e esteja disposto a cuidar da situação à maneira Dele e não do seu jeito. Receba a seguinte promessa do Senhor para você: "'Farei cicatrizar o seu ferimento e curarei as suas feridas', declara o Senhor, 'porque a você, Sião, chamam de rejeitada, aquela por quem ninguém se importa'!" (Jeremias 30:17). Com a ajuda de Deus, você vai sobreviver à mágoa ou decepção e encontrará sua realização "em Jesus".

12 DE ABRIL

As Táticas de Amor de Jesus

Ora, para que saibais que o Filho do Homem tem sobre a terra autoridade para perdoar pecados -

disse, então, ao paralítico: Levanta-te, toma o teu leito e vai para tua casa.

— MATEUS 9:6, ARA

Apesar de ter compaixão dos que sofriam, Jesus nunca sentiu somente pena deles. Sempre que possível, Ele ajudava as pessoas a fazerem algo por si mesmas. Ele as instruía a uma determinada ação, e frequentemente Suas instruções eram chocantes. Por exemplo, Ele disse ao homem paralítico para pegar sua cama e ir para casa (ver Mateus 9:6). Ele disse ao homem que tinha acabado de ouvir que sua filha estava morta para não temer (ver Marcos 5:35-36). Quando Jesus viu um homem cego, cuspiu na terra e fez lama, e então a espalhou sobre os olhos do homem. Ele o instruiu a ir até ao tanque de Siloé e se lavar. Quando o homem fez o que Jesus lhe havia mandado, pôde então enxergar (ver João 9:1-7).

Vemos que muitas vezes Jesus diz às pessoas para fazerem coisas que não só são surpreendentes, mas aparentemente impossíveis. Como um paralítico poderia levantar-se, pegar sua cama e andar? Afinal de contas, ele era paralítico. Como se pode esperar que um homem que acabou de ouvir que sua filha faleceu não tema? Como um cego pode chegar até certo tanque se não consegue enxergar? Em vez de apenas sentir pena das pessoas, Jesus as levava a agirem. Ele as ajudava a tirarem suas mentes de si mesmas e seus problemas e as motivava a tomar uma atitude. Jesus foi *movido* por compaixão (ver Mateus 9:36). Ele foi movido a fazer algo além de deixar as pessoas na situação em que se encontravam.

Às vezes achamos que estamos sendo cruéis se confrontamos as pessoas que têm problemas, quando na realidade esse tipo de amor foi o que Jesus muitas vezes usou para levar liberdade às pessoas.

13 DE ABRIL

Confie na Liderança do Espírito Santo

Portanto, se o Filho os libertar, vocês de fato serão livres.

— JOÃO 8:36

Certa vez li que nós, os que cremos no Senhor, somos como barcos que Deus quer enviar ao mar para onde o vento e as ondas nos levarem. O mar representa a liberdade que temos em Deus, e o vento é um símbolo do Espírito Santo. Mas quando recém conhecemos o Senhor, ficamos presos ao porto porque ali é o único lugar onde podemos evitar um naufrágio até aprendermos a segui-lo. Quando aprendemos a seguir os sussurros do Espírito Santo em nosso interior, podemos então nos desamarrar do porto e velejar nos mares da vida sob a Sua liderança e sem medo de nos perdermos.

Paulo explica: *Assim também nós, quando éramos menores, estávamos escravizados aos princípios elementares do mundo. Mas, quando chegou a plenitude do tempo, Deus enviou seu Filho, nascido de mulher, nascido debaixo da Lei, a fim de redimir os que estavam sob a Lei, para que recebêssemos a adoção de filhos. E, porque vocês são filhos, Deus enviou o Espírito de seu Filho ao coração de vocês, e ele clama:"Aba, Pai"* (Gálatas 4:3-6).

Quando o Espírito de Deus habita em você, a lei de Deus encontra-se escrita em seu coração. Você não tem mais que memorizá-la, porque consegue seguir a liderança do Espírito Santo, e Ele irá guiá-lo na direção certa.

14 DE ABRIL

Uma Abordagem Simples

Venham a mim, todos vocês que estão cansados de carregar as suas pesadas cargas, e eu lhes darei descanso. Sejam meus seguidores e aprendam comigo porque sou bondoso e tenho um coração humilde; e vocês encontrarão descanso. Os deveres que eu exijo de vocês são fáceis, e a carga que eu ponho sobre vocês é leve.

— MATEUS 11:28-30

Uma das definições de *simples* é "fácil". Com isto em mente, dê uma olhada nas palavras de Jesus na passagem acima. Note como Jesus usa a palavra "fáceis".

Para começar, Jesus disse: *"aprendam comigo"*. Acredito que Ele queria dizer: "Aprenda a maneira como Eu lido com as situações e pessoas. Aprenda qual seria a Minha reação em qualquer circunstância e faça como Eu". Jesus não andava estressado nem esgotado. Ele não era controlado pelas circunstâncias ou pelas exigências das outras pessoas. Em João 14:6 Ele disse, **"Eu sou o Caminho"**. O Seu caminho é o caminho correto — o caminho que nos leva à justiça, paz e alegria.

UM NOVO DIA, UM NOVO VOCÊ — 79

Lembre-se que em João 15:11 Jesus orou para que a Sua alegria preenchesse as nossas almas. Isso não vai acontecer a não ser que aprendamos a abordar a vida e suas muitas circunstâncias de maneira diferente. Eu poderia escrever sobre várias coisas que precisamos simplificar, e a lista não teria fim. Mas se conseguirmos aprender a ter uma abordagem simples de todas as coisas, isso seria muito melhor do que aprendermos a simplificar apenas algumas coisas.

Não importa com o que você se depare. Ao se perguntar qual seria a abordagem simples para a situação, acho que ficaria surpreso com as ideias criativas que teria. O Espírito Santo vive em você; e embora Ele seja tremendamente poderoso, também é incrivelmente simples. O Espírito Santo vai lhe ensinar a simplicidade, se você realmente quiser aprender.

15 DE ABRIL

Convide Cristo Para os Seus Relacionamentos

Por isso eu, que estou preso porque sirvo o Senhor Jesus Cristo, peço a vocês que vivam de uma maneira que esteja de acordo com o que Deus quis quando chamou vocês. Sejam sempre humildes, bem educados e pacientes, suportando uns aos outros com amor.

— EFÉSIOS 4:1-2

Nós amamos a Deus, porque Ele nos amou primeiro. A partir do momento em que Ele nos garante o Seu amor, nós começamos a amar outros, e por fim o amor se torna tão interligado que não importa mais quem foi o primeiro a amar. Efésios 5:1 diz: "Portanto, sejam imitadores de Deus, como filhos amados".

O livro de Efésios explica esta lição de amor dizendo que devemos ser prestativos e gentis uns para com os outros, amáveis, compassivos e compreensivos uns com os outros. Ao nos tornarmos como Cristo, naturalmente voltaremos nossa atenção às necessidades dos outros. Cristo é o modelo ao qual devemos nos adaptar.

Às vezes é custoso trabalharmos em um relacionamento; mas é ainda mais custoso colhermos fracasso, dissensão e separação daqueles a quem amamos por termos simplesmente os negligenciado e semeado sementes ruins. Então, para cultivarmos bons relacionamentos devemos primeiro estar de acordo com Deus, achegando-nos a Cristo e nos tornando mais como Ele. Quando convidamos Jesus a fazer parte de nossos relacionamentos e fazemos o que Ele nos diz para fazer, nos tornamos como Ele em nossos pensamentos e ações; e, consequentemente, somos amorosos como Ele e passamos a ter e manter bons relacionamentos com os outros.

Lembre-se que "Não há [nenhuma distinção entre] judeu nem grego, escravo nem livre, homem nem mulher; pois todos são um em Cristo Jesus" (Gálatas 3:28).

16 DE ABRIL

Siga a Deus, Não às Pessoas

Ainda assim, muitos líderes dos judeus creram nele. Mas, por causa dos fariseus, não confessavam a sua fé, com medo de serem expulsos da sinagoga.

— JOÃO 12:42

A Bíblia nos ensina em João 12:42-43 que muitos líderes da época criam em Jesus, mas não o confessavam por medo de serem expulsos da sinagoga. "Pois preferiam a aprovação dos homens do que a aprovação de Deus" (v. 43). Neste exemplo vemos que algumas pessoas deixaram de ter um relacionamento com Jesus porque eram viciadas na aprovação dos homens. Embora quisessem um relacionamento com o Senhor, elas amavam mais a aprovação dos homens. É triste, mas isso é algo que acontece o tempo todo.

As pessoas mencionadas em João 12 sabiam que Jesus era genuíno. Elas criam Nele, mas o amor pela aprovação dos outros não lhes permitia ter um relacionamento verdadeiro com Ele. Eu me pergunto o que será que lhes aconteceu. O que será que elas perderam por terem dito sim às pessoas e não a Deus? Eu me pergunto quantas pessoas nunca mais foram mencionadas na Bíblia, caíram no esquecimento e nunca cumpriram com o seu destino porque amaram mais a aprovação dos homens do que a de Deus. Quantas dessas pessoas passaram a vida sem respeito próprio por se preocuparem sempre em agradar os outros? Siga a Deus, não às pessoas!

17 DE ABRIL

Tentar *Versus* Confiar

Entregue o seu caminho ao Senhor; confie nele, e ele agirá.

— SALMOS 37:5

Você já percebeu que a palavra *tentar* vai contra as Sagradas Escrituras? Sei que isso é verdade porque verifiquei na maior concordância bíblica que consegui encontrar. Embora a palavra *tentar* apareça, ela não tem o sentido que usamos hoje em dia. A palavra *tentar* só é usada na Bíblia no sentido de colocar alguém à prova. A Bíblia fala de "a prova da sua fé" (ver Tiago 1:3). Aprendemos que não devemos acreditar em tudo o que ouvimos, mas devemos "examinar os espíritos" (ver 1 João 4:1). O Salmista diz: "Sonda-me, ó Deus, e conhece o meu coração" (ver Salmos 139:23). A Bíblia também fala sobre os testes da nossa fé que vêm para nos "provar" (ver 1 Pedro 4:12).

No sentido que encontramos na Bíblia, a palavra *provar* se refere a um teste ou provação para determinar o valor de uma pessoa ou coisa. Mas isso é totalmente diferente da maneira como geralmente usamos a palavra hoje — que diz respeito a um esforço humano. Dizemos que é uma "prova" quando nos esforçamos para conseguir ou realizar algo pelos nossos próprios meios ou habilidades. Ora, não estou dizendo com isso que nunca deveríamos fazer nenhum esforço para conseguir ou realizar algo na vida. De jeito nenhum. Uma das mensagens que geralmente prego é que devemos nos esforçar de certa forma por algumas coisas, como crentes — um esforço que é feito através do poder e da graça de Deus que opera em nós.

Em outras palavras, não devemos tentar fazer nada sem pedir a ajuda de Deus. Devemos nos apoiar inteiramente Nele em cada projeto e manter uma atitude que reflete que "sem Ele nada posso fazer". Não devemos nos envolver nos esforços naturais, da carne, porque o resultado é apenas fadiga e frustração, decepção e destruição. Esteja disposto a substituir tentar por confiar. Foi o que aprendi a fazer quando o Senhor me apresentou a um novo mundo de revelação sobre a Sua maravilhosa graça.

18 DE ABRIL

Não Há Condenação

Portanto, agora nenhuma condenação há para os que estão em Cristo Jesus,

que não andam segundo a carne, mas segundo o Espírito.

— ROMANOS 8:1

Não aceite a condenação quando tiver um problema ou um dia ruim. Simplesmente levante-se, sacuda a poeira e dê a volta por cima. Quando um bebê está aprendendo a andar, ele cai muitas vezes antes de poder desfrutar de certa confiança para caminhar. Mas algo que ele tem a seu favor é que, embora talvez chore um pouquinho depois que cai, ele sempre volta a ficar de pé e não se cansa de tentar novamente.

O diabo vai fazer de tudo para pará-lo, e ele certamente irá usar o desânimo e a condenação. Mas use a "arma da Palavra" quando se sentir debaixo de condenação. Cite Romanos 8:1, e lembre a Satanás e a si mesmo que você não anda segundo a carne, mas segundo o Espírito. Andar na carne é depender de si mesmo; andar segundo o Espírito é depender de Deus. Quando você falha (coisa que sem dúvida irá fazer), não significa que é um fracasso, significa apenas que você não faz tudo certo. Todos nós temos de aceitar o fato de que temos pontos fracos assim como pontos fortes. Então, deixe Cristo ser forte nas suas fraquezas e permita que Ele seja a sua força nos dias em que você está fraco.

19 DE ABRIL

Evite a Competição Mundana

Não sejamos presunçosos, provocando uns aos outros e tendo inveja uns dos outros.

— GÁLATAS 5:26

De acordo com o sistema do mundo, o melhor lugar para estar é à frente de todos. O pensamento popular diz que deveríamos tentar ficar no topo, não importa a quem tenhamos que prejudicar para chegar lá. Mas a Bíblia nos ensina que não existe paz verdadeira até que nos livremos da necessidade de competir com os outros.

Mesmo naquelas atividades que são consideradas apenas "brincadeiras", geralmente vemos o espírito de competição sair tanto de controle que as pessoas acabam discutindo e se odiando em vez de simplesmente relaxarem e desfrutarem um bom tempo juntas. É natural ao ser humano não jogar para perder; todo mundo vai fazer o melhor que pode para ganhar. Mas quando a pessoa não consegue desfrutar de um jogo a não ser que esteja ganhando, então ela definitivamente tem um problema — e possivelmente é algo que está bem enraizado e causando outros problemas em várias áreas de sua vida.

Com certeza deveríamos dar o melhor de nós; não há nada de errado em querer sair-se bem e avançar na profissão que escolhemos. Contudo, quero encorajá-lo a recordar que uma promoção para alguém que crê em Jesus deve vir de Deus, e não dos homens. Você e eu não temos que entrar no joguinho do mundo para ficarmos à frente. Deus nos favorece e também faz com que tenhamos o favor de outros se agirmos à Sua maneira (ver Provérbios 3:3-4).

O que Deus faz por você ou por mim talvez não seja o mesmo que faz por outra pessoa, mas devemos nos lembrar do que Jesus disse a Pedro: "Não se preocupe com o que Eu escolho fazer com outra pessoa — siga-me você!" (ver João 21:22).

20 DE ABRIL

Isto Também Passará

E aconteceu que...

— GÊNESIS 6:1, ARC

Nos primeiros capítulos do livro de Gênesis vemos palavras proféticas sobre coisas que viriam a "acontecer". A expressão "e aconteceu que" é usada centenas de vezes na Bíblia. Por exemplo, em Gênesis 39, que descreve algumas experiências de José no Egito, quando ele foi vendido como escravo e se tornou o segundo no governo de toda a nação, a frase "e aconteceu que" aparece diversas vezes. O último livro da Bíblia, o Apocalipse, fala das coisas que "em breve devem acontecer" (ver Apocalipse 1:1).

Isso deveria nos dizer que não importa o que aconteça agora, ou venha a acontecer no futuro, nada é permanente, mas sim passageiro. As boas novas é que, não importa quão desencorajadora seja nossa atual situação ou perspectiva, Deus nos assegura que "isto também passará".

A vida é um processo contínuo no qual tudo está constantemente mudando. Se verdadeiramente entendermos esta verdade, ela nos ajudará a passar pelos momentos difíceis nos quais nos encontramos. Também nos ajudará a não nos agarrarmos muito acirradamente aos momentos felizes pensando que *Se eu simplesmente perder tudo isso, não vou conseguir seguir em frente.*

Deus quer que desfrutemos a vida plenamente — não só o nosso destino, mas também toda a jornada.

2 1 DE ABRIL

A Fé é um Canal, Não uma Fonte

O meu socorro vem do Senhor, que fez os céus e a terra.

— SALMOS 1 2 1 : 2

Precisamos aprender sobre fé. A fé é algo maravilhoso. A Bíblia diz que sem fé é impossível agradar a Deus (ver Hebreus 11:6). Ela é tão importante e vital porque é através da fé que recebemos de Deus todas as coisas boas que Ele quer nos dar. É por isso que o Senhor treina o Seu povo em fé. Ele quer que você coloque seus olhos Nele e aprenda a acreditar Nele, a fim de que Ele possa fazer por você e através de sua vida o que deseja realizar na Terra. O mesmo é verdadeiro com relação à oração, ao louvor, à meditação, aos estudos bíblicos, à confissão, à guerra espiritual, e todos os outros preceitos dos quais temos ouvido e abraçado.

Com toda a nossa atividade espiritual, porém, temos de cuidar para não começarmos a adorar — seguir, confiar e depender — dessas coisas em vez de adorarmos o próprio Senhor. É possível adorarmos o nosso tempo de oração, nossos estudos bíblicos, confissões, meditação, momentos de louvor e outras boas obras. *Podemos crescer em fé na nossa própria fé, em vez de na fé em nosso Deus.* É quase assustador porque existe uma linha tênue entre as duas coisas. Mas o que não podemos esquecer é que por melhor que sejam todas essas coisas, elas são apenas canais para recebermos do Senhor.

22 DE ABRIL

Deus Escolhe os Menos Prováveis

Pelo contrário, Deus escolheu as coisas loucas do mundo para envergonhar os sábios e escolheu as coisas fracas do mundo para envergonhar as fortes; e Deus escolheu as coisas humildes do mundo, e as desprezadas, e aquelas que não são, para reduzir a nada as que são; a fim de que ninguém se vanglorie na presença de Deus.

— 1 CORÍNTIOS 1:27-29, ARA

Deus escolhe propositadamente aqueles candidatos menos prováveis para o trabalho. Dessa forma Ele tem uma porta escancarada para revelar Sua graça, misericórdia e poder para mudar vidas humanas. Quando Deus usa alguém como eu e muitos outros que Ele tem usado, percebemos que não somos a fonte, mas sim Ele: "Porque a loucura de Deus é mais sábia do que os homens; e a fraqueza de Deus é mais forte do que os homens" (1 Coríntios 1:25) Cada um de nós tem um destino e não existe desculpa para não cumprirmos com o nosso. Não podemos usar as nossas fraquezas como desculpa, porque Deus disse que Sua força se aperfeiçoa na nossa fraqueza (ver 2 Coríntios 12:9). Não podemos usar o passado como desculpa, porque Deus nos diz através do apóstolo Paulo que se alguém está em Cristo é uma nova criatura; as coisas velhas são passadas e tudo se fez novo (ver 2 Coríntios 5:17).

A maneira como Deus vai nos usar não é o problema, mas sim a maneira como nos vemos, pois é isso que nos impede de obtermos êxito. Cada um de nós pode obter êxito em ser tudo o que Deus quer que sejamos.

23 DE ABRIL

Os que Creem em Jesus São Realizadores

Trabalhai, não pela comida que perece, mas pela que subsiste para a vida eterna, a qual o Filho do Homem vos dará; porque Deus, o Pai, o confirmou com o seu selo. Dirigiram-se, pois, a ele, perguntando: Que faremos para realizar as obras de Deus? Respondeu-lhes Jesus: A obra de Deus é esta: que creiais naquele que por ele foi enviado.

— JOÃO 6:27-29

Nem posso lhes contar quantas vezes disse ao Senhor, "Pai, o que queres que eu faça? É só me mostrar que eu faço".

Eu era uma executora. Só precisava que alguém me mostrasse o que precisava ser feito, eu o fazia — e fazia direito. Mas o que me frustrava e confundia era quando eu fazia algo certo e ainda assim as coisas não funcionavam.

UM NOVO DIA, UM NOVO VOCÊ — 85

"Que faremos para realizar as obras de Deus?" — os discípulos queriam saber. Ninguém havia lhes dito para fazerem o trabalho de Deus; foi ideia deles. Deus é grande o bastante para fazer Sua própria obra, mas é assim que nós somos. Quando ouvimos de uma obra poderosa de Deus, nossa reação imediata é: "Senhor, mostra-me então o que posso fazer para realizar essa obra". Qual foi a resposta de Jesus? "A obra de Deus é esta: *crer*".

Ora, a primeira vez que o Senhor me revelou esta passagem achei que Ele iria me mostrar o que fazer para finalmente ser bem-sucedida fazendo a Sua obra. E, de certa forma, foi exatamente isso que Ele fez. Ele me disse para crer.

"O que Tu queres dizer, Senhor?" perguntei.

"É isto", Ele respondeu, "crer".

Você e eu achamos que precisamos realizar, e realizamos muitas coisas. Mas o caminho para realizar é crer.

24 DE ABRIL

Ele Fortalece ao Cansado

Ele fortalece ao cansado e dá grande vigor ao que está sem forças

[fazendo com que se multiplique e abunde].

— ISAÍAS 40:29, AMP

Quando estamos cansados, o Senhor nos fortalece e revigora. Ele refrigera nossa alma e corpo.

Lembro-me das vezes quando ministrava para uma longa fila de pessoas à espera de oração, e às vezes me sentia esmorecer fisicamente e até mesmo mentalmente. Eu parava por um segundo e orava em silêncio: "Senhor, preciso de ajuda aqui — eu preciso que Tu me renoves". E tal como o versículo acima promete, Ele aumentava as minhas forças e as multiplicava até abundarem.

Se estiver sentado em sua escrivaninha ou limpando sua casa, se tiver trabalhado o dia inteiro e precisar voltar para casa e ainda cortar a grama, ou mudar o óleo do carro, o Senhor pode revigorá-lo. Pare por um minuto e permita que Ele dê a você esse poder. "Será que você não sabe? Nunca ouviu falar? O Senhor é o Deus eterno, o Criador de toda a terra. Ele não se cansa nem fica exausto, Sua sabedoria é insondável. Ele fortalece ao cansado e dá grande vigor ao que está sem forças [fazendo com que se multiplique e abunde]" (Isaías 40:28-29, AMP).

25 DE ABRIL

É Hora de Declarar Coisas Novas

Vejam! As profecias antigas aconteceram, e novas
Eu anuncio; antes de surgirem, Eu as declaro a vocês.

— ISAÍAS 42:9

Este é um versículo que confirma que Deus fala com Seu povo, Israel. Vemos que o Senhor declara coisas novas antes que elas aconteçam. Se você for como eu, tenho certeza de que está pronto e esperando algo novo em sua vida. Você precisa de algumas mudanças, e ler este livro é a vontade de Deus e a hora certa para você. Embora eu conheça esses princípios, também preciso ser lembrada deles de vez em quando. Todos nós precisamos ser "sacudidos" de vez em quando sobre coisas que já sabemos. É de grande ajuda para nós começarmos mais uma vez a agir segundo os princípios poderosos dos quais nos desviamos um pouco.

Se você está cansado das velhas coisas de sempre, então pare de falar sobre elas. Você quer algumas mudanças? Então comece a falar do novo. Passe um tempo com Deus. Reserve um tempo especial para estudar a Sua Palavra. Descubra o que Ele quer para a sua vida. Não permita que o diabo continue levando você de um lado para outro. *Não seja um porta-voz do diabo.* Descubra o que a Palavra de Deus lhe promete e comece a declará-lo do começo ao fim. Em vez de dizer, "Nada nunca muda," diga, "Vejo mudanças na minha vida e circunstâncias a cada dia".

Ouvi a história de um médico que não acreditava em Jesus, mas descobriu o poder do princípio que estou compartilhando com você. Ele prescrevia a seguinte receita para seus pacientes: eles deveriam ir para casa e repetir várias vezes ao dia "Eu estou melhorando a cada dia que passa". Esse médico obteve resultados incríveis a ponto de várias pessoas viajarem de todas as partes do mundo para serem consultadas por ele. Que impressionante! Deus foi o primeiro a revelar algo, e então um homem ganha o mérito por isso. **Siga o caminho de Deus!** Jesus disse: "Eu sou o caminho, siga-me" (ver João 12:26; 14:6). Nós nunca vemos Jesus sendo negativo ou falando negativamente. Você e eu deveríamos seguir Seu exemplo. Expresse o que você acha que Jesus expressaria sobre a sua situação, e assim abrirá a porta para o poder de Deus que opera milagres.

26 DE ABRIL

Seguindo em Frente

Não que eu já tenha obtido tudo isso ou tenha sido aperfeiçoado, mas prossigo para alcançá-lo, pois
para isso também fui alcançado por Cristo Jesus.

— FILIPENSES 3:12

No versículo seguinte a este, Paulo diz que ele esqueceu o que ficou para trás e se esforçou para seguir em direção ao que estava adiante. Vemos esse princípio em várias passagens na santa Palavra de Deus. O profeta Isaías teve a mesma revelação quando trouxe consigo a mensagem do Senhor: "Esqueçam o que se foi; não vivam no passado. Vejam, estou fazendo uma coisa nova!" (Isaías 43:18-19).

Quase todos nós poderíamos fazer algo para melhorar nossa autoimagem. Leva tempo até entendermos a esperança que Deus tem em nós. Para perceber o quanto Deus espera de mim, basta me lembrar de como eu era quando Deus me chamou para um ministério de tempo integral. Certamente eu não era o tipo de material que o mundo usaria para fazer o que eu tenho feito hoje. Na verdade, acredito firmemente que a maioria das pessoas teria desistido de mim.

É tão maravilhoso e reconfortante saber que quando todo mundo só vê as nossas faltas, Deus ainda vê as nossas possibilidades. O Senhor não esperou até que eu consertasse todos os meus defeitos para Se envolver comigo. Ele começou a partir do ponto em que eu me encontrava, e tem sido o responsável por me trazer ao ponto em que me encontro hoje. E estou convencida de que Ele fará o mesmo por você.

27 DE ABRIL

Observe seu Semblante

O Senhor disse a Moisés: "Diga a Arão e aos seus filhos: Assim vocês abençoarão os israelitas: 'O Senhor te abençoe e te guarde; o Senhor faça resplandecer o seu rosto sobre ti e te conceda graça (seja gentil, misericordioso e lhe dê favor); o Senhor volte para ti o Seu rosto [com aprovação] e te dê paz (tranquilidade no coração e vida continuamente)'".

— NÚMEROS 6:22-26, AMP

O semblante de Jesus mudou quando Ele se transfigurou no monte. Nosso semblante é mera e simplesmente a nossa aparência. Diz respeito ao nosso rosto. Nós, a igreja dos dias de hoje, precisamos prestar atenção ao nosso semblante. Uma das bênçãos que foi pronunciada ao povo de Deus é que a Sua face resplandeceria sobre a nossa e que Ele voltaria o Seu rosto para nós.

Quando o mundo olha para nós, precisa ver algo que nos faz diferente deles. Eles não podem ler nossas mentes ou ver o interior do nosso coração, de modo que nosso semblante é a única maneira de lhes mostrarmos que temos algo que eles não têm, mas que verdadeiramente querem e precisam. Acredito que ficamos com uma aparência melhor quando adoramos a Deus. A adoração coloca um sorriso em nosso rosto. É muito difícil ficar com o semblante fechado quando somos gratos, louvamos e adoramos a Deus.

Se fizermos essas coisas regularmente, nosso semblante vai levar consigo a presença do Senhor, não a expressão de nossas frustrações e confusões interiores.

Os cristãos deveriam ser pessoas alegres e cheias de amor. Devemos nos perguntar: "Será que na maior parte do tempo as pessoas conseguem dizer que sou cristão só de olharem para o meu semblante?".

28 DE ABRIL

Deixe que Deus Cuide de Sua Reputação

Acaso busco eu agora a aprovação dos homens ou a de Deus? Ou estou tentando agradar a homens?

Se eu ainda estivesse procurando agradar a homens, não seria servo de Cristo.

— GÁLATAS 1:10

O apóstolo Paulo disse que em seu ministério ele teve de escolher entre agradar aos homens e agradar a Deus. Esta é uma escolha que cada um de nós precisa fazer. Em Filipenses 2:7, lemos que Jesus se fez sem reputação. O nosso Senhor não se preocupou em fazer um nome para Si mesmo, nem nós deveríamos nos preocupar com isso.

O Senhor me ordenou: "Diga ao Meu povo que pare de tentar fazer uma reputação para si, e deixe que Eu cuide disto". Se nossa meta for fazer um nome para nós mesmos, isso nos fará viver com medo do homem em vez de temer a Deus. Não devemos tentar ganhar a aprovação das pessoas, mas sim a de Deus.

Não há nada que o diabo use mais para manter as pessoas fora da vontade de Deus do que a ameaça de rejeição por parte de outros. No meu caso, quando me comprometi totalmente a seguir a vontade de Deus para minha vida, muitos antigos amigos me abandonaram e alguns até se voltaram contra mim. Assim como Paulo, logo aprendi que tinha de escolher entre agradar as pessoas ou agradar a Deus. Se tivesse escolhido ser popular entre as pessoas, não estaria neste ministério que ocupo hoje.

Hoje você e eu nos deparamos com uma decisão. Será que vamos tentar fazer um nome para nós mesmos, nossos ministérios e nossa reputação, ou estamos dispostos a abrir mão de todos os esforços humanos e simplesmente confiar em Deus?

29 DE ABRIL

Deus Tem Poder para nos Guardar

Porque a seus anjos ele dará ordens a seu respeito, para que o protejam em todos os seus caminhos.

— SALMOS 91:11

Uma senhora que trabalha para mim diz que não tem nenhum "grande testemunho". Ela simplesmente cresceu na igreja, amando a Deus. Casou-se, foi cheia com o Espírito Santo, e veio trabalhar para nós. Através do nosso ministério, ela

UM NOVO DIA, UM NOVO VOCÊ — 89

foi tocada pelos testemunhos de viciados em drogas e pessoas que sofreram de abuso. Um dia, ela perguntou a Deus por que não tinha um testemunho.

Ele respondeu: "Você tem um testemunho. Seu testemunho é que Eu a livrei de tudo isso". Deus a livrou da dor de viver separada Dele. O poder de Deus para nos guardar do mal é um grande testemunho! O Salmo 91 nos ensina que Ele dará ordem aos Seus anjos para nos guardar, e eles vão nos proteger e defender.

É verdade que acontecem algumas coisas em nossas vidas das quais não gostamos, mas e tudo do qual Deus nos livrou sem que nós sequer soubéssemos que Satanás havia planejado contra nossa vida? Fico maravilhada com o fato de podermos dirigir no trânsito e continuarmos vivos. Precisamos agradecer a Deus pelo Seu poder protetor. Podemos descansar sabendo que Ele é o nosso Ajudador. Diariamente, Deus nos protege e guarda do poder do inimigo. Somos selados no Espírito Santo e preservados para o dia final da redenção, quando Jesus voltará.

30 DE ABRIL

Os Limites de Deus

Acaso não sabem que o corpo de vocês é santuário do Espírito Santo que habita em vocês, que lhes foi dado por Deus, e que vocês não são de si mesmos? Vocês foram comprados por alto preço. Portanto, glorifiquem a Deus com o seu próprio corpo.

— I CORÍNTIOS 6:19-20

A palavra *estresse* era originalmente um termo da engenharia. Ela se referia à quantidade que uma viga ou outro suporte físico aguentava antes de desmoronar debaixo da pressão.

Hoje em dia, essa palavra teve seu significado ampliado para se referir não só à pressão física, mas também mental e emocional. Como seres humanos, você e eu fomos criados para aguentar um nível normal de estresse. Deus nos criou para aguentarmos certa quantidade de pressão e tensão. O problema é quando passamos do nosso limite, e vamos além do que Deus nos criou para aguentar sem um dano permanente. E assim como acontece com inúmeras pessoas, temos tanto trabalho a fazer que simplesmente continuamos nos forçando, apesar do dano que nos causa.

É claro que, quando eu ou Dave somos acometidos de uma doença, nós oramos imediatamente pela cura. Mas se você ficou doente como resultado de ter abusado de seu corpo passando dos limites determinados por Deus nos quais deveria viver com saúde, então precisa tanto do descanso quanto da oração por cura. Lembre-se, os limites que Deus determinou para nós são para o nosso próprio bem.

90 — JOYCE MEYER

1º DE MAIO

O Bom Plano de Deus para Sua Vida

Porque somos criação de Deus realizada em Cristo Jesus para fazermos boas obras, as quais Deus

preparou antes para nós as praticarmos.

— EFÉSIOS 2:10

Deus tem um plano único para cada um de nós desde antes de nascermos. E não é um plano de fracasso, miséria, pobreza, doença e enfermidade. O plano de Deus é um bom plano, um plano para nos dar vida, saúde, felicidade e realização. Em Jeremias 29:11, lemos: "Porque sou eu que conheço os planos que tenho para vocês, diz o Senhor, planos de fazê-los prosperar e não de lhes causar dano, planos de dar-lhes esperança e um futuro".

Todos se beneficiariam se repetissem para si mesmos, várias vezes ao dia: "Deus tem um bom plano para a minha vida". Cada um de nós precisa estar firmemente convencido desta verdade para nos proteger de sermos afetados pelas nossas próprias circunstâncias e emoções que mudam constantemente. Talvez você se pergunte: "Se Deus tem um plano tão maravilhoso para a minha vida, por que não estou vivendo-o?". Compreendo por que você faz essa pergunta. Parece estranho o fato de termos de sofrer e enfrentar a dor quando Deus nos ama tanto e tem intenções e planos tão bons para nós!

O que devemos sempre lembrar é que temos um inimigo que está lá fora tentando destruir o plano maravilhoso de Deus. Embora Deus tenha um bom plano para a minha vida, acabei vivendo num ambiente abusivo porque o diabo entrou e atrapalhou aquele bom plano. Mas há algo mais, algo realmente incrível sobre Deus que precisamos entender. Deus não gosta quando alguém nos machuca e tenta subestimar o Seu plano para nós. Enquanto Ele nos faz deitar sobre verdes pastos para restaurar a nossa alma (veja Salmos 23:2-3), Ele está trabalhando e fazendo algo sobre a nossa situação!

Deveria ser um grande conforto para nós saber que, o que não podemos fazer nós mesmos, o Senhor fará por nós se nos entregarmos a Ele e Nele confiarmos.

2 DE MAIO

Ore e Obedeça

Sacrifício e oferta não pediste, mas abriste os meus ouvidos;

holocaustos e ofertas pelo pecado não exigiste.

— SALMOS 40:6

Deus se deleita na nossa obediência. É claro que, para Deus, não adianta falar conosco se não vamos ouvir e obedecer.

Durante muitos anos, eu queria que Deus falasse comigo, mas queria selecionar e escolher aquilo ao qual queria obedecer, como se estivesse em um self-service. Eu queria fazer o que Ele tinha dito, mas somente se achasse uma boa ideia. Se não gostasse do que estava ouvindo, então agia como se fosse algo que não procedesse de Deus. Deus nos deu a capacidade tanto de ouvi-lo como de obedecê-lo. Ele não requer um sacrifício maior do que a obediência. Algumas das coisas que Deus lhe diz serão sensacionais. Algumas das coisas que Deus lhe diz talvez não sejam tão emocionantes assim. Mas isso não significa que o que Ele está dizendo não irá contribuir para o seu bem, pois se apenas fizer da maneira Dele, você certamente será abençoado. Se quiser a vontade de Deus para sua vida, posso lhe dizer a receita na sua forma mais simples: *Ore e Obedeça*. Deus lhe deu a capacidade de fazer essas duas coisas.

3 DE MAIO

Mas Deus...

Mas Deus demonstra seu amor por nós: Cristo morreu em nosso favor quando ainda éramos pecadores.

— ROMANOS 5:8

Há uma pequena frase na Bíblia que me deixa muito animada cada vez que a leio. São apenas duas palavrinhas, mas que são encontradas em toda a Bíblia e, provavelmente, é uma das frases de duas palavras mais poderosas que existem. A frase diz simplesmente: **Mas Deus...**

Ao lermos a Bíblia, lemos constantemente histórias desastrosas das coisas terríveis que o diabo planejava contra o povo de Deus. Então nos deparamos com esta pequena frase: **Mas Deus...**, e logo a seguir lemos como aconteceu a vitória. Na passagem bíblica acima, é mencionado o fato de que todos nós somos pecadores, uma condição que merece punição e morte. Contudo, a frase "**Mas Deus...**" interrompe o processo. O amor de Deus entra na situação e muda tudo.

Enquanto ainda éramos pecadores, Cristo morreu por nós e, ao fazê-lo, provou o Seu amor por nós. Ele provou que Seu amor interrompe a devastação do pecado. Quando Deus me chamou ao ministério, várias pessoas me disseram: "Joyce, estávamos conversando com algumas pessoas do nosso grupo e sentimos que você nunca conseguirá fazer o que diz que Deus lhe disse que iria fazer, jamais. Não achamos que sua personalidade se encaixe nesse trabalho". Ainda me lembro de como me senti péssima quando falaram assim comigo.

Estava ferida e desanimada... **Mas Deus** havia me chamado e havia me qualificado. Deus viu que havia valor naquilo que para os outros não tinha chance de ser usado. Ele me ajudou e fará o mesmo por você.

4 DE MAIO

Ame Com todas as Forças

O meu mandamento é este: Amem-se uns aos outros como eu os amei. Ninguém tem maior amor do que aquele que dá a sua vida pelos seus amigos.

— JOÃO 15:12-13

Como filhos de Deus, devemos amar os outros como Deus nos amou. E isso quer dizer amar com tudo, amar com força, amar agressivamente — e sacrificialmente.

O amor requer esforço. Jamais amaremos alguém se não estivermos dispostos a pagar o preço.

Certa vez, dei a uma senhora um par de brincos lindos. Minha carne queria ficar com eles, mas meu espírito me disse para ser obediente ao Senhor e dar os brincos de presente.

Mais tarde aquela senhora se levantou numa reunião e contou que tinha ganhado os brincos que usava naquele momento, e que haviam sido um "presente gratuito".

O Senhor falou comigo e disse: "Sim, foi um presente gratuito para ela, mas custou algo para você, da mesma forma que a salvação é um presente gratuito para você, mas custou a Jesus Sua própria vida".

O amor é maior presente de todos. Quando for demonstrar o amor de Deus, faça-o livremente, sacrificialmente e com todas as suas forças!

5 DE MAIO

Conheça os *Ladrões da Paz*

Afaste-se do mal e faça o bem; busque a paz com perseverança.

— SALMOS 34:14

Para desfrutar de uma vida de paz, você precisará examinar sua própria vida e aprender que coisas atuam nela como "ladrões da paz". Satanás costuma usar os mesmos truques com todos nós, mas também há certas coisas que são particulares na vida de cada um. Por exemplo, talvez uma pessoa fique muito confusa se tiver de fazer duas coisas ao mesmo tempo, enquanto outra pessoa considere isso um desafio e se sinta renovada ao realizar tarefas múltiplas e vários projetos ao mesmo tempo. Todos somos diferentes e devemos aprender a nos conhecer.

Meu marido não se preocupa nem um pouco quando ouve falar que pessoas estão dizendo coisas negativas a seu respeito, mas ele se incomoda facilmente quando um motorista não permanece na sua faixa no trânsito ou corta nosso carro e entra na nossa frente. Comigo acontece justamente o oposto. Embora não goste de pessoas que dirigem perigosamente, isso não me incomoda tanto quanto ouvir que estou sendo injustamente acusada. Quando nossos filhos estão passando por momentos difíceis, Dave diz que isso lhes faz bem e ajuda a fortalecer seu caráter; por outro lado, eu quero resgatá-los.

Como todos nós somos diferentes uns dos outros, Satanás usa diferentes métodos na vida de cada um, e geralmente já nos estudou bastante para saber exatamente que botões apertar e quando apertá-los. Posso suportar melhor as coisas quando não estou cansada, e o diabo sabe disso, então ele espera para atacar até eu estar bem cansada. Ao buscar a paz, aprendi o que Satanás já sabe sobre mim, e agora tento não ficar cansada demais, porque sei que estou abrindo uma porta para ele quando fico exausta. É praticamente impossível desfrutar uma vida de paz se não nos esforçarmos para saber que coisas roubam a nossa paz. Faça uma lista de cada ocasião em que fica zangado. Pergunte-se o que lhe causou o problema e escreva a resposta. Seja honesto consigo mesmo, ou você nunca se libertará.

6 DE MAIO

Seu Valor Está Baseado no Sangue do Cordeiro

Àquele que nos ama, e, pelo seu sangue, nos libertou dos nossos pecados...

— APOCALIPSE 1:5, ARA

Precisamos chegar ao ponto em que nos sentimos seguros o bastante em quem somos em Cristo para não permitir que nosso senso de valor seja baseado nas opiniões ou ações de outros.

Não tente encontrar seu próprio valor na sua aparência. Não tente encontrar seu valor no que faz. Não tente encontrá-lo na maneira como as outras pessoas o tratam. Você tem valor porque Jesus derramou Seu sangue por você.

Talvez você tenha falhas, e talvez haja certos aspectos onde precisa mudar, mas Deus trabalha em você e na sua vida da mesma forma que trabalha em cada um de nós. Não deixe ninguém jogar seus problemas em cima de você. Não permita que ninguém faça você sentir que não tem valor ou que não serve para nada só porque não sabem tratar você direito e amá-lo como merece ser amado por ser um filho de Deus, comprado pelo sangue de Cristo.

Não passe toda sua vida tentando ganhar a aceitação ou aprovação das outras pessoas. Lembre-se de que você já foi aceito e aprovado por Deus. Certifique-se de que sua afirmação, sua autenticidade e seu senso de valor pessoal procedem de Jesus.

7 DE MAIO

Só Deus Pode nos Satisfazer

Uma coisa peço ao Senhor, e a buscarei: que eu possa morar na Casa do Senhor todos os dias da minha vida, para contemplar a beleza do Senhor e meditar no seu templo.

— SALMOS 27:4, ARA

Frequentei a igreja durante anos sem saber da importância de passar regularmente um tempo de convívio com o Senhor. Eu realmente fazia tudo que sabia fazer na época, mas não era o suficiente para satisfazer meu desejo por Deus. Podia passar o tempo que fosse na igreja ou estudando a Bíblia, mas não era suficiente para saciar a sede que eu tinha de um convívio mais íntimo com o Senhor. Eu precisava falar com Ele sobre o meu passado e ouvi-lo falar sobre o meu futuro. Mas ninguém me ensinou que Deus queria falar diretamente comigo. Ninguém me ofereceu uma solução para o sentimento de insatisfação que eu enfrentava.

Ao ler a Palavra, aprendi que Deus quer falar conosco pessoalmente e que Ele tem um plano para a nossa vida, que nos levará a um lugar de paz e contentamento. Isaías expressou bem nossa sede por Deus quando escreveu: "A minha alma suspira por ti durante a noite; e logo cedo o meu espírito por ti anseia..." (Isaías 26:9). Nada pode satisfazer nosso desejo por Deus, exceto a comunhão e o convívio com Ele.

8 DE MAIO

Convicção *versus* Condenação

Quando ele vier, convencerá o mundo do pecado, da justiça e do juízo.

— JOÃO 16:8

Quando ficamos convictos do pecado, frequentemente temos uma reação mal-humorada enquanto Deus lida conosco. Até admitirmos nosso pecado e estarmos prontos para deixá-lo e pedir perdão, sentimos uma pressão que traz à tona o que há de pior em nós. Assim que entramos em acordo com Deus, nossa paz retorna e nosso comportamento melhora.

O diabo sabe que a condenação e a vergonha nos impedem de nos aproximarmos de Deus em oração, para que nossas necessidades possam ser alcançadas e possamos, mais uma vez, desfrutar do convívio com Deus. Sentir-se mal consigo mesmo ou achar que Deus está zangado conosco são sentimentos que nos separam da Sua presença. Ele não nos deixa, mas nós nos afastamos Dele por medo.

É por isso que é tão importante discernir a verdade e saber a diferença entre convicção e condenação. Lembre-se, se você der ouvidos à convicção, ela o encoraja e o tira do pecado. A condenação apenas o faz sentir-se mal consigo mesmo.

UM NOVO DIA, UM NOVO VOCÊ — 95

Quando orar, peça sempre para que Deus o deixe convicto do pecado, percebendo que a convicção é uma bênção, não um problema. Se apenas as pessoas perfeitas pudessem orar e receber respostas, ninguém estaria orando. Não precisamos ser perfeitos, mas precisamos ser limpos do pecado. Quando começo meu tempo de oração, quase sempre peço ao meu Pai Celeste para me limpar de todo pecado e injustiça. Quando oramos em nome de Jesus, estamos apresentando ao nosso Pai tudo que Jesus é, não tudo que nós somos.

9 DE MAIO

Um Coração Aberto

Uma das que ouviam era uma mulher temente a Deus chamada Lídia, vendedora de tecido de púrpura, da cidade de Tiatira. O Senhor abriu seu coração para atender à mensagem de Paulo.

— ATOS 16:14

Na cidade de Filipos, para onde Deus direcionara Paulo e os que o acompanhavam em sua viagem, havia um grupo de mulheres que se reunia nas margens de um rio para orar. Paulo começou a falar com essas mulheres, contando-lhes algumas coisas que elas nunca haviam ouvido antes. Elas estavam acostumadas a viver debaixo da Lei Judaica, e Paulo anunciava uma mensagem de graça. Uma dessas mulheres, chamada Lídia, tinha o coração aberto para receber o que Paulo tinha a dizer.

Ter um coração aberto é muito importante porque, sem isso, não ouviremos nada novo ou diferente. É impressionante em quantos princípios da Bíblia nos recusaremos a acreditar porque não fazem parte do que nos ensinaram no passado. Por que não podemos acreditar e progredir? Por que não podemos aceitar que talvez haja algumas coisas que não sabemos? Isso não significa que devemos ser tão abertos a ponto de acreditar em qualquer coisa que o diabo queira jogar sobre nós, mas significa que não deveríamos ser tão fechados ou "quadrados" em nossas mentalidades, de modo que ninguém nos consiga ensinar nada de novo.

Não deveríamos ter medo de ouvir o que está sendo dito e verificarmos nós mesmos através da Bíblia, falando com Deus para confirmar se o que ouvimos é verdadeiro. Eu me preocupo com pessoas que acham que só há uma maneira de fazer as coisas: a maneira delas. Devemos ter um coração aberto. Deus nos dirá se aquilo que ouvimos é verdadeiro.

10 DE MAIO

Divirta-se!

O ladrão vem apenas para roubar, matar e destruir;
eu vim para que tenham vida, e a tenham plenamente.

— JOÃO 10:10

Quando eu estava crescendo, não me divertia muito. Nunca me permitiram muito agir como criança. Eu me lembro de ficar encrencada e de ser corrigida por brincar. Nossa casa não era um ambiente agradável, ao contrário, era cheia de temor. Como uma cristã adulta, comecei a perceber que me sentia culpada se tentava de alguma forma me divertir. Eu me sentia segura se estivesse trabalhando, mas diversão era algo que eu me negava. Não sentia que era uma necessidade legítima para mim. Ficava aborrecida porque as outras pessoas não trabalhavam tanto nem tão arduamente quanto eu.

Meu marido realmente desfrutava a vida e isso me deixava zangada. Eu achava que ele realizaria muito mais se levasse as coisas mais a sério. Agora percebo que eu não sentia raiva porque Dave desfrutava sua vida; sentia raiva porque eu não desfrutava a minha. Era tolice minha ficar chateada com Dave e com outras pessoas porque, afinal, a diversão que eles tinham na vida também estava ao meu dispor.

Eu não gostava de mim mesma. Bem lá no fundo, acreditava que eu não servia para nada e me recusava a desfrutar qualquer coisa como uma punição por ser uma pessoa ruim. Afinal de contas, as pessoas más não merecem desfrutar a vida! O Espírito Santo trabalhou durante muito tempo em minha vida antes que eu pudesse finalmente compreender que Deus queria que eu a desfrutasse. Jesus disse: "Vim para que tenham vida [e desfrutem dela]" (Veja João 10:10, AMP).

Precisamos nos divertir. Sem isso, a vida fica desequilibrada e abre-se uma porta para Satanás nos devorar (veja 1 Pedro 5:8). A alegria do Senhor é a nossa força (veja Neemias 8:10). Há um tempo para trabalhar e um tempo para brincar, um tempo de chorar e um tempo de sorrir (veja Eclesiastes 3:1-8). Certifique-se de que você não está negando a si mesmo suas necessidades legítimas. É bom ajudar os outros, e esse é o nosso chamado como cristãos, mas não é errado fazer coisas para nós mesmos. Por isso, certifique-se de separar um tempo para si mesmo e passe um tempo fazendo as coisas das quais você gosta.

11 DE MAIO

Faça da Maneira de Deus

Eu sou o caminho.

— JOÃO 14:6

UM NOVO DIA, UM NOVO VOCÊ — 97

Muitas pessoas estão sofrendo terrivelmente, e elas estão clamando por ajuda. O problema é que não estão dispostas a receber a ajuda que precisam de Deus. Por mais que queiramos ou precisemos de ajuda, jamais vamos recebê-la até estarmos dispostos a fazer as coisas da maneira de Deus. Em João 14:6, Jesus disse: "Eu sou o Caminho". O que Jesus queria dizer quando disse "Eu sou o Caminho" é que Ele tem uma determinada maneira de fazer as coisas; e se nos submetermos aos *Seus* caminhos, tudo se resolverá para nós.

Contudo, muitas vezes resistimos e lutamos contra Ele, tentando fazer com que Deus faça as coisas da nossa maneira, segundo o nosso caminho. Isso não irá funcionar. Inúmeras vezes as pessoas ficaram diante de mim no altar, reclamando de todo tipo de problemas em suas vidas e de como estavam sofrendo. Todavia elas se recusavam terminantemente a fazer o que lhes é dito para fazer a fim de receber a ajuda que precisam. É grande a frequência com que as pessoas tentam encontrar alguma outra maneira de conseguir ajuda que não seja fazer as coisas segundo a maneira de Deus.

A Bíblia nos ensina claramente que, se aprendermos e agirmos segundo a Palavra, Deus abençoará nossas vidas. Deixem-me lhe dar um exemplo: A Bíblia ensina que devemos viver em harmonia e paz com os outros e perdoar aqueles que erraram conosco. Se nos recusarmos a fazer isso, que esperança temos de receber o que precisamos?

Lembro-me de como foi difícil para mim a primeira vez que o Senhor me disse que eu deveria procurar meu marido e lhe pedir desculpas por ser rebelde com ele. Achei que fosse morrer se fizesse aquilo! Imagino que uma das razões por que nem sempre fazemos o que a Palavra de Deus nos diz para fazer é por ser tão difícil obedecer.

Contudo, se não fizermos o que podemos fazer, então Deus não fará o que não podemos. Se fizermos o que está em nossas mãos, Deus fará o que não podemos fazer. É simples assim.

1 2 DE MAIO

Obedeça à Palavra

Sejam praticantes da palavra, e não apenas ouvintes, enganando-se a si mesmos.

— TIAGO 1:22

Certa mulher participou de um de meus seminários e ela carregava muitas feridas emocionais, coisas que fizeram dela uma pessoa insegura e temerosa. Ela queria desesperadamente ser livre, mas nada parecia funcionar. No final do seminário ela me disse que agora entendia por que nunca experimentara qualquer progresso. Ela disse: "Joyce, eu me sentei com um grupo de senhoras e todas tinham muitos dos mesmos problemas que eu. A libertação de Deus na vida delas veio passo a passo. Escutando suas histórias, ouvi-as dizer: 'Deus me guiou a fazer isso e eu fiz. Depois Ele me guiou a outra coisa, e eu fiz'. Percebi que Deus também tinha me dito para fazer as mesmas coisas; a única diferença é que elas tinham feito o que Ele lhes dissera para fazer, e eu não".

Para receber de Deus o que Ele nos prometeu em Sua Palavra, devemos obedecer a ela. Haverá ocasiões em que não será fácil fazer o que a Palavra nos diz para fazer. Obedecer requer constância e diligência. É preciso haver uma dedicação e compromisso com a Palavra, seja qual for o resultado. Talvez você diga: "Sim, mas eu tenho seguido a Palavra por muito tempo e ainda não tenho vitória!". Então, persevere um pouco mais. Ninguém sabe exatamente quanto tempo levará para que ela comece a surtir efeito nesta vida. Mas se você continuar obedecendo à Palavra, mais cedo ou mais tarde ela funcionará.

Sei que é uma luta. Sei que Satanás tenta afastá-lo da Palavra e, quando você começa a mergulhar nela, ele tenta de tudo para evitar que você a coloque em prática. Também sei que, a partir do momento em que você começa a praticá-la, ele faz de tudo para fazê-lo pensar que ela não funciona. É por isso que você deve continuar firme. Peça a Deus para ajudá-lo dando-lhe um desejo para se aprofundar na Sua Palavra, por mais difícil que seja e por quanto tempo seja necessário para produzir resultados em sua vida.

1 3 DE MAIO

Você Quer Ser Curado?

Um dos que estavam ali era paralítico fazia trinta e oito anos. Quando o viu deitado e soube que ele vivia naquele estado durante tanto tempo, Jesus lhe perguntou: "Você quer ser curado?".

— JOÃO 5:5-6

É impressionante a pergunta que Jesus fez a este pobre homem que estava doente há trinta e oito longos anos: "Você quer ser curado?". Essa também é a pergunta do Senhor para você que lês essas palavras neste momento. Você sabia que há pessoas que não querem realmente ser curadas? Elas só querem falar sobre seu problema. Você é uma delas?

Às vezes as pessoas ficam viciadas em ter um problema. O problema se torna sua identidade, sua vida, definindo tudo que elas pensam, dizem e fazem. Se você possui uma doença que está arraigada "naquele estado durante tanto tempo", o Senhor quer que saiba que isso não precisa ser o foco central de toda a sua existência. Ele quer que você confie e coopere com Ele enquanto Ele o conduz à vitória sobre o problema, um passo de cada vez. Não tente usar seu problema como meio de obter simpatia.

Quando eu costumava chorar no ombro do meu marido, reclamando dos meus problemas, ele me dizia: "Joyce, não vou sentir pena de você, porque se eu fizer isso, você nunca superará seus problemas". Isso costumava me deixar com tanta raiva que eu sentia vontade de avançar nele. Nós ficamos zangados com as pessoas que nos dizem a verdade. E a verdade é que antes de melhorarmos, devemos realmente *querer* ser curados de corpo, alma e espírito. Devemos desejar o suficiente a ponto de estarmos dispostos a ouvir e aceitar a verdade.

Cada um de nós deve aprender a seguir o plano pessoal de Deus para nossa vida. Qualquer que seja nosso problema, Deus prometeu atender à nossa necessidade e nos recompensar pela perda. E encarar a verdade é a chave para destrancar as portas da prisão que nos deixou cativos.

14 DE MAIO

Escolha a Aprovação de Deus

Pedro e os outros apóstolos responderam: É preciso obedecer antes a Deus do que aos homens!

— ATOS 5:29

Qualquer um de nós que tem a intenção de realizar grandes coisas na vida terá de aceitar o fato de que haverá ocasiões em que não receberemos a aprovação de todas as pessoas que nos cercam. A necessidade de ser popular pode roubar nosso destino. Eu me relaciono e ministro para uma grande variedade de pessoas. Não há maneira humanamente possível de agradar a todas elas o tempo todo. Temos mais de quinhentos funcionários trabalhando nos Ministérios Joyce Meyer. Quase nunca tomamos uma decisão que agrada a todos eles.

A Bíblia diz que Jesus "a si mesmo se esvaziou", ou seja, Ele abriu mão de sua reputação. Essa é uma declaração de peso! Muitas pessoas não pensavam bem Dele, mas Seu Pai Celeste o aprovava e ao que Ele estava fazendo, e isso era tudo que realmente importava para Jesus. Desde que você e eu tenhamos a aprovação de Deus para algo, temos o que mais precisamos. Na passagem de Filipenses, o apóstolo Paulo diz que, se ele tentasse ser popular com as pessoas, não seria um servo do Senhor Jesus Cristo. Ele diz que precisar da aprovação das pessoas de forma desequilibrada é algo que pode roubar o nosso destino.

Lembre-se, não podemos sempre agradar a Deus e aos homens ao mesmo tempo.

15 DE MAIO

Mantenha a Mente em Foco

Guarda o teu pé [concentre-se no que está fazendo].

— ECLESIASTES 5:1, AMP

Acredito que a expressão "guarda o teu pé" signifique: "Não se desequilibre ou não se desvie do caminho". Se ampliarmos o sentido dessa frase veremos que isso indica que devemos manter nossa mente no que estamos fazendo. Eu costumava ter uma mente dispersa, e tive de treiná-la por meio da disciplina. Às vezes ainda tenho uma recaída.

Enquanto tento concluir um projeto, de repente percebo que minha mente simplesmente viajou para alguma outra coisa que não tem nada a ver com o problema que estou tratando. Ainda não cheguei ao ponto da concentração perfeita, mas pelo menos entendo o quanto é importante não permitir que minha mente vá para onde deseja ir sempre que quiser.

Se você for como eu, é capaz de se sentar no culto da igreja ouvindo o pregador, realmente desfrutando e aproveitando o que está sendo dito, e sem mais nem menos, de repente, sua mente começa a vagar. Depois de um tempo você "acorda" e percebe que não se lembra de nem uma palavra que foi dita. Embora seu corpo tenha permanecido na igreja, sua mente estava no shopping olhando as vitrines das lojas ou em casa fazendo o jantar.

Lembre-se que há uma guerra espiritual e a mente é seu campo de batalha. É aí que o inimigo arma seus ataques. Ele sabe muito bem que, mesmo que uma pessoa frequente a igreja, se ela não conseguir se concentrar no que está sendo ensinado, não haverá absolutamente nenhum proveito em sua vida. O diabo sabe que não podemos concluir um projeto se não conseguirmos disciplinar nossa mente e nos concentrar no que estamos fazendo.

Lembre-se que Satanás quer que você pense que é mentalmente deficiente: que há algo de errado com você. Mas a verdade é que você só precisa começar a disciplinar sua mente. Não permita que ela vague por toda a cidade, fazendo o que bem entende. Comece hoje a "guardar o teu pé", mantendo sua mente no que está fazendo. Você vai precisar de um pouco de prática. Quebrar velhos hábitos e formar novos sempre leva tempo, mas vale a pena no final.

16 DE MAIO

Deus Fará o Impossível

Ao que lhe respondeu Jesus: Se podes! Tudo é possível ao que crê.

— MARCOS 9:23, ARA

É impossível para mim estar fazendo o que faço hoje. Quando Deus me chamou para o ministério, afirmar que minha vida era uma bagunça completa não é suficiente para sequer começar a fazer jus ao meu estado. Mas eu amava a Deus e não queria continuar sendo como era. Simplesmente não sabia como mudar e ser uma pessoa diferente e melhor. Levou anos para que Deus me levasse ao ponto onde queria que eu estivesse, mas acredito que Ele está fazendo uma obra de justiça mais rápida nesses últimos dias.

Talvez você se sinta como Marta se sentiu quando seu irmão Lázaro morreu. Ela disse a Jesus: "Senhor, se estivesses aqui meu irmão não teria morrido" (João 11:21). Jesus poderia ter chegado e entrado em cena mais cedo, mas a

Bíblia diz que Ele propositadamente esperou até que Lázaro estivesse morto e sepultado no túmulo. Ele esperou até a situação se tornar tão impossível que, se alguma coisa boa viesse daquela situação, todos saberiam que tinha de ser a mão de Deus (veja João 11:1-45).

Precisamos compreender que quando Deus não muda as circunstâncias, ou quando não as muda tão rápido quanto gostaríamos, talvez Ele esteja esperando de propósito. Quando finalmente achamos que não há maneira de sair do caos em que estamos, Deus provará a nós como Ele nos defende de maneira forte e maravilhosa (veja 2 Crônicas 16:9).

Há anos eu tentava servir a Deus. Por que Ele esperou tanto tempo para me tocar com o poder do Espírito Santo? Por que Ele não fez isso dois anos antes? Quatro anos antes? Creio que Ele estava apenas esperando ser necessário um milagre para provar que estava trabalhando em minha vida. O fato de Deus poder usar minha vida no ministério, por si só, é um grande milagre.

17 DE MAIO

Enfrente a Verdade

Tem misericórdia de mim, ó Deus, segundo a Tua benignidade; apaga as minhas transgressões, segundo a multidão das Tuas misericórdias. Lava-me completamente da minha iniquidade, e purifica-me do meu pecado. Porque eu conheço as minhas transgressões, e o meu pecado está sempre diante de mim. Contra Ti, contra Ti somente pequei, e fiz o que é mal à Tua vista, para que sejas justificado quando falares, e puro quando julgares. Eis que em iniquidade fui formado, e em pecado me concebeu minha mãe. Eis que amas a verdade no íntimo, e no oculto me fazes conhecer a sabedoria.

— SALMOS 51:1-6, ARC

No Salmo 51, o Rei Davi clamava a Deus por misericórdia e perdão porque o Senhor estava lidando com ele devido ao pecado com Batseba e o assassinato do marido dela. Acredite ou não, o pecado de Davi acontecera um ano antes que ele escrevesse este salmo, mas ele nunca o enfrentara e o admitira. Davi não estava enfrentando a verdade; e enquanto se recusasse a encará-la, não poderia se arrepender com sinceridade. Enquanto ele não se arrependesse de verdade, Deus não poderia perdoá-lo. O versículo 6 desta passagem é uma palavra poderosa. Ele diz que Deus deseja a verdade "no íntimo", lá no fundo do nosso coração. Isso significa que, se queremos receber as bênçãos de Deus, devemos ser honestos com Ele sobre nós mesmos e nossos pecados.

18 DE MAIO

Nossa Confiança Está em Jesus

Tudo posso naquele que me fortalece.

— FILIPENSES 4:13

Satanás não quer que você cumpra o plano de Deus para sua vida porque ele sabe que você faz parte da derrota final dele. Se ele conseguir fazer você pensar e acreditar que é incapaz, então você nem chegará a tentar realizar qualquer coisa que valha a pena. Mesmo que se esforce, seu medo de falhar selará sua derrota, derrota esta que você esperava desde o início, devido à sua falta de confiança. É a isso que frequentemente nos referimos como "síndrome do fracasso". O diabo quer que você e eu nos sintamos tão mal a nosso próprio respeito que perderemos qualquer confiança em nós mesmos.

Mas eis a boa notícia: *Não precisamos ter qualquer confiança em nós mesmos, precisamos ter confiança em Jesus!* Eu tenho confiança em mim mesma apenas porque sei que Cristo está em mim, sempre presente e pronto para me ajudar em tudo que tento que fazer por Ele. Um crente sem confiança é como um jumbo parado na pista do aeroporto sem combustível; tem uma aparência ótima por fora, mas não há força nem poder em seu interior. Com Jesus dentro de nós, temos o poder de fazer o que jamais poderíamos fazer sozinhos.

Depois que aprender essa verdade, quando o diabo mentir e lhe disser: "Você não consegue fazer nada direito" você deveria lhe responder: "Talvez não consiga, mas Jesus em Mim consegue, porque eu me apoio Nele e não em mim mesmo. Ele me fará ser bem-sucedido em tudo que colocar a minha mão para fazer" (veja Josué 1:7). Ou se o inimigo lhe disser: "Você não é capaz de fazer isso, portanto, nem tente, porque vai ser apenas mais um fracasso, exatamente como falhou no passado". Sua resposta pode ser: "É verdade que sem Jesus não sou capaz de fazer nada, mas com Ele e Nele, posso fazer tudo que for preciso" (veja Filipenses 4:13).

19 DE MAIO

Permaneça Focado

Portanto nós também, pois que estamos rodeados de uma tão grande nuvem de testemunhas, deixemos todo o embaraço, e o pecado que tão de perto nos rodeia, e corramos com paciência a carreira que nos está proposta.

— HEBREUS 12:1, ARC

Nos dias em que estes versículos foram escritos, o escritor fazia um paralelo que na época era bem mais fácil de ser entendido do que hoje em dia. Naquela época, os atletas que corriam condicionavam seus corpos para uma corrida da mesma forma que hoje. Mas na hora da corrida, eles tiravam suas roupas, para que nada os atrapalhasse. Eles também untavam seus corpos com óleos finos. Da mesma maneira, precisamos estar bem untados e ungidos com o Espírito Santo, se quisermos ganhar nossa corrida. Também precisamos retirar de nossas vidas qualquer coisa que possa nos impedir de correr a corrida que está diante de nós.

Há muitos e diferentes obstáculos numa corrida. O excesso de compromissos nos impedirá de desenvolver nosso potencial. Deixar outras pessoas nos controlarem nos impedirá de desenvolver nosso potencial. Não saber dizer não também será um impedimento ao desenvolvimento de nosso potencial, bem como envolver-se demais nas metas e visões de outra pessoa, ou se embaraçar com os problemas de outro ao invés de manter nossos olhos em nossas próprias metas; tudo isso nos impedirá de atingir nosso potencial.

Se vamos fazer o que Deus nos chamou para fazer, teremos que permanecer focados porque o mundo em que vivemos está cheio de distrações e embaraços. Tentamos ler nossa Bíblia e alguém aparece. Tentamos orar e o telefone toca. É uma distração atrás da outra. Mais cedo ou mais tarde, temos que aprender a dizer não. Temos que estar determinados a não deixar que nada nos atrapalhe de cumprir o plano e propósito de Deus para nós.

20 DE MAIO

Buscar a Face de Deus

A teu respeito diz o meu coração: Busque a minha face! A tua face, Senhor, buscarei.

— SALMOS 27:8

É um sinal de maturidade buscar a Deus por Quem Ele é, não apenas pelo que Ele pode fazer por nós. Se meu marido retornasse de uma longa viagem, depois de estar muito tempo fora de casa, eu o buscaria no aeroporto muito feliz por vê-*lo*. Porque eu me importo com ele, ele tem prazer em me dar coisas para me mostrar o seu amor. Contudo, se eu for encontrá-lo no aeroporto bastante animada, mas não com o fato de ele estar chegando em casa e sim querendo descobrir que *presente* ele trouxe para mim, isso o deixaria magoado e ofendido. Tenho descoberto que, se busco a face de Deus (Sua presença) com o intuito de conhecer melhor meu maravilhoso e amoroso Pai Celeste, Sua mão estará sempre aberta para mim.

Precisamos buscar uma única coisa, que é habitar na presença de Deus, porque é o único lugar onde podemos experimentar a plenitude da alegria (Veja Salmos 16:11; 27:40).

21 DE MAIO

A Paz é o "Juiz"

Que a paz de Cristo seja o juiz em seu coração, visto que vocês foram chamados para viver em paz,
como membros de um só corpo. E sejam agradecidos.

— COLOSSENSES 3:15

A paz é nossa herança em Jesus, mas temos de escolher segui-Lo diariamente. Colossenses 3:15 nos ensina que a paz deve agir como "juiz" em nossas vidas, resolvendo cada questão que precisa ser decidida. Para obter e manter a paz em nossos corações, talvez precisemos aprender a dizer não a algumas coisas.

Por exemplo, se não nos sentimos em paz com relação a algo, nunca deveríamos seguir adiante e fazer tal coisa. E se não tivermos paz *enquanto* estamos fazendo algo, então não deveríamos esperar ter paz *depois* de fazê-lo. Muitas pessoas se casam sem ter paz em casar-se com aquela pessoa, e depois se perguntam por que não existe paz em seus casamentos. Muitas pessoas compram coisas caras sem ter paz para comprá-las, e depois continuam a perder sua paz a cada mês quando têm de pagar as prestações.

Colossenses 3:15 diz que devemos deixar a paz de Cristo ser como um "juiz" (continuamente) em nossos corações. A presença da paz nos ajuda a decidir e concluir todas as questões que surgem em nossa mente. Se você permite que a Palavra habite em seu coração e sua mente, ela lhe dará o discernimento, a inteligência e a sabedoria (ver versículo 16). Você não terá que se perguntar: *Devo ou não devo? Não sei se isso é certo. Não sei o que fazer.* Se você é um discípulo de Cristo, lembre-se que Ele o chamou para seguir a paz.

22 DE MAIO

Fé e Graça: Trabalhando Juntas

Pois vocês são salvos pela graça, por meio da fé, e isto não vem de vocês, é dom de Deus.

— EFÉSIOS 2:8

Vou lhe dar um exemplo da maneira como a fé e a graça trabalham juntas para nos trazer as bênçãos de Deus. Em minhas reuniões, muitas vezes levo um grande ventilador elétrico que coloco no palco do preletor. Chamo um membro da audiência e peço que a pessoa fique de pé na frente do ventilador, e lhe digo que vou refrescá-la. Quando o ventilador não liga mesmo depois que eu giro o botão, pergunto aos ouvintes: "O que aconteceu de errado? Por que o ventilador não está funcionando?".

É claro que todos veem imediatamente qual é o problema: "a tomada não está ligada!" E eu digo: "Isso mesmo, e é exatamente isso que está errado quando

UM NOVO DIA, UM NOVO VOCÊ — 105

muitas de nossas orações não são respondidas". Eu explico que colocamos nossos olhos na fé (o ventilador), esperando que ele faça o trabalho, mas esquecemos de olhar o que faz o ventilador funcionar, a sua fonte de energia, que é o Senhor.

Jesus teve fé o tempo todo em que sofria. Ele teve fé quando estava no Jardim do Getsêmani. Ele teve fé diante do sumo sacerdote e de Pilatos. Ele teve fé quando estava sendo ridicularizado, abusado e maltratado. Ele teve fé no caminho até o Gólgota. Ele teve fé enquanto era pendurado na cruz. Ele até teve fé quando Seu corpo estava dentro do túmulo; Ele teve fé absoluta de que Deus não O deixaria, mas que O ressuscitaria, como prometera. Mas você entende que, mesmo com toda a fé de Jesus, nada aconteceu até que o poder de Deus se manifestou para realizar a Ressurreição?

Sua fé o manteve firme até o momento indicado pelo Pai em que Ele seria libertado. Podemos ter toda a fé do mundo, mas ela de nada nos servirá até estar "ligada" à fonte de poder, que é a graça de Deus. Mantenha seus olhos em Deus para libertá-lo, não na sua fé.

23 DE MAIO

É Assim Que é!

E não vos conformeis a este mundo, mas transformai-vos pela renovação da vossa mente.

— ROMANOS 12:2, ARA

Por causa do formato do meu corpo, minhas roupas têm tamanhos diferentes na parte de cima e de baixo. Da cintura para baixo uso um tamanho um pouco maior. Sempre fui assim. Há muitos terninhos e conjuntos lindos que não posso comprar porque não vendem peças de números diferentes avulsas. Eu poderia comprar dois terninhos e pegar a peça de cada um que preciso, mas então me sentiria na obrigação de encontrar alguém que seja o meu oposto, um tamanho maior na parte de cima e um menor da cintura para baixo, para não sentir que estou sendo esbanjadora! Essa situação costumava me deixar frustrada, até que eu decidi: "É assim que é!".

Agora eu costumo rir da situação — e rir é um hábito muito importante, especialmente quando vamos ficando mais velhos. Se seu pé é maior do que você gostaria que fosse, se seu corpo não é perfeitamente proporcional, ou se você é mais baixo do que gostaria, não deixe isso frustrá-lo. Decida agora mesmo: "É assim que é!".

Vou ser feliz com o que me foi dado e fazer o melhor que posso. Nunca se esqueça de que Deus quer que você ame o seu próprio corpo e a si mesmo. Ele *espera* isso, sejam quais forem as mensagens que o mundo propague por aí. Como diz a Bíblia: "E não vos conformeis a este mundo, mas transformai-vos pela renovação da vossa mente" (Romanos 12:2, ARA). Pense em si mesmo de uma nova maneira. Esteja determinado a dar o máximo de si e pare de tentar ser o que o mundo diz que você deveria ser.

O mundo pode lhe dizer muitas coisas. O mundo sussurra inverdades em seus ouvidos, e muitas delas são cruéis. O mundo também muda constantemente seus pontos de vista e o que acha estar na moda ou não. Se você começar a seguir o que o mundo lhe diz, estará perdido. Sua amizade consigo mesmo estará perdida. Mas, se ao invés disso, você olhar para si próprio como Deus o vê, então não apenas amará a si mesmo, mas também terá a confiança e a fé de ser uma poderosa força do bem neste mundo.

24 DE MAIO

Não julgue

Portanto, você, por que julga seu irmão? E por que despreza seu irmão? Pois todos compareceremos diante do tribunal de Deus. Porque está escrito: "Por mim mesmo jurei", diz o Senhor, "diante de mim todo joelho se dobrará e toda língua confessará que sou Deus". Assim, cada um de nós prestará contas de si mesmo a Deus. Portanto, deixemos de julgar uns aos outros. Em vez disso, façamos o propósito de não colocar pedra de tropeço ou obstáculo no caminho do irmão.

— ROMANOS 14:10-13

Quando eu estiver diante do trono do julgamento de Deus, Ele não vai me perguntar sobre você. Da mesma forma, Ele não vai lhe perguntar sobre mim quando for a sua vez de comparecer diante Dele. Deus não me julga responsável por nenhuma outra pessoa na terra, apenas por Joyce Meyer.

Não sei quanto tempo eu ainda tenho para me endireitar com a ajuda de Deus em minha vida, mas quero poder responder às perguntas que Ele me fizer sobre mim. Se estiver diante Dele e Ele disser: "Joyce, por que você não Me deu atenção quando eu estava trabalhando em você sobre suas falhas?". Não quero ter de responder: "Bem, Senhor, não tive tempo porque estava ocupada demais trabalhando em endireitar o Dave, meu marido".

De acordo com a passagem acima, cada um de nós prestará contas de si mesmo a Deus, o Pai. É por isso que precisamos aprender a trabalhar na nossa própria santificação e deixar de colocar obstáculos e impedimentos no caminho de nossos irmãos e irmãs em Cristo. Nós nunca acreditaremos exatamente da mesma forma em todas as coisas. É por isso que somos ensinados a seguir nossas próprias convicções — e deixar que todos façam o mesmo.

25 DE MAIO

Derretidos pelo Amor

O amor nunca falha [nunca desvanece nem se torna obsoleto, nem chega a um fim].

— I CORÍNTIOS I 3:8, AMP

O amor de Deus é um tipo de amor que aguenta qualquer coisa e suporta tudo que aparece, sem enfraquecer. Ele está determinado a não desistir até do caso mais difícil. O indivíduo durão, que persiste em ser rude, pode ser derretido pelo amor.

É difícil continuar demonstrando amor a alguém que nunca parece apreciá-lo nem responder a ele. É difícil continuar demonstrando amor a esses indivíduos que tomam tudo que estamos dispostos a dar, mas que nunca nos dão nada em troca. Contudo, não somos responsáveis pela maneira como os outros agem, apenas por como nós agimos. Nossa recompensa não vem do homem, mas de Deus.

Até mesmo quando nossas boas obras parecem passar despercebidas, Deus as nota e promete que seremos recompensados abertamente por elas: "Para que a tua esmola seja dada em secreto; e teu Pai, que vê em secreto, ele mesmo te recompensará publicamente" (Mateus 6:4, ARC).

O amor sabe que, se recusar-se a desistir, no final ganhará a vitória: "E não nos cansemos de fazer o bem, pois no tempo próprio colheremos, se não desanimarmos" (Gálatas 6:9). *Não falhe em andar em amor, porque o amor nunca falha!*

26 DE MAIO

Confie em Deus Mais do que em Si Próprio

Eles responderam: "Creia no Senhor Jesus, e serão salvos, você e os de sua casa".

— ATOS I 6:3 I

Foi isso que Paulo e Silas disseram ao carcereiro filipense que lhes perguntou: "Que devo fazer para ser salvo?". É isso que realmente significa a salvação: nós nos entregarmos a Deus e deixarmos de cuidar de nós mesmos, entregando nosso cuidado ao Senhor. Deus quer cuidar de nós. Ele é capaz de fazer um trabalho muito melhor se nós evitarmos um problema chamado independência, que na verdade significa cuidar de nós mesmos.

O desejo de cuidar de nós mesmos se baseia no temor. Basicamente, ele se origina da ideia de que, se *nós* o fizermos, teremos a garantia de que será feito direito. Temos medo do que poderá acontecer se entregarmos nosso cuidado totalmente a Deus e Ele não "cumprir o esperado". *A raiz do problema da independência é confiar em nós mesmos mais do que confiamos em Deus.*

Adoramos ter um plano reserva para as coisas. Talvez oremos e peçamos a Deus para se envolver em nossas vidas, mas se Ele demora apenas um pouquinho em responder (pelo menos segundo nossa maneira de pensar), rapidamente tomamos de volta o controle em nossas próprias mãos. O que falhamos em perceber é que Deus também tem um plano para nós — e Seu plano é muito melhor do que o nosso.

27 DE MAIO

Deus Está Falando. Você Está Escutando?

Mas quando o Espírito da verdade vier, ele os guiará a toda a verdade. Não falará de si mesmo; falará apenas o que ouvir, e lhes anunciará o que está por vir.

— JOÃO 16:13

O maior desejo de Deus para Seus filhos é que eles experimentem o Seu melhor em suas vidas, e isso inclui poder ouvir claramente Dele de uma forma íntima e pessoal.

Deus anseia ter um povo que o adore em Espírito e em verdade (veja João 4:23-24), que o siga e conheça Sua voz (veja João 10:2-14). A profundidade do nosso relacionamento pessoal com Deus se baseia numa comunicação íntima com Ele. Ele fala conosco para que possamos ser guiados, refrescados, restaurados e renovados regularmente.

Prestar atenção é o primeiro passo para ouvir. Eu o incentivo a virar seus ouvidos na direção de Deus e ficar quieto. Ele falará com você e lhe dirá que o ama. Deus se importa com sua vida e quer atender suas necessidades, e fazer mais do que você jamais poderia pensar ou imaginar, a fim de abençoá-lo abundantemente (veja Efésios 3:20).

Você é uma de Suas ovelhas e as ovelhas conhecem a voz do Pastor — elas não seguirão a voz de um estranho. Você *pode* ouvir Deus; isso faz parte da sua herança — jamais acredite o contrário! Escute a Deus e depois O siga todos os dias de sua vida.

28 DE MAIO

Como uma Criança

Chamando uma criança, colocou-a no meio deles, e disse: Eu lhes asseguro que, a não ser que vocês se convertam e se tornem como crianças, jamais entrarão no Reino dos céus. Portanto, quem se faz humilde como esta criança, este é o maior no Reino dos céus.

— MATEUS 18:2-4

Em Lucas 18:17, Jesus expressou esta mesma mensagem sobre a importância espiritual de ser como uma criança quando disse: "Digo-lhes a verdade: Quem não receber o Reino de Deus como uma criança, nunca entrará nele". Como são as crianças? Se pensarmos nas crianças próximas a nós, concluiremos que elas são confiantes, humildes, amorosas e perdoadoras. Ah, como desfrutaríamos mais de nossas vidas se simplesmente agíssemos com base nestas quatro virtudes! Eu o encorajo a desenvolvê-las em sua vida!

As crianças acreditam no que lhes é dito. Algumas pessoas dizem que as crianças são ingênuas; na verdade, elas confiam. *Faz parte da natureza da criança confiar,* a não ser que ela tenha sofrido alguma experiência que lhe ensinou o contrário. Uma coisa que todos nós sabemos sobre as crianças é que elas desfrutam a vida. Uma criança é capaz de se divertir com qualquer coisa, literalmente. Elas conseguem transformar trabalho em brincadeira, para poderem desfrutar do que estão fazendo.

Lembro-me de pedir a meu filho para varrer a varanda de casa quando ele tinha cerca de doze anos. Olhei para fora e o vi dançando com a vassoura ao ritmo da música que ouvia em seu fone de ouvido. Pensei: *Impressionante! Ele transformou a tarefa de varrer numa brincadeira. Já que tinha de realizar a tarefa, ele decidiu que iria desfrutar dela.* Todos nós devemos ter essa atitude. Talvez não iremos dançar com uma vassoura, mas deveríamos escolher uma atitude para desfrutar de todos os aspectos da vida.

29 DE MAIO

Engrandeça ao Senhor

Engrandecei ao Senhor comigo; e juntos exaltemos o seu nome.

— SALMOS 34:3, ARC

A palavra *engrandecer* significa "elevar em dignidade, aumentar". Quando dizemos a Deus, "eu O engrandeço," estamos literalmente dizendo: "Deus, eu O faço maior do que qualquer problema ou necessidade que tenho em minha vida". Já cantei muitas canções no decorrer dos anos que falavam sobre engrandecer ao Senhor sem sequer perceber o que essa palavra significava. Fazemos muito isso. Cantamos e falamos sobre coisas que não compreendemos totalmente. São apenas frases que aprendemos na igreja.

Devemos engrandecer ao Senhor, e isso significa que devemos elevá-lo acima de qualquer coisa em nossa vida. Quando o adoramos e louvamos, é isso que estamos fazendo. Estamos dizendo: "Tu és tão grande, tão imenso, que quero adorá-lo". Ao colocarmos Deus em primeiro lugar, também estamos dizendo: "Tu és maior do que qualquer necessidade que eu tenha".

30 DE MAIO

A Fé é Para o Meio do Caminho

Levantou-se um forte vendaval, e as ondas se lançavam sobre o barco, de forma que este ia se enchendo de água. Jesus estava na popa, dormindo com a cabeça sobre um travesseiro. Os discípulos o acordaram e clamaram: "Mestre, não te importas que morramos?"

— MARCOS 4:37-38

Os discípulos provavelmente não estavam nem de longe tão animados no meio do caminho quanto estavam no início. Embora Deus muitas vezes nos chame para nos lançarmos a algo novo, um novo destino, Ele geralmente não nos deixa saber o que vai acontecer no decorrer do caminho. Deixamos a segurança de onde estamos e começamos a seguir em direção à bênção do outro lado, mas é geralmente no meio do caminho que encontramos as tempestades. *O meio do caminho é muitas vezes um local de provas.* A tempestade estava intensa em toda sua força, e Jesus estava dormindo! Será que isso lhes soa familiar?

Você já vivenciou situações nas quais achou que estava afundando rapidamente, enquanto parecia que Jesus estava dormindo? Você orou e orou, mas não ouviu nada de Deus. Você passou tempo com Ele e tentou sentir Sua presença, mesmo assim não sentiu nada. Você buscou uma resposta, mas por mais que tenha tentado combater o vento e as ondas, a tempestade continuou — e você não sabia o que fazer.

Essa tormenta onde os discípulos se encontraram não foi apenas uma chuva de verão, mas *uma tempestade da grandeza de um furacão.* As ondas não estavam gentilmente batendo aqui e ali; estavam batendo com toda força no barco, com tanta fúria que ele se enchia rapidamente de água. É em momentos como este, quando parece que o barco está afundando conosco dentro dele, que precisamos "usar" a nossa fé. Podemos falar sobre fé, ler livros sobre fé, ouvir sermões sobre fé e cantar canções sobre fé. Mas no meio da tempestade, devemos *usá-la.* É nesses momentos também que descobrimos quanta fé realmente temos.

31 DE MAIO

Releve as Ofensas

Nisso vocês exultam, ainda que agora, por um pouco de tempo, devam ser entristecidos por todo tipo de provação. Assim acontece para que fique comprovado que a fé que vocês têm, muito mais valiosa do que o ouro que perece, mesmo que refinado pelo fogo, é genuína e resultará em louvor, glória e honra, quando Jesus Cristo for revelado.

— I PEDRO 1:6-7

Entenda que toda vez que você é tentado a ficar ofendido e zangado, sua fé está sendo testada. Pedro dizia: "Não estranheis a ardente prova que há de vir sobre vocês, porque acontece para testar sua qualidade". Cada teste de relacionamento é uma oportunidade de glorificar o trabalho de Deus em sua vida, servindo de testemunho para os que o observam suportar a ofensa.

Há uma maneira certa e uma errada de lidar com as tempestades da vida. Mas eu nunca lidava da maneira certa quando era ofendida, até ser cheia do Espírito Santo e começar a aprender sobre o poder que está ao meu dispor como cristã para fazer o que é certo.

O sistema de valores de Deus é o avesso do que o mundo nos ensina. Ele diz que podemos ter paz no meio da tempestade. Agora pense como seria incrível se, *não importa o que acontecesse,* você conseguisse permanecer sempre em paz.

Jesus disse que Ele nos dá poder até para "pisar sobre cobras e escorpiões, e sobre todo o poder do inimigo" (Lucas 10:19). Ele prometeu que nada nos faria dano. Se temos poder sobre o inimigo, com certeza conseguimos passar por cima das ofensas dos outros. Ele nos dá a energia e a força de que precisamos para tratar as pessoas da maneira certa.

1º DE JUNHO

Há Alegria em Confiar

Que o Deus da esperança os encha de toda alegria e paz, por sua confiança nele, para que vocês transbordem de esperança, pelo poder do Espírito Santo.

— ROMANOS 15:13

Lembro-me de uma noite em que estava sentindo um forte sentimento de insatisfação e descontentamento. Não sentia paz nem alegria e estava arrasada. Li Romanos 15:13 e foi para mim realmente uma "boa palavra a seu tempo" (veja Isaías 50:4). Meu problema era simples: estava duvidando ao invés de acreditar. Estava duvidando do amor incondicional de Deus, duvidando de que era capaz de ouvi-lo, duvidando de seu chamado em minha vida, duvidando de que Ele se agradava de mim. Estava cheia de dúvidas... dúvidas... dúvidas. Quando percebi qual era o problema, voltei a mergulhar na fé e saí da dúvida. Minha alegria e paz retornaram imediatamente.

Descobri que a mesma coisa acontece repetidas vezes em minha vida. Quando a alegria e a paz parecem ir embora, é hora de fazer uma verificação da minha fé — e geralmente descubro que ela também se foi.

2 DE JUNHO

A Posição Mais Alta de Todas

O maior dentre vós será vosso servo. E o que a si mesmo se exaltar será humilhado; e o que a si mesmo se humilhar será exaltado.

— MATEUS 23:11-12, ARC

Jesus foi capaz de lavar os pés de Seus discípulos porque era livre. Somente uma pessoa que é verdadeiramente livre, que não é insegura, pode realizar tarefas humildes e não se sentir insignificante como consequência.

Nosso valor e mérito estão tão associados ao que fazemos que se torna muito difícil para nós desfrutar de ato de servir. Servir os outros não é visto como uma alta posição, todavia Jesus disse que é a posição mais exaltada de todas. Servir aos outros também os liberta para amar, e é capaz de desarmar até o indivíduo mais cheio de ódio. Na verdade, é divertido ver a surpresa de uma pessoa quando está sendo servida em amor. Se alguém está ciente de que nos fez mal e retribuímos o mal com o bem, isso começa a derrubar as paredes que a pessoa construiu ao redor de si mesma. Mais cedo ou mais tarde, ela começará a confiar em nós e começará a aprender conosco o que significa o verdadeiro amor. Este é o propósito por trás do ato de nos tornarmos servos: demonstrar aos outros o amor que Deus nos mostrou a fim de que eles também possam participar deste amor — e transmiti-lo a outros.

3 DE JUNHO

Dependa Apenas Dele

De madrugada Jerubaal, isto é, Gideão, e todo o seu exército acampou junto à fonte de Harode. O acampamento de Midiã estava ao norte deles, no vale, perto do monte Moré. E o Senhor disse a Gideão:Você tem gente demais, para eu entregar Midiã nas suas mãos. A fim de que Israel não se orgulhe contra mim, dizendo que a sua própria força o libertou, anuncie, pois, ao povo que todo aquele que estiver tremendo de medo poderá ir embora do monte Gileade. Então vinte e dois mil homens partiram, e ficaram apenas dez mil.

— JUÍZES 7:1-3

Quando Gideão estava prestes a enfrentar uma grande batalha, ao invés de dizer que lhe daria mais homens para a luta, Deus lhe disse que ele estava com um número grande demais para que Ele lhe desse a vitória. É muito interessante ver que Deus às vezes trabalha melhor através das nossas fraquezas do que através dos nossos pontos fortes. Há ocasiões em que temos talentos naturais demais para que

Deus possa nos dar a vitória. Não podemos receber um milagre se Deus não for o único capaz de nos ajudar na situação. Deus dizia a Gideão que eles eram fortes demais, que Ele os queria numa posição em que teriam que depender inteiramente Dele. Orgulhar-se e gabar-se traz a ruína aos melhores dos homens, por isso Deus precisa nos ajudar a permanecermos humildes e debaixo da Sua mão poderosa, totalmente dependentes Dele.

4 DE JUNHO

Viva uma Vida de Oração

Orai sem cessar.

I TESSALONICENSES 5:17, ARA

Não tenho sequer como começar a lhe explicar o quanto oro durante o dia. Realmente não consigo dizer. Converso com Deus durante o dia todo. Converso com Ele até quando estou no cabeleireiro. Converso com Ele no meio da noite. Converso com Ele sobre tudo. Converso com Ele sobre as pequenas coisas. Converso com Ele sobre coisas importantes. E conversar com Ele sempre traz alegria à minha vida.

Quando as pessoas me relatavam seus vários problemas e situações difíceis na vida, eu tinha o costume de decidir que iria me lembrar de orar por elas. Em pouco tempo, acumulava um monte de pedidos de oração. Agora, assim que ouço falar da necessidade de alguém, paro e oro naquele mesmo instante. A oração precisa ser como a respiração — uma parte natural de nossas vidas. Devemos estar em constante convívio com Deus para que Ele possa nos guiar no caminho em que devemos seguir. Foi isso que Paulo quis dizer quando escreveu: "Orai sem cessar" (veja 1 Tessalonicenses 5:17, ARA). Não significa que devemos nos sentar num canto qualquer e não fazer mais nada a não ser nos concentrar num cronograma formal de orações durante todo o dia. Simplesmente significa *viver* uma vida de oração.

5 DE JUNHO

Mentiras que Parecem Verdades

O Diabo... foi homicida desde o princípio e não se apegou à verdade, pois não há verdade nele.

Quando mente, fala a sua própria língua, pois é mentiroso e pai da mentira.

— JOÃO 8:44

A origem do temor se encontra nas mentiras do diabo. As mentiras geram falsas evidências que parecem verdadeiras.

Jesus disse que o diabo é um mentiroso e pai de toda a mentira. A verdade não habita nele. Ele tenta usar falsidades para enganar o povo de Deus e levá-lo ao temor, para que não sejam ousados o suficiente para serem obedientes ao Senhor e colherem as bênçãos que Ele tem reservadas para o seu povo.

Na maior parte do tempo, o temor é pior do que a coisa que se teme. Geralmente, se formos suficientemente corajosos e determinados para fazer aquilo que tememos, descobriremos que não é nem de longe tão ruim quanto achamos que seria. Em toda a Palavra de Deus encontramos o Senhor dizendo ao Seu povo repetidas vezes: "Não temam". Acredito que a razão dessa ênfase é para encorajar Seu povo a não deixar Satanás lhes roubar suas bênçãos.

Da mesma forma, como Ele sabe que somos temerosos, o Senhor continua a nos exortar e nos encorajar a enfrentar o que está diante de nós para fazer o que Deus nos diz para fazer. Por quê? Porque ele sabe que grandes bênçãos nos aguardam do outro lado.

6 DE JUNHO

Um Deus Divertido, Generoso e Maravilhoso

Nele temos a redenção por meio de seu sangue, o perdão dos pecados, de acordo com as riquezas da graça de Deus, a qual ele derramou sobre nós com toda a sabedoria e entendimento... de acordo com o seu bom propósito que ele estabeleceu em Cristo.

— EFÉSIOS 1:7-9

É impressionante o que Deus fará por você se apenas O amar. Nós complicamos o Cristianismo a ponto de perdermos a alegria da nossa salvação. A primeira coisa que devemos fazer é receber o amor de Deus, aprender a nos amar de forma equilibrada, retribuir o amor de Deus, e depois deixar esse amor fluir através de nós para o mundo, que está cheio de dor, mágoa e pessoas moribundas. Deus não só nos dará de volta o que damos, mas também nos dará uma enorme alegria com isso.

O mundo está cheio de pessoas ricas que possuem "coisas", mas são miseráveis. É bom prosperar materialmente, mas é ainda melhor ser feliz e ser abençoado de acordo com os padrões da Bíblia juntamente com a prosperidade. Estamos impressionados com as portas que Deus abriu para nós. Não consigo explicar tudo, mas decidi que, enquanto eu respirar, continuarei trilhando este caminho ao tentar ajudar como puder o maior número possível de pessoas a receberem a alegria de Deus em suas vidas.

Nossa sociedade atual está em meio a um terrível caos, de proporções realmente graves, e as pessoas não percebem que precisam de Deus! Muitas pessoas fazem uma ideia de Deus que não é verdadeira e não sabem como buscá-lo para resolver seus problemas. Deus chamou Dave e eu a um ministério onde podemos mostrar ao mundo um Deus emocionante, que é divertido, generoso, maravilhoso e que pode resolver nossos problemas.

7 DE JUNHO

Misericórdia, Misericórdia, Misericórdia!

Graças ao grande amor do Senhor é que não somos consumidos, pois as suas misericórdias são inesgotáveis. Renovam-se cada manhã; grande é a sua fidelidade!

— LAMENTAÇÕES 3:22-23

O dicionário Americano da Língua Inglesa define *misericórdia* como: "Aquela benevolência, suavidade ou ternura de coração que leva uma pessoa a passar por cima de danos, ou tratar um ofensor melhor do que ele merece; a disposição que abranda a justiça e induz uma pessoa magoada a perdoar transgressões e injúrias, e abster-se de punir ou infligir menos do que a lei ou a justiça oferecem".

Neste sentido, talvez não haja palavra em nossa língua que seja um sinônimo perfeito para *misericórdia*. Algo que chega perto é a palavra *graça*. Ela implica em benevolência, ternura, meiguice, pena ou compaixão e clemência, mas exercitado somente com os ofensores. A *misericórdia* é um atributo distinto do Ser Supremo.

Não sei qual é sua opinião, mas eu estou extremamente feliz com a misericórdia de Deus. Não consigo sequer imaginar onde estaria hoje sem ela. Sei com certeza que não estaria em nenhum lugar agradável. Todos nós merecemos o castigo, mas ao invés disso, Deus nos dá Sua misericórdia. Que Deus maravilhoso é este a quem servimos! Os Salmos estão repletos de referências à Sua misericórdia. O Salmo 107:1 (ARA) é um exemplo: "Rendei graças ao Senhor, porque ele é bom, e a sua misericórdia dura para sempre!". Davi era um homem que amava muitíssimo a Deus, todavia cometeu sérios erros. Acredito que Davi falava tanto sobre a misericórdia de Deus porque a havia experimentado em primeira mão em sua vida e ministério.

A misericórdia de Deus perdoa e restaura. Somente uma pessoa como Davi, que era honesto em sua autoavaliação, pode dizer com sinceridade: "Rendei graças ao Senhor, porque ele é bom, e a sua misericórdia dura para sempre!".

8 DE JUNHO

O Poder de se Alegrar

Por volta da meia-noite, Paulo e Silas estavam orando e cantando hinos a Deus; os outros presos os ouviam. De repente, houve um terremoto tão violento que os alicerces da prisão foram abalados.

Imediatamente todas as portas se abriram, e as correntes de todos se soltaram.

— ATOS 16:25-26

Por toda a Bíblia, Deus instrui Seu povo a se encher de alegria e a regozijar-se. Por exemplo, Filipenses 4:4 diz: "Regozijai-vos sempre no Senhor; outra vez digo, regozijai-vos! (ARC)".

Sempre que o Senhor nos diz duas vezes para fazer algo — aos Filipenses foi dito duas vezes neste versículo para regozijarem-se — devemos prestar bem atenção ao que Ele diz. Muitas vezes as pessoas veem ou escutam a palavra *regozijar* e pensam: *Parece muito bom, mas como eu faço isso?* Elas gostariam de se regozijar, mas não sabem como!

Paulo e Silas, que haviam sido espancados e jogados na prisão com grilhões presos em seus pés, regozijavam-se através de canções de louvor a Deus. Muitas vezes não percebemos que o "regozijar" que é tão poderoso, pode ser apenas sorrir, rir, divertir-se e desfrutar um bom momento. E isso é algo que já afasta os problemas quando o fazemos!

Se você tem um relacionamento pessoal com o Senhor — se é salvo — o Espírito Santo habita em você (veja João 14:16-17 e 1 Coríntios 12:3). Se a alegria é um dos frutos do Espírito, e o Espírito está em você, a alegria está em você. Você não precisa tentar conseguir a alegria ou fabricá-la — ela já está lá, da mesma forma que a capacidade de amar e os outros frutos do Espírito — porque o Espírito está presente.

É muito importante entender que nós, como cristãos, não estamos tentando *conseguir* alegria — nós *temos* alegria. A alegria está em nosso espírito. Precisamos apenas aprender a liberá-la.

9 DE JUNHO

Agora, o Sofrimento; Depois, a Glória

Se somos filhos, então somos herdeiros; herdeiros de Deus e coerdeiros com Cristo, se de fato participamos dos seus sofrimentos, para que também participemos da sua glória.

— ROMANOS 8:17

Sempre que nossa carne quer fazer uma coisa e o Espírito de Deus quer que façamos outra diferente, se escolhermos seguir o Espírito de Deus, nossa carne vai sofrer. Não gostamos disso; mas a Bíblia diz simplesmente que, se quisermos compartilhar da glória de Cristo, temos de estar dispostos a compartilhar de Seu sofrimento. Ainda consigo me lembrar do sofrimento naqueles primeiros quando comecei a andar em obediência, e pensava: *Querido Deus, será que algum dia vou superar isso? Será que chegarei ao ponto em que posso obedecer a Deus e isso não ser tão difícil e me causar dor?*

Gostaria de encorajar aqueles que estão apenas começando a dar ouvidos à voz de Deus, dizendo-lhes que a partir do momento em que o apetite carnal não estiver mais no controle, eles chegarão ao ponto em que é fácil obedecer a

UM NOVO DIA, UM NOVO VOCÊ — 117

Deus — o ponto em que na verdade *desfrutamos* obedecer a Deus. Em Romanos 8:18, Paulo diz: "Considero que os nossos sofrimentos atuais não podem ser comparados com a glória que em nós será revelada!". Numa linguagem moderna, Paulo está dizendo: "Nós sofremos um pouco agora, mas e daí? A glória que virá da nossa obediência excede em muito o sofrimento que suportamos agora". Que boa notícia! Seja o que for que tenhamos de passar, não é absolutamente nada em comparação com as boas coisas que Deus fará em nossas vidas ao continuarmos seguindo junto a Ele.

10 DE JUNHO

Humilhe-se e Seja Exaltado

Portanto, humilhem-se [rebaixem-se, sejam menores em seus próprios olhos] debaixo da poderosa mão de Deus, para que Ele os exalte no tempo devido.

— 1 PEDRO 5:6

O apóstolo Pedro é um bom exemplo de um homem que precisou ser humilhado. Em Mateus 26:31-35, vemos que Pedro tinha um conceito bem mais elevado de si mesmo do que deveria ter. Nessa passagem, lemos que logo antes da crucificação Jesus disse aos Seus discípulos que todos o abandonariam e se dispersariam. No versículo 33, Pedro declara ao Senhor que jamais faria tal coisa. Jesus responde-o e avisa a Pedro que, antes do término daquela noite, seus temores o levariam a negar Jesus três vezes; mas Pedro não podia conceber que chegaria a ser tão fraco assim.

Pedro realmente não se conhecia e muitos de nós somos da mesma maneira. Olhamos para os outros e os julgamos, pensando: *Nunca faria isso.* Depois nos encontramos numa situação semelhante e fazemos coisas que jamais acreditaríamos ser possível. Pedro precisava passar por aquela experiência de fracasso, de desmoronar na hora da crise. Ele precisava ver sua fraqueza antes de poder levá-la à cruz e encontrar a força de Deus. Sim, Pedro falhou miseravelmente. Ele negou Jesus três vezes. Ele ruiu num momento crítico, mas o resultado final foi bom. A experiência o humilhou e o levou a um ponto em que Deus podia usá-lo grandemente. Deus só pode usar homens e mulheres humildes. Devemos nos humilhar e Ele nos exaltará (veja 1 Pedro 5:6).

11 DE JUNHO

Religião *versus* Relacionamento

Ele nos capacitou para sermos ministros de uma nova aliança, não da letra, mas do Espírito; pois a letra mata, mas o Espírito vivifica.

— 2 CORÍNTIOS 3:6

As vezes sinto que a religião está matando as pessoas. Há tantas pessoas preciosas que buscam ter um relacionamento com Deus, mas a comunidade religiosa continua a lhes dizer que elas precisam "fazer" algo para poderem ser aceitas por Ele.

Jesus falou de Seu relacionamento pessoal com o Pai, e os líderes religiosos do Seu tempo o perseguiram. Fico impressionada ao ver como certas pessoas sempre querem combater qualquer um que fale de Deus de um modo mais pessoal, ou que ache possuir qualquer poder vindo de Deus. É óbvio que Satanás odeia nosso relacionamento pessoal com Deus e o poder que isso coloca à disposição em nossas vidas.

Em certos círculos religiosos, se você e eu falarmos sobre Deus como se o conhecêssemos, seríamos julgados e criticados. As pessoas perguntariam: "Que pretensão! Quem você acha que é?". A religião quer que tenhamos a imagem de um Deus distante — em algum lugar lá no céu — do qual ninguém pode se aproximar exceto a elite da igreja. E vai ainda mais longe, querendo que acreditemos que Ele só pode ser alcançado através de obediência às regras e ao bom comportamento. Este "espírito religioso" existia nos dias de Jesus; e mesmo Ele tendo morrido para pôr um ponto final nisso e levar as pessoas a um relacionamento pessoal com Ele, o Espírito Santo e o Pai, este mesmo espírito ainda atormenta as pessoas hoje em dia se elas não conhecem a verdade.

A religião diz: "Você precisa encontrar uma maneira, por mais impossível que pareça ser. É melhor seguir as regras... ou você vai receber uma punição". Mas o relacionamento com Deus diz: "Faça o seu melhor porque você Me ama. Conheço o seu coração. Admita suas faltas, arrependa-se dos seus erros e apenas continue Me amando".

12 DE JUNHO

Exercite-se

Nenhuma disciplina parece ser motivo de alegria no momento, mas sim de tristeza. Mais tarde, porém, produz fruto de justiça e paz para aqueles que por ela foram exercitados.

— HEBREUS 12:11

Os seres humanos foram feitos para se exercitarem. As várias partes de nosso corpo se mantêm ligadas através de juntas porque Deus espera que nos movamos muito. Mas devemos admitir que não vemos muitas passagens bíblicas sobre a rotina de exercícios físicos de Noé ou a sessão de Pilates de Moisés. Será que isso significa que as pessoas daquela época não faziam muitos exercícios? Pelo contrário! Tudo que eles faziam na vida requeria exercício físico. Antes de existirem veículos, eletricidade e máquinas, tudo no mundo era movido pela força humana ou animal. Se quisesse ir a algum lugar, você precisava andar.

UM NOVO DIA, UM NOVO VOCÊ — 119

Se precisasse levar algo consigo, teria de ser carregado. As pessoas lavavam a roupa a mão, cortavam sua própria lenha e moíam seus próprios grãos. Esse estilo de vida fisicamente ativo talvez seja uma das razões da incrível longevidade desses personagens bíblicos. O campeão das caminhadas deve ter sido Jesus. Ele caminhava rotineiramente de Sua casa na Galileia até Jerusalém — uma distância de cerca de 190 quilômetros! No decorrer de Seu ministério, Ele deve ter andado milhares de quilômetros.

Nos dias de Jesus, as pessoas achavam pouco andar dezesseis quilômetros. E como eles andavam a vida toda, seus corpos eram bem preparados para realizarem caminhadas tão longas com facilidade. É verdade, o exercício regular ajudará você a perder peso e ficar com melhor aparência, mas há muitos benefícios para a saúde no exercício físico regular e que vão muito além do valor da aparência. Cito apenas alguns dos problemas que podemos ajudar a prevenir através do exercício físico: doença cardíaca, derrame, diabetes, câncer, Alzheimer, artrite, asma, depressão e males gastrointestinais. Ao se exercitar, você pegará menos resfriados, sentirá menos estresse e ficará com uma boa aparência e em boa forma!

13 DE JUNHO

Seu Futuro Está no Senhor

O Espírito do Senhor está sobre mim, pelo que me ungiu para evangelizar os pobres; enviou-me

para proclamar libertação aos cativos e restauração da vista aos cegos, para pôr em liberdade os

oprimidos, e apregoar o ano aceitável do Senhor.

— LUCAS 4:18-19, ARA

Fui criada num ambiente de abuso, um lar instável e desequilibrado. Minha infância foi cheia de temor e tormento. Os especialistas dizem que a personalidade de uma criança é formada nos primeiros cinco anos de sua vida. Minha personalidade era uma bagunça! Vivia atrás de supostos muros de proteção que construí para evitar que as pessoas me machucassem. Deixava as pessoas do lado de fora, mas também estava trancada dentro desses muros. Estava tão cheia de temor que a única maneira de poder enfrentar a vida era sentir que estava no controle e que ninguém podia me atingir e ferir.

Quando era uma jovem adulta tentando viver para Cristo e seguir o estilo de vida cristão, sabia de onde eu havia saído, mas não sabia para onde estava indo. Sentia que meu futuro sempre seria manchado pelo meu passado. Pensava: *Como alguém com um passado como o meu pode realmente estar bem algum dia? É impossível!* Contudo, Jesus disse que veio para sarar os que estavam doentes, de coração quebrantado, feridos e machucados — os abatidos pelas calamidades.

Jesus veio abrir as portas da prisão e libertar os cativos. Não fiz nenhum progresso até começar a acreditar que podia ser libertada. Tinha que ter uma visão positiva da minha vida. Tinha que acreditar que meu futuro não seria determinado pelo meu passado nem pelo meu presente.

Talvez você tenha tido um passado terrível; talvez até suas circunstâncias atuais sejam muito negativas e deprimentes. Talvez você esteja enfrentando situações tão ruins que parece não ter razão verdadeira para ter esperanças. Mas eu lhe digo com ousadia: *seu futuro não é determinado pelo seu passado nem pelo seu presente!*

14 DE JUNHO

Não Tenha Medo da Luz

Deus é luz; nele não há treva alguma.

— 1 JOÃO 1:5

A luz de Deus expõe as coisas (veja João 3:20 e 1 Coríntios 4:5). Quando acendemos a luz em um quarto, podemos ver a sujeira e os insetos que passam correndo. Deus é Luz (veja 1 João 1:5). Quando Ele se envolve em nossas vidas, começa a mostrar coisas que talvez tenhamos preferido não ver, coisas que mantivemos escondidas até de nós mesmos. Frequentemente nos iludimos, especialmente sobre nós. Preferimos não lidar com nossas falhas nem temos prazer em vê-las desmascaradas. Talvez sintamos condenação por causa delas, mas pelo menos sentimos que estão escondidas. Porém, qualquer coisa escondida tem poder sobre nós porque tememos que seja descoberta. A melhor coisa que podemos fazer e a mais libertadora, é deixar de lado o temor e olhar de frente para o que Deus quer expor e trazer à tona.

15 DE JUNHO

Você é Responsável Por Si Mesmo

Contudo, eles terão que prestar contas àquele que está pronto para julgar os vivos e os mortos.

— 1 PEDRO 4:5

Certa vez tive um patrão que tirou vantagem de mim. Ele me fazia trabalhar um número muito grande de horas, e isso não me permitia passar tempo suficiente com minha família. Fiquei desgastada e nunca tinha tempo para mim mesma. Ele nunca demonstrava consideração e sempre esperava mais. Se eu gentilmente sugerisse que talvez não pudesse atender a um de seus pedidos, ele começava a demonstrar sua raiva, e eu me encolhia e concordava em fazer o que ele pedira.

Um dia, quando orava sobre a situação, choramingando com Deus sobre aquela circunstância injusta, Ele disse: "O que seu patrão está fazendo é errado, mas o fato de você não o confrontar é igualmente errado". Ouvir aquilo foi muito difícil para mim. Como a maioria das pessoas, eu queria culpar alguém pela minha falta de coragem. Se não tivesse sido uma pessoa preocupada em agradar às pessoas e temerosa, teria evitado quase cinco anos de estresse que acabaram me fazendo adoecer. Meu chefe não era o problema; eu era o problema.

É importante entender que Deus deu a nós a autoridade plena e principal sobre nossa vida. Se você não aceitar isso e exercitar essa autoridade, talvez passe sua vida culpando os outros por coisas das quais você deveria estar tratando sozinho. Você deveria tomar suas próprias decisões de acordo com o que acredita ser a vontade de Deus para sua vida.

No Dia do Juízo, Deus não perguntará a nenhuma outra pessoa sobre sua vida; Ele perguntará apenas a você (veja Mateus 12:36 e 1 Pedro 4:5)! E se Jesus lhe perguntar no Dia do Juízo por que você nunca conseguiu cumprir o chamado Dele para sua vida? Você vai dizer a Ele que as pessoas se aproveitaram de você e simplesmente não havia nada que pudesse fazer a respeito? Você vai lhe dizer que estava tão ocupado agradando as pessoas que nunca conseguia tempo para agradar a Ele? Se der esse tipo de desculpas, você realmente acha que elas serão aceitas?

16 DE JUNHO

Dedique Tempo a Escutar

Aquietai-vos, e sabei que Eu sou Deus; sou exaltado entre as nações, sou exaltado na terra.

— SALMOS 46:10, ARA

Se realmente queremos ouvir ao Senhor, não podemos buscá-lo com um ouvido seletivo, esperando restringir os assuntos a apenas aqueles que queremos ouvir. As pessoas dedicam tempo para ouvir a voz de Deus quando têm questões que *elas* querem resolver. Se tiverem um problema ou estiverem preocupadas com seus empregos, ou precisarem de sabedoria sobre como prosperar mais ou como lidar com um filho, então prestam toda atenção ao que Deus tem a dizer.

Não busque a Deus nem fale com Ele apenas quando quer ou precisa de algo; passe tempo com Ele apenas escutando-o. Ele trará muitos assuntos à tona se você estiver quieto diante Dele e simplesmente ouvi-lo.

Para muitas pessoas, ouvir é uma qualidade que precisa ser desenvolvida através da prática. Sempre fui uma pessoa que fala mais do que ouve e nunca tive que me esforçar para falar. Mas tive que me esforçar a aprender a escutar. O Senhor diz: "Aquietai-vos e sabei que Eu sou Deus" (Salmos 46:10, ARA). Nossa carne é cheia de energia e geralmente quer estar em atividade, em movimento, fazendo algo. Portanto, é difícil para nós ficarmos quietos.

Quando for perguntar algo a Deus, dedique tempo para ficar quieto e escutar. Mesmo que não lhe responda naquele momento, no tempo certo Ele o fará.

Talvez você esteja no meio de alguma tarefa costumeira quando Deus decidir falar com você, mas se estiver honrando-o ao ouvi-lo em seu convívio com Ele, então Ele falará com você no momento certo.

17 DE JUNHO

Não Faça Planos Pequenos

Com a sabedoria se constrói o lar e sobre a prudência ele se firma. Na casa da pessoa sábia os quartos ficam cheios de coisas bonitas e de valor.

— PROVÉRBIOS 24:3-4

Espero que tenha em seu coração um sonho ou visão de algo maior do que tem no momento. Em Efésios 3:20 vemos que Deus é poderoso para fazer muito mais abundantemente além daquilo que pedimos ou pensamos. Se não estamos pensando, esperando ou pedindo nada, estamos lesando a nós mesmos. Precisamos pensar coisas grandiosas, esperar coisas grandiosas e pedir coisas grandiosas. Sempre digo: prefiro pedir muito a Deus e receber metade do que peço, do que lhe pedir pouco e receber este pouco por inteiro.

Contudo, só uma pessoa sem sabedoria pensa, sonha e pede grande, mas falha em perceber que qualquer empreendimento se constrói através de trabalho árduo e de um planejamento sábio. Os sonhos para o futuro são possibilidades, mas somente acontecerão positivamente se fizermos a nossa parte. Quando vemos um atleta de vinte e um anos que ganhou uma medalha nas Olimpíadas, sabemos que ele passou muitos anos praticando enquanto outros brincavam e jogavam. Talvez ele não tenha se "divertido" tanto quanto seus amigos, mas ele desenvolveu seu potencial. Agora ele possui algo que lhe trará alegria pelo resto de sua vida.

São muitas as pessoas que utilizam o método do aqui e agora para tudo. Elas querem apenas o que lhes faz sentir bem no momento. Não estão dispostas a investir no futuro. Não entre numa corrida apenas pela diversão de participar dela — *corra para vencer!* (Veja 1 Coríntios 9:24-25). Existe uma mina de ouro escondida em cada vida, mas temos que cavar para encontrá-la. Devemos estar dispostos a cavar e buscar até o fundo, e ir além dos nossos sentimentos ou do que é conveniente. Se buscarmos nas profundezas os tesouros do Espírito, encontraremos uma força que jamais soubemos possuir.

18 DE JUNHO

O Senhor Nosso Deus é Único!

O Senhor nosso Deus é o único Senhor.

— DEUTERONÔMIO 6:4, ARA

UM NOVO DIA, UM NOVO VOCÊ — 123

No Antigo Testamento, os israelitas diziam com frequência: "O Senhor nosso Deus é o único Senhor". E eu sempre me perguntei por que eles faziam tanto estardalhaço sobre Deus ser o único.

Então compreendi que os pagãos eram enganados a acreditar que havia um deus para tudo. Você pode imaginar como devia ser complicado? Para ter um filho, falavam com o deus da fertilidade. Para suas plantações crescerem, falavam com o deus das colheitas. Todos esses deuses diferentes requeriam diferentes sacrifícios para a cura, a paz ou seja o que for que as pessoas precisassem.

Eles deviam viver bastante ocupados correndo atrás de falsos deuses. É por isso que foi uma notícia tão maravilhosa quando o único Deus verdadeiro se revelou e disse: "Tenho tudo, qualquer coisa que precisar, venha a Mim".

O Senhor nosso Deus é o único. A palavra "simples" significa: "único: que não é constituído de partes ou substâncias diferentes".

Para qualquer coisa que precisar, posso procurar o Deus puro e único. Se preciso de paz ou de justiça, se preciso de esperança ou de alegria, se preciso de cura ou de finanças, se preciso de ajuda — seja o que for — simplesmente busco o único Deus verdadeiro. É simples assim. Isso me liberta da complicação. O Senhor nosso Deus, Ele é o único.

19 DE JUNHO

Abençoe Seus Inimigos

Abençoem os que os amaldiçoam, orem por aqueles que os maltratam. Se alguém lhe bater numa face, ofereça-lhe também a outra. Se alguém lhe tirar a capa, não o impeça de tirar-lhe a túnica.

— LUCAS 6:28-29

Jesus deixou bem claro o que devemos fazer às pessoas que nos ferem: "Mas eu lhes digo: Amem os seus inimigos e orem por aqueles que os perseguem" (Mateus 5:44). "Invoquem bênçãos e orem pela felicidade dos que os amaldiçoam" (Lucas 6:28).

Quando comecei a trabalhar no ministério com pessoas, reparei que muitas vezes elas expressavam um desejo genuíno de perdoar seus inimigos, mas admitiam que eram incapazes de fazer isso. Busquei a Deus em oração para encontrar respostas e Ele me deu esta mensagem: "Meu povo quer perdoar, mas não está obedecendo às passagens da Bíblia que tratam do perdão". O Senhor me guiou a várias passagens sobre orar por nossos inimigos e abençoá-los. Muitas pessoas dizem ter perdoado seus inimigos, mas não o fazem nem oram por aqueles que os ofenderam.

Peça a Deus para demonstrar misericórdia e não julgamento àqueles que o maltrataram. Lembre-se: se semear misericórdia, colherá misericórdia (veja Gálatas 6:7). Orar pelas pessoas que nos ofenderam também as ajuda a buscarem o arrependimento e uma verdadeira consciência do dano que estão causando. Sem essa oração, elas permanecem no engano. Abençoar seus inimigos ao invés de amaldiçoá-los é uma parte muito importante do processo do perdão. Se estiver disposto a abençoar e orar por seus inimigos, você colocará em ação a verdade de Romanos 12:21: "Não se deixem vencer pelo mal, mas vençam o mal com o bem".

20 DE JUNHO

Para que tanta pressa?

Para tudo há uma ocasião certa; há um tempo certo para cada propósito debaixo do céu.

— ECLESIASTES 3:1

Boa parte do mundo está com pressa, sempre correndo. Todavia pouquíssimas pessoas sequer sabem para onde estão indo na vida. Se queremos estar em paz com nós mesmos e desfrutar a vida, devemos parar de correr o tempo todo. As pessoas correm para chegar a mais um evento que não possui nenhum significado real para elas, ou ao qual nem sequer querem comparecer. *A pressa é o ritmo do século XXI*. Andar apressado se tornou uma doença de proporções epidêmicas. Corremos tanto que finalmente chegamos ao ponto em que não podemos diminuir o ritmo.

Lembro-me dos dias em que trabalhava tanto, e corria tanto de um lado para o outro, que mesmo quando tirava férias elas já estavam quase terminando quando eu finalmente conseguia desacelerar o suficiente para descansar. A pressa definitivamente foi uma das coisas que "roubou a paz" da minha vida, e ainda pode ser se eu não permanecer alerta à pressão que ela causa. A vida é preciosa demais para passar por ela apressado. Às vezes vejo que um dia passou como um raio. No final do dia, sei que estive ocupada o dia inteiro, mas não consigo me lembrar de ter desfrutado dele, nem sequer um pouco. Por isso, assumi um compromisso de aprender a fazer as coisas no ritmo de Deus, não no ritmo do mundo.

Jesus nunca estava com pressa quando andou pela Terra e Deus não está de modo algum apressado agora. Eclesiastes 3:1 declara: "Para tudo há uma ocasião certa; há um tempo certo para cada propósito debaixo do céu". Devemos deixar que cada coisa em nossa vida tenha o seu tempo determinado e perceber que podemos desfrutar de cada propósito sem pressa de começar o próximo.

21 DE JUNHO

Seja Viciado na Paz

Deixo-lhes a paz; a minha paz lhes dou. Não a dou como o mundo a dá. Não se perturbe o seu coração, nem tenham medo.

— JOÃO 14:27

Muitas pessoas não podem ouvir Deus porque suas vidas são agitadas e tumultuadas demais. Por dentro, elas são como uma via expressa na hora do rush. Elas literalmente não sabem como estar em paz; é como se fossem viciadas em agitação. Elas mantêm o ritmo agitado e frenético, aparentemente de propósito. De fato, sentem-se confortáveis vivendo num estado de caos. Isso se tornou seu estado normal, mesmo que no plano de Deus, não seja nada normal.

Parece estranho, mas quando comecei a aprender a ser mais tranquila e buscar a paz, no início fiquei *aborrecida*! Estava tão acostumada ao movimento, a ter alguma coisa grande acontecendo em minha vida o tempo todo que fiquei me perguntando: *O que eu devo fazer agora?* Romanos 3:17 diz: "Não conhecem o caminho da paz".

Isso descreve como costumava ser minha vida. Eu não tinha nenhuma experiência em desfrutar de uma vida pacífica; nem sabia como começar. Havia crescido numa atmosfera de conflito e isso era tudo que eu conhecia. Tive de aprender uma maneira de viver inteiramente nova.

Agora, porém, estou viciada na paz. Assim que minha paz some, eu me pergunto como a perdi e começo a procurar maneiras de recuperá-la. Acredito que, ao ler este texto, você se tornará tão desejoso pela paz com Deus, paz consigo mesmo e paz com outros, que estará disposto a fazer os ajustes necessários para obtê-la. Também acredito que começará a perseguir a paz continuamente, porque a paz o levará à perfeita vontade de Deus.

Jesus disse que se o seguirmos, Ele nos dará a paz (gratuitamente). Na verdade, Ele disse que nos daria a Sua própria paz (veja João 14:27).

22 DE JUNHO

O Dom do Favor de Deus

Mandou buscar José e lançou-o na prisão em que eram postos os prisioneiros do rei. José ficou na prisão, mas o Senhor estava com ele e o tratou com bondade, concedendo-lhe a simpatia do carcereiro. Por isso o carcereiro encarregou José de todos os que estavam na prisão, e ele se tornou responsável por tudo o que lá sucedia. O carcereiro não se preocupava com nada do que estava a cargo de José, porque o Senhor estava com José e lhe concedia bom êxito em tudo o que realizava.

— GÊNESIS 39:20-23

Embora José estivesse sendo punido injustamente por ter sido preso por algo que não fizera, o Senhor ainda estava com ele e cuidou dele. Uma pessoa não está tão mal assim, mesmo se acabar na prisão, se Deus lhe conceder o Seu favor e o colocar encarregado de tudo que acontece por lá. Deus quer favorecer você, da mesma forma que favoreceu José, mas para receber esse favor você precisa fazer o que José fez e acreditar. José manteve uma boa atitude numa situação ruim.

Ele tinha uma "atitude de fé" e Deus o favoreceu. Quando Deus deposita o Seu favor sobre você, as pessoas gostam de você sem nenhuma razão em particular e querem abençoá-lo.

23 DE JUNHO

Favor Natural *versus* Favor Sobrenatural

Então você terá o favor de Deus e dos homens, e boa reputação.

— PROVÉRBIOS 3:4

Há uma diferença importante entre o favor natural e o favor sobrenatural. O natural pode ser merecido; mas o sobrenatural não. Se você e eu trabalharmos arduamente por tempo suficiente, podemos fazer com que as pessoas gostem de nós e nos aceitem a maior parte do tempo. Mas Deus não quer que gastemos nosso tempo e energia tentando obter o Seu favor ou o favor dos outros. Ele quer que dediquemos nosso tempo e energia a fazer a Sua vontade, seja ela popular ou não.

O favor sobrenatural não pode ser merecido — é um dom. É o tipo de favor que Deus quer que tenhamos, e a maneira de obtê-lo é simplesmente acreditar e recebê-lo de Deus. Se você e eu tentamos fazer com que as pessoas gostem de nós e nos aceitem dizendo e fazendo tudo da maneira certa com esse objetivo, teremos que continuar dizendo e fazendo tudo certo a fim de manter amizades e aprovação. E isso é uma forma de prisão. Assim, deixaremos de ser livres para sermos guiados por Deus, e precisaremos agradar as pessoas ou elas poderão nos rejeitar. O favor sobrenatural, porém, não depende de agradarmos as pessoas o tempo todo. Depende da graça de Deus para nos dar Sua aceitação e mantê-la. É por isso que oro todos os dias pelo favor sobrenatural de Deus.

Não tenho palavras para descrever quantas vezes vi Deus operar sobrenaturalmente em minha vida e me dar o Seu favor. Ele está me levando a áreas no ministério onde não poderia estar baseada apenas no meu conhecimento e capacidade. Às vezes isso me impressiona quando vejo as coisas que Deus está permitindo que eu faça e os lugares aonde está permitindo que eu vá — sem mencionar todas as pessoas preciosas que Ele está trazendo aos meus encontros e palestras. Só posso dizer uma coisa: "Obrigada, Senhor".

Sempre que desistimos de tentar alcançar algo sozinhos e começamos a permitir que o Senhor nos dê o Seu favor, isso cria em nós um coração agradecido e cheio de gratidão.

24 DE JUNHO

Ele Nunca nos Deixará

Conservem-se livres do amor ao dinheiro e contentem-se com o que vocês têm, porque Deus mesmo disse:"Nunca o deixarei, nunca o abandonarei".

— HEBREUS 13:5

Nasci de novo quando tinha nove anos de idade. Na noite em que recebi a salvação, tive de sair escondida de casa para ir à igreja com alguns parentes que nos visitavam, porque meu pai não nos deixaria ir se lhe pedíssemos. Eu sabia que havia ido àquele lugar, naquela noite, para ser salva, mas não faço ideia de como sabia que precisava da salvação. O pastor não chamou ninguém ao altar naquela noite. Estava com muito medo, mas no final do culto, fui até o púlpito levando dois de meus primos comigo. Olhei para o pastor e disse: "O senhor pode me salvar?" Ele ficou triste por não ter chamado ninguém ao altar, mas eu recebi uma limpeza gloriosa em minha alma naquela noite. Sabia que havia nascido de novo! No dia seguinte, contudo, trapaceei num jogo de pique-esconde com meus primos: espiei para ver onde eles foram se esconder, e achei que tinha perdido minha salvação! Eu já tinha mais de vinte anos quando entendi que Jesus prometera não me abandonar. Hebreus 13:5 confirma essa promessa: "Porque Deus mesmo disse: 'Nunca o deixarei, nunca o abandonarei'".

25 DE JUNHO

Um Amigo de Deus

Senhor, quero dar-te graças de todo o coração e falar de todas as tuas maravilhas.

— SALMOS 9:1

Ao invés de falar com Deus apenas sobre nossos problemas, precisamos falar com Ele sobre Ele. Precisamos conversar com Ele sobre Quem Ele é, sobre o poder do Seu nome, o poder do sangue de Seu Filho Jesus e as grandes coisas que sabemos que Ele pode realizar e já realizou. Depois de O louvarmos e adorarmos desta maneira, então podemos começar a mencionar o problema. Eu não gostaria de ver meus filhos me procurando apenas para conversar comigo se estivessem com algum problema — quero que eles tenham convívio comigo. Posso pensar em algumas pessoas neste momento que só me telefonam quando estão com algum problema, e isso me magoa. Sinto que elas não se importam comigo, mas sim com o que querem que eu faça por elas. Tenho certeza de que você já teve experiências semelhantes e se sente da mesma forma. Essas pessoas podem se dizer amigas, mas na realidade não são. Os amigos são para as horas de dificuldade, mas não apenas para isso. Como amigos, precisamos demonstrar apreço e passar tempo encorajando aqueles com quem nos relacionamos. Devemos evitar ser o tipo de pessoa que eu chamo de "recebedores" — aqueles que levam ou recebem algo, mas nunca dão. Quero ser amiga de Deus. Ele chamou Abraão de Seu amigo e também quero ser chamada assim. O Senhor não é apenas aquele que resolve meus problemas; Ele é meu tudo, e eu O amo muito mais do que consigo descrever com palavras.

26 DE JUNHO

Perdoe Os Que o Ofendem

Então caiu de joelhos e bradou:"Senhor, não os consideres culpados deste pecado". E, tendo dito isso,

adormeceu.

— ATOS 7:60

Em Atos 6 e 7 lemos a história de Estêvão, que foi chamado para comparecer diante do conselho judeu e falsamente acusado de blasfemar contra Deus e Moisés por pregar o evangelho. Depois de pregar um sermão que enraiveceu o conselho, ele foi levado para fora e apedrejado. Mas enquanto o apedrejavam, Estevão orou por seus inimigos, dizendo: "'Senhor Jesus, recebe o meu espírito'. Então caiu de joelhos e bradou: 'Senhor, não os consideres culpados deste pecado'" (Atos 7:59-60).

Receio que se eu estivesse naquela situação, seria tentada a pegar uma pedra e jogá-la de volta naqueles homens. Mas não foi o que Estêvão fez. Ele perdoou seus atormentadores e orou por eles, dizendo em essência: "Perdoe-os, Senhor, não entendem o que estão fazendo". Na grande maioria das vezes, aqueles que nos ofendem e machucam não entendem o que estão fazendo. Eles estão apenas agindo por egoísmo. Anos atrás alguém me disse algo que me ajudou. Ele disse que noventa e cinco por cento das vezes em que as pessoas magoam nossos sentimentos, não era sua intenção fazê-lo.

Deus não quer que tenhamos um coração ofendido. Se tivermos, não teremos condições de ministrar a outros. Talvez você ache que isso não se aplica a você porque não participa de um ministério em que precisa subir num púlpito. Mas cada cristão tem seu ministério. Talvez você não esteja em um púlpito ensinando, mas seu ministério é para com seus filhos, seu cônjuge, sua família e para com Deus. Como podemos louvar a Deus corretamente se nosso coração está errado? É fácil nos ofendermos. Mas de acordo com a Bíblia, o amor não se ofende facilmente.

UM NOVO DIA, UM NOVO VOCÊ — 129

27 DE JUNHO

Mantenha o Diabo em Fuga

Vocês pertencem ao pai de vocês, o Diabo, e querem realizar o desejo dele. Ele foi homicida desde o princípio e não se apegou à verdade, pois não há verdade nele. Quando mente, fala a sua própria língua, pois é mentiroso e pai da mentira.

— JOÃO 8:44

O diabo mente para nós, e se não tivermos uma atitude agressiva contra ele e não pararmos de ouvir suas mentiras, ele governará nossas vidas. Ele anda ao redor *como* um leão rugindo (veja 1 Pedro 5:8), mas nós temos o Leão de Judá — Jesus — dentro de nós. Somos nós que devemos estar rugindo!

Nós deveríamos nos manter espiritualmente sintonizados para que, quando o diabo der um passo na nossa direção, entendamos exatamente o que ele está tentando fazer e tenhamos condições de o paralisarmos e o atacarmos imediatamente. Deveria levar apenas alguns segundos para percebermos e contra-atacarmos.

O diabo está sempre tentando se levantar contra nós. Se batemos em retirada ou damos um passo para trás, ele continua atacando. Mas se dermos um passo contra ele com a autoridade que Jesus colocou à nossa disposição, o diabo tem que se afastar.

Precisamos continuar nos levantando e usando de nossa autoridade contra ele. Se pararmos, ele começará a nos atacar e nos fará bater em retirada. O diabo é um mentiroso, um trapaceiro, um enganador. Ele vem *como* um leão, mas ele não é o leão. Nós que acreditamos em Jesus Cristo temos o poder do Grande Deus dentro de nós. "Maior é o que está em vós do que o que está no mundo" (1 João 4:4, ARC)

Conheça bem a Palavra para que no minuto em que um pensamento surgir em sua mente que não esteja em conformidade com a Palavra de Deus, você possa dizer ao diabo: "*Mentiroso! Não vou escutá-lo*". Você pode passar sua vida dando passinhos para trás e se escondendo do diabo, ou pode forçá-lo a se retirar.

28 DE JUNHO

Somos os Filhos de Deus

Haverá mãe que possa esquecer seu bebê que ainda mamãe não ter compaixão do filho que gerou? Embora ela possa esquecê-lo, eu não me esquecerei de você!

— ISAÍAS 49:15

Isaías 39:15 nos revela que nosso Pai Celeste deseja que nós O busquemos como criancinhas. Neste versículo, o Senhor usa o exemplo de uma mãe que amamenta e o cuidado amoroso e compaixão que ela sente por seu filho e suas necessidades. Nosso Pai Celeste quer que nós saibamos que somos Suas criancinhas preciosas — Seus filhos — e que quando O buscamos como filhos, demonstramos fé Nele. Isso o libera para cuidar de nós.

Deus não é como as pessoas. Se as pessoas do seu passado o magoaram, não deixe que isso afete seu relacionamento com o Senhor. Você pode confiar Nele. Ele cuidará de você como um Pai amoroso. Quando não recebemos o cuidado e amor que deveríamos receber na nossa infância, isso gera em nós temores que nunca foram parte do plano de Deus para nós. Os pais são um espelho no plano físico do nosso relacionamento com Deus no plano espiritual. Frequentemente, quando indivíduos crescem em lares desestruturados, isso causa problemas em seu relacionamento com o Senhor.

Oro para que, ao ler essas palavras e meditar no que compartilho com você, Deus o liberte para ser um adulto responsável que possa buscar seu Pai Celeste como uma criança.

29 DE JUNHO

O Tempo Perfeito de Deus

Ora, a perseverança deve ter ação completa, para que sejais perfeitos e íntegros, em nada deficientes.

— TIAGO 1:4

O "tempo certo" é o tempo de Deus, não o nosso. Estamos com pressa; Deus não está. Ele dedica tempo para fazer as coisas direito — Ele lança uma fundação sólida antes de tentar construir um edifício. Somos o edifício de Deus em construção. Ele é o Arquiteto Chefe, e sabe o que está fazendo. Talvez não saibamos o que Ele está fazendo, mas Ele sabe, e isso deveria bastar. Talvez nem sempre saibamos, mas podemos estar satisfeitos em conhecer Aquele que sabe. O tempo de Deus parece ser Seu segredo. A Bíblia nos promete que Ele nunca se atrasará, mas também descobri que Ele geralmente não se adianta. Parece que Deus aproveita cada oportunidade à disposição para desenvolver o fruto da paciência em nós.

O dicionário *Vine* de palavras gregas começa a definição de *paciência* (em Tiago 1:3) como: "Paciência, que somente é desenvolvida debaixo de testes e provas". A paciência é um fruto do Espírito que se desenvolve em meio às provas. Meu temperamento natural em particular é repleto de impaciência. Eu me tornei uma pessoa bem mais paciente com os anos, mas toda a espera que foi necessária para me ensinar a paciência foi muito difícil para mim. Eu queria tudo *agora*!

A paciência é vital para o desenvolvimento do nosso potencial máximo. Na verdade, nosso potencial só é desenvolvido conforme se desenvolve nossa paciência. É a maneira de Deus — não há outra, então, por que não nos acalmamos e desfrutamos a jornada?

30 DE JUNHO

É Uma Prova

Lembrem-se de como o Senhor, o seu Deus, os conduziu por todo o caminho no deserto, durante estes quarenta anos, para humilhá-los e pô-los à prova, a fim de conhecer suas intenções, se iriam obedecer aos seus mandamentos ou não.

— DEUTERONÔMIO 8:2

A Bíblia diz que Deus deixou os israelitas no deserto durante quarenta anos para humilhá-los, para prová-los, e para ver se eles obedeceriam aos Seus mandamentos. As provas vêm em tempos difíceis, não em tempos bons, porque nem tudo que Deus nos pede para fazer é fácil. É por isso que Ele nos testa: para ver se estamos prontos e se somos capazes antes de nos promover a um nível mais alto de responsabilidade. Muitas coisas que aparecem no nosso caminho a cada dia não são outra coisa além de uma prova.

Por exemplo, às vezes temos de esperar horas para nos sentar em um restaurante e a comida acaba sendo ruim. Isso é uma prova. Às vezes, quando nosso chefe nos diz para fazermos algo que não queremos fazer, isso é uma prova. Tiago 1:2 a 4 diz que as provas trazem à tona o que há dentro de nós. É nos momentos de provas que nos familiarizamos melhor com nós mesmos e com o que somos capazes de fazer. Pedro não achava que algum dia negaria Jesus, mas quando foi posto à prova, foi exatamente isso que ele fez. Deus não se impressiona com o que dizemos que vamos fazer; Ele se impressiona com o que provamos que iremos fazer debaixo de pressão.

Não temos visto avanços em nosso ministério porque nossa Bíblia é sublinhada em duas cores, mas porque fomos testados e provados; fomos à luta e passamos nos testes, mesmo sendo difícil. Tiago escreve: "Feliz é o homem que persevera na provação, porque depois de aprovado receberá a coroa da vida, que Deus prometeu aos que o amam" (Tiago 1:12).

1º DE JULHO

Corra Para Jesus, Não Para os Outros

Vocês são como adúlteros [como cônjuges infiéis, apaixonados ilicitamente com o mundo e quebrando seus votos de casamento com Deus]! Vocês não sabem que a amizade com o mundo é inimizade com Deus? Quem quer ser amigo do mundo faz-se inimigo de Deus.

— TIAGO 4:4, AMP

Em minha cozinha há janelas em cima da pia que são difíceis para eu alcançar. Quando quero abrir ou fechar essas janelas, tenho de me apoiar na pia e fazer um esforço tremendo, ou evito todo este trabalhão chamando meu marido, Dave, e pedindo para ele abrir ou fechar as janelas para mim. Dave é bem mais alto do que eu, e com seus braços longos fica bem fácil para ele fazer algo que para mim é um desafio frustrante.

É assim que somos com o Senhor. Nós nos esforçamos, lutamos e nos esgotamos tentando fazer algo que o Senhor poderia fazer por nós sem esforço algum — se apenas lhe pedíssemos. Mas sabe o que poderia insultar meu marido ainda mais do que recusar sua ajuda? Correr para o vizinho ao lado e lhe pedir para dar um pulinho em minha casa e abrir ou fechar minhas janelas para mim. É a este tipo de coisa que Tiago se referia no versículo acima, quando fala sobre sermos "como cônjuges infiéis", que buscam a ajuda de outros ao invés de pedir a ajuda de nossos próprios maridos, que simbolizam o Senhor.

Eu vivia frustrada em minha vida e ministério, até que aprendi a parar de tentar fazer tudo sozinha ou de levar a outros os meus problemas ao invés de correr para Deus.

2 DE JULHO

Encontre um Meio Termo

Sejam sóbrios (moderados, equilibrados) e vigiem (sejam cautelosos o tempo todo). O diabo, o inimigo de vocês, anda ao redor como leão, rugindo [desesperadamente faminto] e procurando a quem possa devorar.

— 1 PEDRO 5:8, AMP

Lembro-me de quando me sentei em casa lendo o significado da palavra *gentil* na concordância de Strong e disse: "Senhor, Tu tens que me ajudar!". Eu achava que nunca conseguiria ser gentil. O Senhor finalmente começou a operar em mim nesse aspecto da gentileza. O único problema era que, como tantas outras pessoas no corpo de Cristo, eu era de tal forma extremista que não conseguia encontrar um "meio termo". Assim que percebia que havia deixado a desejar em determinado aspecto, ia para o outro extremo. Eu me "ajustava" ou "adaptava" demais. Eu me tornei tão "gentil", "meiga" e "paciente" que não disciplinava de jeito nenhum meu filho caçula, que nasceu depois que os meus outros filhos já estavam crescidos. Também fui ao extremo na minha relação com os outros. Deixei as coisas ficarem fora de controle no meu casamento, no meu lar, e no meu ministério. Aprendi com as minhas experiências que um extremo é tão ruim quanto o outro. Precisamos aprender a encontrar o *equilíbrio*.

Se por um lado não devemos ser duros e cruéis, por outro não podemos ser fracos e excessivamente brandos. Não devemos ser irritáveis e impacientes, ou pessoas que se exasperam e agem por emoção. Por outro lado, não podemos ser tão mansos a ponto de nos transformarmos em um capacho nas mãos dos outros. Há tempo para ser paciente e longânimo, e há tempo para ser firme e resoluto. Há tempo para "não se irar" e tempo para demonstrarmos nossa justa indignação. Saber a diferença é demonstrar sabedoria.

3 DE JULHO

Que Suas Ações Revelem Seu Coração

Assim como o corpo sem espírito está morto, também a fé sem obras está morta.

— TIAGO 2:26

Como cristãos, é importante para nós declararmos nossa fé através das nossas ações e não somente pelo que dizemos acreditar. As pessoas muitas vezes dizem "meu coração é reto", mas as *pessoas* ao seu redor não podem ler o seu coração; apenas ver as suas ações. Dizer isso é tão tolo quanto um homem dizer à sua esposa: "Você deveria saber que eu a amo, casei com você, não foi?" e nunca lhe demonstrar afeição ou lhe dar algum sinal pelo qual ela possa sentir ou acreditar no seu amor.

É importante mostrarmos, pelas nossas ações, aquilo no qual acreditamos de coração.

4 DE JULHO

A Graça de Deus o Ajudará

Não por força nem por violência, mas pelo meu Espírito, diz o Senhor dos exércitos.

— ZACARIAS 4:6

Há pouco tempo, justamente antes de uma reunião na qual eu iria ensinar sobre a graça de Deus, alguém entregou ao meu marido um palavra escrita da parte do Senhor e lhe pediu para me entregar. Tenho certeza de que aquela pessoa não tinha ideia do assunto que eu iria abordar naquela reunião, mas a mensagem com certeza se encaixou perfeitamente. Acredito que a seguinte mensagem seja divinamente ungida. Quero encorajá-lo a ler cuidadosamente e receber o que o Senhor tem a lhe dizer hoje.

Quero que você encare as montanhas para que consiga ver,
quando elas saírem da frente que Eu sou o que restaura você.
Só Eu posso mover a montanha, só Eu posso dissipá-la,
só Eu posso vencer os problemas que você enfrenta
a cada dia para conquistá-la.
Seu trabalho é apenas acreditar, ouvir a Minha voz,
e quando ouvir o Meu comando, escolher obedecer.

Mas não permitirei que seja difícil demais, porque Minha já é a vitória.

Eu o preencherei com o Meu Espírito, e Minha graça irradiará em você com glória.

Não quando você for perfeito, como acha que tem que ser,

mas quando se dispuser de coração a ser mais Eu e menos você.

5 DE JULHO

Concentre-se no que Está Adiante

Não que eu já tenha obtido tudo isso ou tenha sido aperfeiçoado, mas prossigo para alcançá-lo, pois para isso também fui alcançado por Cristo Jesus. Irmãos, não penso que eu mesmo já o tenha alcançado, mas uma coisa faço: esquecendo-me das coisas que ficaram para trás e avançando para as que estão adiante, prossigo para o alvo, a fim de ganhar o prêmio do chamado celestial de Deus em Cristo Jesus.

— FILIPENSES 3:12-14

Se você se sente mal pelas coisas que ocorreram no passado, eu o encorajo a fazer como eu e se concentrar numa nova direção. Determine-se a ser o que Deus quer que você seja, a ter o que Deus quer que você tenha, e a receber o que Jesus morreu para lhe dar.

Quando se sentir desencorajado, diga: "Eu não vou viver mais nessa prisão. Não posso fazer nada a respeito do que fiz no passado, mas posso fazer algo sobre o meu futuro. Vou desfrutar minha vida e ter aquilo pelo qual Jesus morreu por mim. Vou abrir mão do passado e seguir em frente abraçando o que Deus tem para mim deste dia em diante!".

6 DE JULHO

O Mais Importante Primeiro

Busquem, pois, em primeiro lugar o Reino de Deus e a sua justiça, e todas essas coisas lhes serão acrescentadas.

— MATEUS 6:33

Passamos muito do nosso tempo procurando a Deus em busca das soluções para os problemas quando, na verdade, deveríamos apenas buscar a Deus.

Se estivermos simplesmente buscando a Deus, estaremos naquele lugar secreto, à sombra de Suas asas. O Salmo 91:4 diz que: "Sob as Suas asas você encontrará refúgio". Mas quando começamos a buscar as soluções para os nossos problemas e as situações que enfrentamos tentando satisfazer os nossos desejos em vez de cumprir a vontade Deus, saímos de debaixo de Suas asas.

Passei muitos anos buscando a Deus na tentativa de descobrir como fazer meu ministério crescer. O resultado foi que meu ministério não mudou em nada. Nunca crescia. Às vezes até andava para trás. O que eu não percebia é que tudo o que precisava era buscar o reino de Deus, e Ele daria o crescimento.

Você entende que não precisa se preocupar sequer sobre seu próprio crescimento espiritual? Tudo o que precisa fazer é buscar o Reino, e você crescerá. Busque a Deus, viva com Ele, e Ele dará o crescimento e a prosperidade.

Um bebê se alimenta apenas de leite e cresce. Tudo o que você e eu precisamos fazer é desejar o leite da Palavra não falsificado e nós iremos crescer (ver 1 Pedro 2:2). Não há como sermos bem-sucedidos pelo nosso próprio esforço humano. Em vez disso, devemos buscar primeiro o reino de Deus e a Sua justiça; e então todas essas outras coisas nos serão *acrescentadas*.

7 DE JULHO

Deus o Tornou em Bem

Depois vieram seus irmãos, e prostraram-se diante dele e disseram:"Aqui estamos. Somos teus escravos!" José, porém, lhes disse:"Não tenham medo. Estaria eu no lugar de Deus? Vocês planejaram o mal contra mim, mas Deus o tornou em bem, para que hoje fosse preservada a vida de muitos".

— GÊNESIS 50:18-20

Não importa o que nos tenha acontecido no passado, isso não precisa ditar o nosso futuro. Não importa o que as pessoas tenham tentado nos fazer, Deus o tomou em Suas mãos e transformou para nosso bem. "Sabemos que Deus age em todas as coisas para o bem daqueles que o amam, dos que foram chamados de acordo com o seu propósito" (Romanos 8:28). Às vezes nos esquecemos de como Deus é grande.

José não tirou os olhos de Deus durante tudo o que lhe aconteceu. Ele não ficou sentado num canto se lamuriando e reclamando, com a síndrome do "coitadinho de mim". Apesar do que os outros lhe fizeram — até mesmo seus próprios irmãos —, ele não se permitiu ficar cheio de rancor, ressentimento e falta de perdão. Ele sabia que não importava quem estivesse contra ele, porque Deus estava do seu lado e mudaria a situação, transformando-a no melhor para todos os envolvidos. José sabia que, não importava o que acontecesse, Deus estava do seu lado. Ele deixou Deus construir sua vida, sua reputação e sua carreira.

É isso que você e eu precisamos fazer. Precisamos parar de confiar no braço da carne e passar a confiar plenamente no braço do Senhor.

8 DE JULHO

Coloque-se em Segundo Lugar

Dediquem-se uns aos outros com amor fraternal.
Prefiram dar honra aos outros mais do que a si próprios.

— ROMANOS 12:10

Dar a preferência aos outros requer que tenhamos disposição em nos ajustar e nos adaptar. Significa permitir que outra pessoa seja a primeira ou tenha o melhor de algo. Demonstramos que preferimos os outros quando lhes damos o melhor pedaço de carne da travessa em vez de pegá-lo para nós. Mostramos que preferimos os outros quando permitimos que alguém com uma quantidade menor de compras no carrinho passe a nossa frente na fila do caixa do supermercado, ou quando estamos na fila do banheiro e deixamos a grávida ou a senhora de idade passar a nossa frente. Sempre que preferimos os outros temos que fazer um ajuste mental. Planejamos ser o primeiro, mas então nos colocamos em segundo lugar. Estamos com pressa, e então resolvemos esperar alguém que parece ter uma necessidade ainda maior.

Uma pessoa não está enraizada e fundamentada no amor até ter aprendido a dar preferência aos outros (ver Efésios 3:17). Não aprenda apenas a se adaptar para viver assim, mas aprenda a dar a preferência os outros de coração. Aprender a preferir os outros é aprender a andar em amor.

9 DE JULHO

Mantenha as Prioridades no Devido Lugar

Ele é antes de todas as coisas. Nele, tudo subsiste. Ele é a cabeça do corpo, da igreja. Ele é o
princípio, o primogênito de entre os mortos, para em todas as coisas ter a primazia.

— COLOSSENSES 1:17-18, ARA

Acredito que um dos motivos pelos quais as pessoas perdem a paz e não conseguem o que querem é porque não têm as prioridades certas na vida. Há tantos projetos aos quais dedicarem seu tempo e atenção! Algumas das escolhas que fazemos são obviamente ruins e é fácil reconhecê-las como algo que devemos evitar, mas muitas das outras escolhas são boas. Contudo, mesmo coisas boas podem nos fazer errar e confundir nossas prioridades. O que é prioridade máxima para alguém pode representar um problema para nós. Precisamos ter cuidado para não fazer simplesmente o que todos os outros estão fazendo. Precisamos fazer o que Deus está nos guiando a fazer.

Quando estabelecemos nossas prioridades é importante entendermos que Jesus é o poder por trás de tudo de bom em nossas vidas. Por isso

UM NOVO DIA, UM NOVO VOCÊ — 137

devemos dar a Ele prioridade máxima. Jesus é o que mantém tudo. Não há como um casal ter um bom casamento se Jesus não estiver unindo os dois. Na verdade, as pessoas não terão um bom relacionamento com *ninguém* se Jesus não estiver guiando-as e influenciando-as a se amarem umas as outras. As finanças são um caos sem Jesus. Nossos pensamentos são confusos sem o Senhor. Nossas emoções ficam fora de controle sem Ele.

Jesus é a cabeça do corpo da igreja; portanto, somente Ele deve ocupar o primeiro lugar em cada aspecto, ter a supremacia e a primazia em nossas vidas. Isso significa que, se Jesus não estiver em primeiro lugar em nossas vidas, então precisamos rever nossas prioridades.

10 DE JULHO

O Maior Mandamento

Respondeu-lhe Jesus: Amarás o Senhor, teu Deus, de todo o teu coração, de toda a tua alma e de todo o teu entendimento. Este é o grande e primeiro mandamento. O segundo, semelhante a este, é: Amarás o teu próximo como a ti mesmo.

— MATEUS 22:37-39

Foi assim que Jesus respondeu quando lhe perguntaram qual era o maior *mandamento e lei*. Em Mateus 7:12, Jesus disse: "Assim, em tudo, façam aos outros o que vocês querem que eles lhes façam; pois esta é a Lei e os Profetas". Então, para termos Deus e Seu plano em nossas vidas, precisamos buscar saciar as necessidades dos outros e fazer o que pudermos para servi-los.

Nossa religião não é pura se estiver poluída pelo "ego". Nosso egocentrismo nos impede de notar aquilo pelo qual os outros estão passando. Não temos de nos esquecer totalmente dos nossos desejos, mas devemos afugentar o egoísmo procurando não pensar *sempre* neles. O Salmo 37:4 diz claramente para nos deleitarmos no Senhor e então Ele satisfará os desejos e petições secretas do nosso coração.

11 DE JULHO

O Amor é Imparcial

Então, falou Pedro, dizendo: Reconheço, por verdade, que Deus não faz acepção de pessoas.

— ATOS 10:34

Se o amor é incondicional, então, não devemos mostrar parcialidade. Lembro-me de um incidente no qual Deus me ensinou uma lição sobre esse princípio. Eu tinha levado nosso filho ao médico para tirar o gesso do braço que ele havia quebrado. Enquanto estávamos na sala de espera, um senhor de idade veio e sentou-se perto de mim. Ele queria conversar, mas eu queria ler. Ele não parava de me contar como havia caído e machucado a perna e como aquele médico o havia ajudado.

Devo admitir que eu queria mais é que ele ficasse calado. Não lhe prestei atenção nem demonstrei muito respeito. Percebi de certa forma que ele se sentia solitário e provavelmente tinha poucas pessoas com quem conversar, mas eu não estava disposta a ser uma bênção para ele naquele dia.

O Espírito Santo falou ao meu coração e disse: "Como você trataria este homem se ele fosse um pregador famoso que você gostaria de conhecer?". Essas palavras apunhalaram meu coração. Eu imediatamente sabia a resposta: provavelmente iria prestar atenção a cada palavra que ele dissesse, sorriria e o elogiaria, e faria todo tipo de coisas para me conectar a ele — em suma, tudo o que eu não estava fazendo por aquele senhor que não significava nada para mim.

Esse tipo de comportamento não é aceitável para ninguém que deseja seguir o caminho do amor. A Palavra de Deus nos diz que Ele não demonstra parcialidade, que não faz acepção de pessoas. Para ser franca com você, permanecer imparcial requer muita busca interior. A carne é tendenciosa e nos leva à parcialidade, mas Deus condena tais coisas; nós, portanto, também devemos condená-las.

12 DE JULHO

Monitore Seus Pensamentos e Vigie Seus Lábios

Não deixe de falar as palavras deste Livro da Lei e de meditar nelas
de dia e de noite, para que você cumpra fielmente tudo o que nele está escrito.
Só então os seus caminhos prosperarão e você será bem-sucedido.

— JOSUÉ 1:8

Josué tinha muitos inimigos a enfrentar em sua jornada. Na verdade, era como se houvesse uma apresentação infindável de inimigos. Mas, por favor, note que Josué foi instruído pelo Senhor a ter a *Palavra*, não o *problema*, em suas palavras e pensamentos.

Se você e eu quisermos, assim como Josué, prosperar nos nossos caminhos e ser bem-sucedidos nesta vida, definitivamente precisamos ter outra coisa em nossos pensamentos e palavras que não sejam os problemas com os quais nos deparamos. Temos de parar de pensar nos nossos problemas, falar deles e às vezes até parar de orar por eles. Se já oramos, Deus ouviu. Não estou dizendo com isso que não haja ocasião para sermos importunos, mas muitas vezes dizemos que estamos tendo comunhão com Deus, quando na realidade estamos nos relacionando com nosso problema.

Em Marcos 11:23 Jesus instruiu Seus discípulos a *falarem* ao monte. Ele não disse, *"Falem sobre* o monte"*. Se houver um propósito em falar sobre ele, então fale. De outra forma, é melhor ficar quieto. As palavras nos levam a emoções que muitas vezes nos afetam porque nos concentramos demais nas circunstâncias. É bom sair da situação e fazer algo agradável enquanto espera Deus resolver o seu problema. Talvez você não sinta vontade de fazer isso, mas faça assim mesmo. Isso irá ajudá-lo! *Tire o problema da cabeça — e de sua boca também!*

---

13 DE JULHO

Não Custa Nada Acreditar

Não havendo profecia, o povo se corrompe; mas o que guarda a lei esse é bem-aventurado.

— PROVÉRBIOS 29:18, ARC

As pessoas que têm um passado triste precisam acreditar num futuro brilhante. O escritor do livro de Provérbios diz que sem visão o povo perece. Uma visão é algo que vemos em nossas mentes, "uma imagem mental", de acordo com uma definição. Pode ser algo que Deus coloca em nossa mente de maneira sobrenatural ou que vemos por um propósito. Envolve a ideia que fazemos de nós mesmos, nosso passado e nosso futuro. E não custa *nada* acreditar nela.

Algumas pessoas têm medo de acreditar. Elas acham que correm o risco de ficar decepcionadas se acreditarem. Não perceberam que estarão perpetuamente decepcionadas se não acreditarem em algo. Penso que se eu esperar muito e só conseguir metade, estou melhor do que se não esperasse nada e não conseguisse nada. Eu o desafio a começar a acreditar nas coisas boas. Acredite que você consegue fazer seja lá o que for que precise fazer na vida, através de Cristo.

Não tenha uma atitude de desistir facilmente. Permita à sua fé voar alto. Seja criativo com seus pensamentos. Faça uma lista. No que você tem crido ultimamente? Uma resposta honesta pode ajudá-lo a entender por que você não tem recebido o que gostaria de receber.

---

14 DE JULHO

Por Que Deus Espera Tanto?

Para Deus todas as coisas são possíveis.

— MATEUS 19:26

Quando Deus veio a Abraão e lhe disse que iria abençoá-lo, Abraão disse a Deus: "Tudo bem, mas o que eu realmente quero é um filho". Deus disse: "Vou lhe dar o que você quer", mas Ele não fez isso imediatamente. A Palavra diz que: "Estava ele (Abraão) com cem anos de idade quando lhe nasceu Isaque, seu filho" (Gênesis 21:5). Na verdade, passaram-se vinte anos desde que Deus prometeu a Abraão que lhe daria um filho até o dia em que a criança nasceu. De fato, Abraão já era velho quando Deus lhe prometeu um filho.

Quando Abraão veio a ser pai, sua esposa já tinha passado pela mudança da vida e já tinha o ventre estéril. Assim, vemos que Abraão e Sara não tinham apenas um pedido de oração, mas precisavam de milagre.

É interessante ver que às vezes, quando pedimos algo a Deus, Ele nos deixa esperando por tanto tempo que a única coisa que pode nos dar a resposta àquela oração é um milagre. Por que Deus faz isso? Porque Ele deseja "mostrar-se forte para com aqueles cujo coração é totalmente dele" (2 Crônicas 16:9, ARA).

Quando Marta e Maria mandaram chamar Jesus para ministrar sobre seu irmão, Lázaro, que estava gravemente doente, por que Jesus esperou mais dois dias, até Lázaro morrer e ser enterrado, antes de ir e ressuscitá-lo dos mortos? Porque Jesus já sabia o que ia fazer por Lázaro.

Se algo está morto — um sonho, um desejo, um anelo, uma necessidade — para Deus, não importa quão morto esteja. Deus ainda pode trazer o que for de volta à vida, no Seu devido tempo, porque o nosso Deus é um Deus impressionante. Nada é difícil demais para Ele. Por isso, Ele nunca está com pressa e geralmente parece esperar até você precisar de um verdadeiro milagre.

15 DE JULHO

Corra para Deus, Não Fuja Dele

Porque morrendo, ele morreu para o pecado uma vez por todas; mas vivendo, vive para Deus. Da mesma forma, considerem-se mortos para o pecado, mas vivos para Deus em Cristo Jesus.

— ROMANOS 6:10-11

Meditar em todos os nossos erros e fracassos nos enfraquece, mas meditar na graça de Deus e Sua disposição em nos perdoar nos fortalece. Devemos nos relacionar e ter comunhão com Deus, não com os nossos pecados. Quanto tempo você passa se relacionando com seus pecados, fracassos, erros e fraquezas? Não importa quanto tempo seja, é uma perda de tempo. Quando pecar, admita-o, peça perdão e então tenha comunhão com Deus. Os versículos acima nos dizem que estamos vivos para Deus, portanto, vivemos numa comunhão *ininterrupta* com Ele. Não permita que seus pecados fiquem entre você e o Senhor. Mesmo quando você peca, Deus ainda assim quer passar tempo ao seu lado, ouvi-lo e responder suas orações, e ajudá-lo com todas as suas necessidades. Ele quer que você corra *para* Ele, e não *Dele*!

16 DE JULHO

Você Está Aonde Quer Que Vá!

Deus tornou pecado por nós aquele que não tinha pecado,
para que nele nos tornássemos justiça de Deus.

— 2 CORÍNTIOS 5:21

O que aconteceria se você esbarrasse com alguém que não gosta em cada lugar que fosse? Não seria terrível? Você vai a uma festa e tem que aturar a conversa e pontos de vista da pessoa. Vai à igreja, e ela está sentada ao seu lado. *Que chatice ter que passar tanto tempo com esta pessoa,* você pensa. E aí a coisa piora. Lá está ela sentada à mesa do jantar com você! E se espreguiçando na área da piscina; ela vai até para sua cama! Está por toda a parte! Parece horrível, não é? Mas é exatamente a situação na qual você se encontra se não gosta de si mesmo, porque você estará aonde quer que vá. Não há como fugir de si mesmo, nem por um segundo, e por isso você acaba vivendo uma vida bem infeliz se não gosta de sua própria companhia.

Mas acredite-me ou não, apesar de todos concordarmos que não faz sentido viver assim, tenho visto que a *maioria* das pessoas não gosta de si mesma. Talvez nem percebam isso, mas uma busca interior sincera revelará o triste fato de que elas têm se rejeitado e, em alguns casos, até se detestam. Já conheci muita gente ao longo dos anos, através do meu ministério e no dia a dia, e fico admirada ao ver quão poucas pessoas estão verdadeiramente em paz consigo mesmas. Em vez disso, elas declararam guerra a si mesmas.

Deus quer que você se ame, não da maneira errada, com egoísmos e orgulho, mas de uma maneira sadia, como quem realmente entende como é especial para Ele. Quando você começar a se ver como Deus o vê, então não só vai amar a si mesmo, mas também terá confiança e fé para ser uma força poderosa para o bem no mundo.

17 DE JULHO

Seja Positivo

Será feito como você crê.

— MATEUS 8:13, NTLH

Há muitos anos, eu era extremamente negativa. Sempre digo que se eu tivesse dois pensamentos positivos seguidos, minha mente emperraria. Toda a minha filosofia era: "Se eu não esperar que nada de bom aconteça, então não me decepcionarei quando não acontecer". Eu enfrentara tantas decepções na vida — tantas coisas devastadoras haviam me acontecido — que tinha medo de acreditar que alguma coisa boa pudesse acontecer. Minha perspectiva, acerca de tudo, era terrivelmente pessimista. Uma vez que meus pensamentos eram todos negativos, tais eram as minhas palavras e, consequentemente, assim era a minha vida.

Quando comecei a estudar a Palavra de verdade e a confiar em Deus para me restaurar, uma das primeiras coisas que percebi foi que eu teria de me livrar daquele negativismo. Em Mateus 8:13 Jesus nos diz que nos será feito conforme a nossa fé, o quanto acreditarmos. A versão *King James* diz, "Seja-vos feito, tanto quanto acreditardes" [tradução livre]. Eu só acreditava no negativo, de modo que coisas negativas me aconteciam. Isso não significa que basta imaginar o que queremos para conseguirmos. Deus tem um plano perfeito para cada um de nós e não podemos controlá-lo com nossos pensamentos e palavras. Mas devemos pensar e falar o que está de acordo com a Sua vontade e plano para nós.

Se não tiver ideia de qual seja a vontade de Deus para sua vida agora, pelo menos comece com o pensamento, *Bem, não sei qual é o plano de Deus, mas sei que Ele me ama. Não importa o que Ele faça, será bom e eu serei abençoado.* Comece a pensar positivamente sobre sua vida. Pratique ser positivo em cada situação que surgir. Mesmo se o que estiver acontecendo no momento não for muito bom, espere que Deus extraia algo de bom de tudo isso, tal como Ele prometeu em Sua Palavra.

18 DE JULHO

Tudo Contribui Para o Bem

E sabemos que todas as coisas contribuem juntamente para o bem daqueles que amam a Deus, daqueles que são chamados segundo o seu propósito.

— ROMANOS 8:28, ACF

Este versículo não diz que tudo é bom, mas diz que tudo *contribui juntamente para o bem.* Digamos que você está planejando sair para fazer compras. Você entra no carro e ele não pega. Há duas maneiras de ver a situação. Você pode dizer, "Eu sabia! É sempre assim! Sempre que quero fazer algo, a coisa dá errado. Eu imaginava que essa minha saída ia acabar dando em nada; é o que sempre acontece com os meus planos",

Ou pode dizer, "Puxa, eu queria fazer compras, mas parece que não vai dar. Vou depois quando tiver consertado o carro. Enquanto isso, acho que essa mudança de planos vai ser para o meu bem, de alguma forma. Provavelmente há alguma razão para eu ter que ficar em casa hoje, então vou aproveitar o meu tempo aqui".

Em Romanos 12:16 o apóstolo Paulo nos diz para nos adaptarmos prontamente às pessoas e coisas. A ideia é que devemos aprender a nos tornarmos o tipo de pessoa que planeja as coisas, mas que não fica arrasada se esse plano não dá certo. Até mesmo alguém muito positivo não vai conseguir fazer tudo o que tinha planejado do jeito que queria o tempo todo. Mas uma pessoa positiva pode seguir em frente e escolher desfrutar a vida, não importa o que aconteça.

UM NOVO DIA, UM NOVO VOCÊ — 143

19 DE JULHO

Mente Dividida é Problema em Dobro

Pois tem mente dividida e é instável em tudo o que faz.

— TIAGO 1:8

Uma pessoa de mente dividida é hesitante, dúbia, irresoluta, instável, alguém de quem não se pode depender e incerta sobre tudo o que pensa, sente ou decide. A Bíblia diz na passagem acima que "alguém que tem mente dividida é instável em tudo o que faz". Eu não acho que devamos ter a mente dividida. Pelo contrário, devemos ser pessoas determinadas. Líderes devem ser capazes de tomar decisões e ir até o fim com elas. Se tomamos uma decisão e então continuamos titubeando com relação a ela, duvidando se foi a coisa certa, seremos instáveis em tudo o que fizermos.

Precisamos fazer o melhor que pudermos para ouvir a Deus e então tomar uma decisão com base no que Ele nos disse. Assim que decidirmos algo, precisamos fazer tal coisa de todo o coração. Não importa o que tenhamos resolvido fazer, precisamos nos empenhar totalmente, dar tudo de nós. Em Romanos 12, o apóstolo Paulo fala sobre os diferentes dons segundo a graça que é dada a cada indivíduo, cada membro do corpo de Cristo. Nesse capítulo ele nos diz que se somos professores, devemos nos dedicar ao ensino. Se somos contribuidores, que contribuamos generosamente. Se exortamos, devemos fazê-lo com zelo.

Em outras palavras, não fique preso ao chamado das outras pessoas e que não é o seu chamado na vida. Lute para permanecer centrado no que Deus o chamou para fazer. Não tenha uma mente dividida. Se você acredita que tem um chamado na vida, então creia nisso — consistentemente. Não acredite na segunda-feira, duvide na terça-feira e volte a acreditar na quarta-feira, e então na sexta-feira está pronto para desistir porque as circunstâncias não são favoráveis. Não importa qual seja o seu chamado, faça o melhor que pode, acreditando que você ouviu a Deus.

20 DE JULHO

Deus Corrige a Quem Ama

Pois o Senhor disciplina a quem ama, e castiga todo aquele a quem aceita como filho.

— HEBREUS 12:6

Quando precisamos de correção — e todos nós precisamos em algum momento — acredito que o Senhor quer antes de tudo ministrá-la Ele mesmo. Deus castiga todo aquele a quem ama. A correção ou castigo de Deus não é algo ruim; sempre e no final das contas é para o nosso próprio bem.

Mas isso não faz com que nos sintamos bem com a correção ou que seja algo do qual desfrutamos imediatamente: "Nenhuma disciplina parece ser motivo de alegria no momento, mas sim de tristeza. Mais tarde, porém, produz fruto de justiça e paz para aqueles que por ela foram exercitados" (Hebreus 12:11).

A correção é provavelmente uma das coisas mais difíceis de recebermos, especialmente quando vem de outra pessoa. Mesmo se tivermos problemas, não queremos que os outros saibam que os temos. Eu acho que Deus prefere nos corrigir em particular; mas se não aceitarmos Sua correção ou se não soubermos como permitir que Ele nos corrija em particular, então Ele precisará nos corrigir publicamente, usando seja qual for a fonte que precise usar. Talvez nem sempre gostemos da fonte que Deus venha a escolher usar, mas é sábio aceitarmos a correção para evitarmos "caminhar bastante tempo ao redor destas montanhas" (ver Deuteronômio 2:3).

21 DE JULHO

Persistência: O Elo Vital Para a Vitória

Respondeu Jesus: "Tenham fé em Deus [constantemente]. Eu lhes asseguro

que se alguém disser a este monte: 'Levante-se e atire-se no mar',

e não duvidar em seu coração, mas crer que acontecerá o que diz, assim lhe será feito".

— MARCOS 11:22-23, AMP

Jesus disse que devemos falar ao nos so monte com fé, mandando-lhe levantar-se e atirar-se ao mar. Esta é uma declaração radical e que merece um estudo. Em primeiro lugar, o que dizemos às montanhas da nossa vida? Está óbvio que não devemos impor a nossa vontade a elas, mas a vontade de Deus, e Sua vontade é a Sua Palavra.

Em Lucas 4, quando Jesus estava sendo tentado por Satanás no deserto, Ele respondeu a cada tentação com a Palavra de Deus. Ele disse repetidamente, "Está escrito", e citou versículos que foram de encontro às mentiras e enganos do diabo. Temos a tendência de "tentar" isso por um tempo, e então, quando não vemos resultados rápidos, paramos de declarar a Palavra aos nossos problemas e começamos mais uma vez a falar dos nossos sentimentos, que provavelmente foi o que inicialmente causou o problema.

Um lapidador pode bater numa pedra noventa e nove vezes com um martelo, sem nenhuma evidência de que a pedra está se partindo. E então, na centésima vez, ela se parte em duas. Cada martelada foi enfraquecendo a pedra, mesmo que ela não apresentasse sinais que indicassem isso. A persistência é um elo vital para a vitória. Precisamos saber no que acreditamos e estar determinados a perseverar até vermos resultados.

22 DE JULHO

Não Temos Porque Não Pedimos

Até agora vocês não pediram nada em meu nome. Peçam e receberão,

para que a alegria de vocês seja completa.

— JOÃO 16:24

Certo dia acordei com uma tremenda dor de cabeça. Pensei que talvez estivesse pegando um resfriado. Andei de um lado para outro com aquela dor de cabeça incrível quase o dia inteiro, dizendo a todo o mundo como me sentia horrível — até que o Senhor finalmente me disse: "Já lhe passou pela cabeça Me pedir para curá-la?". Eu acreditava que Jesus podia me curar, mas passei o dia reclamando e não lhe pedi nem uma vez para fazer isso.

Isso acontece muitas vezes em nossa vida. Andamos por aí reclamando dos nossos problemas e passando metade do tempo tentando calcular o que podemos fazer para resolvê-los. Podemos fazer tudo o que se pode fazer, exceto justamente aquilo que nos é dito na Palavra de Deus: pedir, para que possamos receber e a nossa alegria ser completa (ver João 16:24). Por que somos assim? Porque a carne, nossa natureza carnal, quer fazer as coisas por si só. Esta é a natureza da carne. Ela quer conquistar. Quer superar os seus próprios problemas à sua maneira. Por quê? Para que possa receber a glória. A carne quer fazer tudo por sua própria conta, porque quer receber o mérito.

Esta é uma das razões por que não obtemos mais êxito em nossa caminhada de fé. Estamos tentando obter o que Deus quer nos dar pela Sua graça através dos nossos próprios esforços. Para que Ele nos dê o que precisamos, temos de ser humildes o suficiente para parar de tentar e começar a confiar. Nós precisamos estar dispostos a parar de fazer e começar a pedir.

23 DE JULHO

Acalme-se e Relaxe!

Portanto, não se preocupem com o amanhã, pois o amanhã trará as suas próprias preocupações.

Basta a cada dia o seu próprio mal.

— MATEUS 6:34

Minha definição pessoal de *ansiedade* é partir mentalmente de onde se está e ir para o passado ou o futuro. Uma das coisas que precisamos entender é que Deus quer que aprendamos a ser pessoas que vivem o momento presente. Muitas vezes passamos o tempo no passado ou no futuro. Precisamos aprender a viver o agora — mentalmente e também física e espiritualmente. Há uma unção para o dia de hoje. Em João 8:58, Jesus se refere a Si Mesmo como o *EU SOU*. Se você e eu, como Seus discípulos, tentarmos viver no passado ou no futuro, vamos ter uma vida bem difícil porque Jesus sempre está no presente. Foi isso o que Ele quis dizer quando falou em Mateus 6:34: "Não se preocupem com o amanhã, pois o amanhã trará as suas próprias preocupações. Basta a cada dia o seu próprio mal".

Jesus nos disse claramente que não precisamos nos preocupar com nada. Só temos de buscar o reino de Deus, e Ele nos acrescentará tudo o que precisamos, quer seja alimento, roupas, abrigo ou crescimento espiritual (ver Mateus 6:25-33). Não precisamos nos preocupar com o dia de amanhã, porque amanhã terá os seus próprios problemas. Precisamos concentrar nossa atenção total no dia de hoje e parar de ser tão intensos e preocupados.

Acalme-se e relaxe! Ria mais e preocupe-se menos. Pare de arruinar o dia de hoje se preocupando com o dia de ontem ou com o amanhã — pois não podemos fazer nada a respeito de nenhum dos dois. Nós precisamos parar de perder o nosso precioso "agora", porque ele nunca mais voltará. Da próxima vez que você for tentado a ficar ansioso ou chateado com alguma coisa — especialmente se for algo do passado ou sobre o futuro — pense no que está fazendo e volte sua atenção ao que está acontecendo hoje. Aprenda com o passado e prepare-se para o futuro, mas *viva no presente*.

24 DE JULHO

Ele Se Importa

Na minha aflição clamei ao Senhor; gritei por socorro ao meu Deus. Do seu templo ele ouviu a minha voz; meu grito chegou à sua presença, aos seus ouvidos.

— SALMOS 18:6

Deus o ama muito e quer ajudá-lo, mas você precisa pedir isso a Ele. Um senhor me disse recentemente que quando se sente assoberbado, levanta uma mão em direção ao céu e diz, "Venha me pegar, Jesus". Deus ouve até o clamor mais fraco do seu coração, então pare de tentar fazer tudo sozinho e peça-lhe ajuda. Talvez você não pense que Deus se importa com algo tão simples como a sua saúde, mas Ele se importa. Ele se importa com tudo o que lhe diz respeito — as coisas grandes e as pequenas.

Ele quer ver você saudável e bem, e está disposto a ajudá-lo se você apenas lhe pedir. Ore e peça a Ele para ajudá-lo a encontrar a força espiritual que precisa para efetuar as mudanças necessárias em sua vida. A graça de Deus está sempre à disposição. Quando escolhemos fazer o que é certo e nos apoiamos Nele para nos dar força, o Seu poder nos permite fazer o que é preciso e experimentamos a vitória.

25 DE JULHO

Obediência Simples

Quem dera eles tivessem sempre no coração esta disposição para temer-me e para obedecer a todos os meus mandamentos. Assim tudo iria bem com eles e com seus descendentes para sempre!

— DEUTERONÔMIO 5:29

Se nós simplesmente ouvirmos o Senhor e fizermos o que Ele nos diz, as coisas irão bem conosco. A maioria das pessoas não faz ideia de como é simples às vezes aliviar o estresse, e Satanás dá duro para que continuem assim! Ele trabalha para complicar a vida das pessoas de todas as formas imagináveis porque conhece o poder e a alegria que provém da simplicidade.

Satanás quer exaurir as energias que Deus nos deu para nos manter ocupados e estressados demais tentando lidar com todas as coisas que complicam nossa vida. Ele sabe que se aprendermos a simplesmente obedecer a Deus, vamos virar esse poder e energia contra ele ouvindo e fazendo a obra que Deus nos conduz a fazer!

As transformações que muita gente deseja em diferentes aspectos de suas vidas são fruto de formarmos um padrão de obediência a Deus nas pequenas coisas. Ele talvez lhe peça para se afastar de tudo e estar com Ele por meia hora ou à noite em vez de assistir à televisão, ir a uma festa, ou conversar ao telefone com alguém. Quanto mais você for fiel em ficar quieto para ouvir a Sua voz e obedecer aos Seus impulsos, mais prontamente o trabalho de transformação que precisa ser efetuado em você estará completo. Deus usa a nossa obediência nas pequenas coisas para transformar nossa vida.

Não importa qual seja a situação, ouça ao Senhor e obedeça. Provérbios 3:6 afirma: "Reconheça o Senhor em todos os seus caminhos, e Ele endireitará as suas veredas". Você talvez não entenda as razões por que o Senhor está lhe pedindo certas coisas ou veja quaisquer mudanças ou resultados imediatos, mas continue obedecendo e tudo irá bem com você e com os seus descendentes.

26 DE JULHO

Venha Como Você Está

E todos nós, que com a face descoberta contemplamos a glória do Senhor, segundo a sua imagem estamos sendo transformados com glória cada vez maior, a qual vem do Senhor, que é o Espírito.

— 2 CORÍNTIOS 3:18

Há uma grande ênfase nos círculos cristãos hoje sobre passarmos um tempo a sós com o Senhor, e isso com razão. Mais do que qualquer coisa, precisamos da Sua presença. Ele é o único que pode fazer algo permanente por nós. Infelizmente, muitas pessoas ficam frustradas com esta ênfase no ensino. Elas querem passar tempo com Deus, mas se sentem desconfortáveis; ou não sabem o que fazer durante esses momentos. Precisamos aprender a "ser" e não ficar achando sempre que temos de "fazer" alguma coisa.

No versículo acima lemos que temos que aparecer com a face descoberta para recebermos o benefício que Deus quer que tenhamos do Novo Concerto. Para mim, isso significa que quando paro de ser religiosa e legalista e apenas vou à presença de Jesus, quando deixo todas as "minhas" obras de lado e começo a vê-lo, quando permito que Ele remova o véu dos meus olhos, então Ele e eu podemos ter um relacionamento pessoal que vai me transformar à Sua imagem. Mais do que tudo, precisamos da Sua presença. Ele é o Único que pode fazer qualquer coisa de caráter permanente por nós.

27 DE JULHO

Pessoas Comuns com Metas Incomuns

Àquele que é capaz [através da ação de Seu poder] de fazer infinitamente mais do que tudo o que pedimos ou pensamos [ousamos pedir ou pensar, infinitamente além das nossas mais sublimes orações, desejos, pensamentos, esperanças e sonhos], de acordo com o Seu poder que atua em nós.

— EFÉSIOS 3:20, AMP

Deus usa pessoas comuns que possuem metas e visões incomuns. É isso o que eu sou — uma pessoa comum com uma meta e visão na vida. Mas só porque sou comum, como todo o mundo, não significa que estou contente em ser medíocre. Não gosto dessa palavra. Não quero estar na média. Não pretendo ser isso. Não sirvo a um Deus medíocre, portanto, não acredito que tenho de ser uma pessoa "na média" — nem você.

Estar na média é bastante bom. Não é ruim, mas tampouco excelente. É o suficiente para levar a vida, mas não creio que Deus queira isso de nós. Acho que qualquer pessoa comum, igual a todo mundo, pode ser *grandemente* usada por Deus. Acredito que podemos fazer coisas grandes e poderosas — que até mesmo venham a nos surpreender — se acreditarmos que Deus pode nos usar e se ousarmos o bastante para termos metas e visões incomuns. Temos que acreditar em Deus para isso.

Em Efésios 3:20 ouvimos que Deus é capaz de fazer infinitamente mais, abundantemente, acima e além do que podemos ousar esperar, pedir ou pensar, de acordo com o Seu grande poder que atua em nós. Deus atua através de nós de acordo com o Seu poder, mas é através de nós, então temos que cooperar. Isso quer dizer que temos que ser ousados na nossa fé e orações. Alguns de nós não cremos o suficiente. Precisamos ampliar a nossa fé para novos campos. Temos que ser pessoas incomuns com metas incomuns.

28 DE JULHO

Habite no Abrigo do Altíssimo

Aquele que habita no abrigo do Altíssimo e descansa à sombra do Todo-poderoso.

— SALMOS 91:1

Deus tem um esconderijo, um lugar secreto, onde podemos ir habitar em paz e segurança, um lugar onde encontramos paz e consolo Nele. Este lugar é um "lugar espiritual" no qual as preocupações desaparecem e a paz reina. É onde estamos na presença de Deus. Quando passamos tempo orando, buscando a Deus e habitando em Sua presença, estamos neste esconderijo.

A palavra *habitar* significa "ocupar como residência; residir; morar". Quando você e eu habitamos em Cristo — no Seu esconderijo — não vamos lá apenas de vez em quando, mas fazemos deste lugar nossa morada permanente.

No Novo Testamento, uma das palavras gregas traduzidas como *habitar* era a mesma palavra grega traduzida para *permanecer* em João 15:7 onde Jesus diz: "Se vocês permanecerem em Mim, e as Minhas palavras permanecerem em vocês, pedirão o que quiserem, e lhes será concedido".

Se você e eu permanecemos em Deus, é o mesmo que habitar com Deus. Na verdade, a Bíblia inglesa *Amplified Bible* traduz João 15:7 da seguinte forma: "Se você vive em Mim [habita vitalmente unido a Mim] e Minhas Palavras permanecem em você e continuam a viver em seu coração, peça o que deseja e lhe será feito".

Em outras palavras, precisamos estar firmemente plantados em Deus. Temos que conhecer a Fonte do nosso auxílio em cada situação e circunstância. Nós precisamos ter um esconderijo de paz e segurança. Precisamos depender de Deus e confiar Nele completamente.

29 DE JULHO

O Espírito Santo é Nosso Ajudador e Companheiro de Prontidão

E eu pedirei ao Pai, e Ele lhes dará outro Conselheiro (Consolador, Ajudador, Intercessor, Advogado, Fortalecedor e Companheiro de prontidão) para estar com vocês para sempre.

— JOÃO 14:16, AMP

A expressão *de prontidão* tem um significado e aplicação especiais para nós no mundo moderno. Todos temos conhecimento de passageiros de linhas aéreas que estão "*de prontidão*", ou seja, pessoas que ficam ali no balcão esperando por um acento disponível no avião. O Senhor usou esta cena para me ensinar sobre o

Espírito Santo e que Ele é o Companheiro sempre de plantão, Aquele que fica ao nosso lado o tempo todo, a espera da primeira oportunidade para nos prestar a ajuda que precisamos e nos dar a força que nos falta — e é por isso que Ele é o nosso Ajudador, nosso Fortalecedor.

Aprendi que uma das orações mais espirituais que podemos oferecer possui uma só palavra, "Socorro!". Não tenho palavras para expressar quantas vezes por semana paro para clamar a Deus, "Ajuda-me, Senhor, fortaleça-me. Sei que Tu estás aqui porque a Bíblia me promete que sempre estarás ao meu lado, esperando para me ajudar e fortalecer em cada situação da minha vida". Às vezes quando estou pregando e ensinando dia após dia, noite após noite, fico tão exausta que tenho de orar: "Senhor, ajuda-me, preciso de Tua força".

Houve ocasiões em que dirigi sete reuniões em quatro dias. Geralmente fico tão cansada que tenho de lembrar que o meu auxílio vem do Senhor e preciso clamar por Ele, por Suas promessas de que aqueles que esperam no Senhor renovarão as suas forças (ver Salmos 121:2 e Isaías 40:31). Em momentos assim, sempre recebo a ajuda e a força de que preciso para realizar a obra que Deus me deu para fazer.

30 DE JULHO

O Poder da Submissão

A palavra do Senhor veio a Jonas pela segunda vez com esta ordem: "Vá à grande cidade de Nínive e pregue contra ela a mensagem que eu lhe darei".

— JONAS 3:1-2

Lemos no livro de Jonas que Deus disse a Jonas para ir à Nínive e pregar o arrependimento ao povo da região. Mas Jonas não quis ir, de modo que foi para Társis, que é geograficamente oposta a Nínive. Fugir de Deus não nos ajuda a encontrar paz com Ele.

O que acontece quando vamos na direção oposta de para onde Deus quer nos dirigir? O que aconteceu a Jonas? Quando ele subiu no navio e seguiu para onde queria, veio uma tempestade. Muitas tempestades que encaramos na vida são resultado de nossa própria obstinação. Muitas vezes fomos desobedientes à voz e liderança de Deus. A tempestade violenta que sobreveio a Jonas assustou os homens no navio. Eles jogaram sorte para ver o que lhes estava causando todo o problema, e caiu em Jonas. Ele sabia que tinha desobedecido a Deus, de modo que disse aos homens para lançá-lo para fora do navio para ficarem livres do perigo.

Eles fizeram o que ele disse, a tempestade parou e um grande peixe engoliu Jonas. Ele clamou do ventre do peixe (que não é um lugar muito agradável) a Deus para que o livrasse e se arrependeu de sua obstinação. O peixe o vomitou em terra seca; e em Jonas 3:1 vemos que a palavra do Senhor veio a Jonas uma

UM NOVO DIA, UM NOVO VOCÊ — 151

segunda vez. Deus lhe disse novamente para ir a Nínive e pregar para o povo de lá. Não importa quanto tempo passamos evitando as instruções de Deus, elas ainda estão lá esperando por nós, para quando pararmos de fugir delas.

Deus só nos deixa desconfortáveis enquanto não seguimos Suas instruções. Em outras palavras, sempre sabemos quando algo não está certo em nossas vidas. Eventualmente veremos que estar *na* vontade de Deus, e não *fora* dela, é o que nos traz paz e alegria. Temos de submeter nossas próprias vontades a Deus, porque andar segundo o nosso egocentrismo é o que nos mantém infelizes.

31 DE JULHO

Tenha Êxito Sendo Você Mesmo

Restaura-me o vigor. Guia-me nas veredas da justiça por amor do Seu Nome.

— SALMOS 23:3

Eu me sinto muito bem com a idade que tenho agora — o que mostra que coisas como energia, saúde e felicidade não têm que diminuir com a idade. Mas parte do meu contentamento vem de eu ter aprendido a me sentir bem comigo mesma. Tive êxito em ser eu mesma. Não fico desejando ter vinte anos novamente, em parte porque não gostei muito dessa fase da minha vida, e também porque não importa se eu tivesse gostado! Estou aqui agora, e escolhi viver o dia de hoje!

As pessoas que anseiam voltar a ser jovens nunca estão contentes, porque cada dia a juventude se afasta de nós um pouco mais. Não despreze o processo do envelhecimento, porque não há como evitá-lo se você continuar vivendo neste mundo. É muito melhor desfrutar de quem você é agora e tentar viver e aparentar o que é apropriado para sua idade. Algo que pode ajudar é encontrar modelos que possamos seguir. Geralmente não pensamos que pessoas com cinquenta ou sessenta e tantos anos de idade ainda precisem de modelos, mas precisam! Todos nós precisamos!

Billy Graham é um bom modelo para mim e posso sinceramente dizer que nunca me preocupei muito com o quanto ele pesa ou quantas rugas tem. Eu o admiro pelo seu espírito, dedicação, realizações e compromisso com Deus, e com o chamado de sua vida. O descontentamento é uma dos maiores gigantes que precisamos conquistar se tivermos alguma esperança de desfrutar a vida plenamente. O descontentamento com nossa aparência, idade, posição, possessões e qualquer coisa que nos deixe ingratos com o que temos no momento é um problema.

Talvez não tenhamos tudo o que gostaríamos de ter, mas certamente temos mais que algumas pessoas. Não importa o que você pense de sua aparência, sempre existe alguém que adoraria ser como você. Não importa quão velho seja, há muita gente mais velha e que adoraria ser tão jovem quanto você. Anime-se e aproveite ao máximo o que tem. Ame a si mesmo e a sua vida; é a única que você tem!

1º DE AGOSTO

Uma Oração Simples e Cheia de Fé

E quando orarem, não fiquem sempre repetindo a mesma coisa, como fazem os pagãos. Eles pensam que por muito falarem serão ouvidos.

— MATEUS 6:7

Temos que aprender a confiar na oração simples e cheia de fé. Precisamos confiar que mesmo se dissermos apenas, "Deus, me ajude," Ele ouve e vai responder nossa oração. Podemos contar que Deus será fiel em fazer o que lhe pedimos, desde que nosso pedido esteja de acordo com a Sua vontade. Muitas vezes ficamos presos nas nossas muitas palavras quando vamos orar.

Às vezes perdemos de vista o fato de que a oração é simplesmente uma conversa com Deus. A duração, o volume e a eloquência da nossa oração não é a questão; é a sinceridade do nosso coração e a confiança que temos de que Deus ouve e nos responde que é importante. Às vezes tentamos soar tão devotos e elegantes que nos perdemos. Se conseguíssemos nos livrar de tentar impressionar a Deus, estaríamos muito melhor.

A Primeira Epístola aos Tessalonicenses 5:17 diz: "Orem continuamente", ou como diz a versão Almeida Atualizada: "Orai sem cessar". Se não entendemos que a oração deve ser simples e cheia de fé, essa instrução pode nos parecer um fardo muito pesado de se carregar. Talvez sintamos que estamos nos saindo muito bem se orarmos por trinta minutos por dia, então, como poderíamos orar sem parar? Precisamos ter tanta confiança na nossa vida de oração a ponto de orar ser como respirar, algo que fazemos sem esforço, a cada momento que estamos vivos.

Não nos esforçamos e batalhamos para respirar, a não ser que tenhamos um problema nos pulmões, e tampouco deveríamos batalhar e ter dificuldade em orar. Acredito que não teríamos nenhum problema nessa área se realmente entendêssemos o poder de uma oração simples e cheia de fé. Deveríamos nos lembrar de que a oração é poderosa quando é sincera e sustentada pela fé.

2 DE AGOSTO

Deixe Deus lhe Pagar

Perdoa as nossas dívidas, assim como perdoamos aos nossos devedores.

— MATEUS 6:12

Sempre que somos magoados por alguém, sentimos invariavelmente que a pessoa nos deve algo. Da mesma forma, quando magoamos alguém, talvez sintamos que estamos endividados para com a pessoa ou devemos lhe pagar de alguma forma o que fizemos. Tratar os outros injustamente, abusar de alguma forma deles, deixa uma "dívida não paga" no mundo do espírito. Sentimos tais dívidas em pensamento e no coração. Se os sentimentos de vingança de que os outros lhe devem algo, ou pelo que você lhes deve, ficarem pesados demais e ocuparem o seu coração tempo demais, você provavelmente virá a sentir os resultados nada sadios em seu corpo.

Jesus ensinou Seus discípulos a orarem: "Perdoa as nossas dívidas, assim como perdoamos (deixamos para lá, abrimos mão do que nos devem, como também de qualquer ressentimento contra) aos nossos devedores" (Mateus 6:12, AMP). Ele estava falando sobre pedir a Deus para perdoar os nossos pecados e Se referiu a eles como "dívidas". Uma dívida é algo que você deve a outra pessoa. Jesus disse que Deus vai perdoar as nossas dívidas — nos liberar delas e agir para conosco como se nunca lhe tivéssemos devido nada. Ele também ordenou que tivéssemos a mesma conduta com aqueles que têm dívidas conosco. Mais uma vez repito que isso pode parecer difícil, mas é muito mais difícil odiar alguém e passar o resto da vida tentando receber uma dívida que o devedor nunca terá condições de lhe pagar.

A Bíblia diz que Deus nos dará a nossa recompensa (ver Isaías 61:7-8). Eu nunca prestei muita atenção a este versículo até alguns anos atrás quando estava estudando sobre perdão e livramento de dívidas. Recompensa é uma palavra-chave para qualquer pessoa que foi magoada. Quando a Bíblia diz que Deus nos recompensará, basicamente está dizendo que Ele Próprio vai nos pagar o que nos devem!

3 DE AGOSTO

Evite Desavenças e Mantenha a Paz

Então Abrão disse a Ló: "Não haja desavença entre mim e você, ou entre os seus pastores e os meus; afinal somos irmãos! Aí está a terra inteira diante de você. Vamos nos separar! Se você for para a esquerda, irei para a direita; se for para a direita, irei para a esquerda".

— GÊNESIS 13:8-9

O relacionamento entre Abrão (chamado mais tarde de Abraão) e Ló ilustra a importância de mantermos a paz nas nossas relações com os outros. Gênesis 12 registra o acordo de paz que Deus fez entre Abraão e seus herdeiros. Abraão tornou-se extremamente rico e poderoso porque Deus o abençoou. Deus o escolheu para ser um homem através do qual Ele abençoaria todas as nações na face da terra.

Acho bem interessante que no capítulo seguinte, Gênesis 13, houvesse desavença entre os pastores de Ló e de Abraão (vs. 7). Desavença é exatamente o oposto de paz. Deus deu paz a Abraão e Satanás quis logo roubar essa bênção. A Bíblia diz que Abraão foi até Ló e disse: "Não haja desavença entre mim e você, ou entre os seus pastores e os meus; afinal somos irmãos!" (Gênesis 13:8). Ele disse a Ló que eles teriam que se separar, de modo que Ló deveria escolher a terra que quisesse e Abraão ficaria com a que restasse.

Ló, que não teria nada se Abraão não lhe tivesse dado, escolheu a melhor parte: o Vale do Jordão. Abraão não disse nada, ficou simplesmente com o que restou. Ele sabia que Deus o abençoaria se ele mantivesse a paz. É impossível que as pessoas que andam em paz, para assim honrarem a Deus, percam algo nesta vida. Então Deus pegou Abraão e o levou ao topo de uma colina e disse: "De onde você está, olhe para o norte, para o sul, para o leste e para o oeste: toda a terra que você está vendo darei a você e à sua descendência para sempre" (vers. 14-15). Que grande negócio, hein! Abraão abriu mão de um vale e Deus lhe deu tudo o que ele conseguia ver.

4 DE AGOSTO

Entre no Descanso de Deus

Assim, ainda resta um descanso sabático [total e completo] para o povo de Deus; pois todo aquele que entra no descanso de Deus, também descansa [do cansaço e da dor] das suas obras, como Deus descansou das suas.

— HEBREUS 4:9-10, AMP

Se você se sente perturbado e chateado, preocupado e desgastado sobre todas as mudanças que precisa efetuar em si mesmo, por que não entrar no descanso de Deus? A luta não o mudará — nem a frustração ou a preocupação. Quanto mais você descansar em Deus, mais rápido irá mudar. Se a tela se debatesse contra o pincel do pintor, o quadro nunca seria terminado. A tela fica perfeitamente imóvel, totalmente submissa à sabedoria e à criatividade do artista. E é exatamente assim que devemos ser diante de Deus. Ele sabe o que está fazendo e como deve agir. Nós deveríamos simplesmente acreditar Nele e entrar no Seu descanso.

5 DE AGOSTO

Deus Procura Ajuda de Pessoas Experientes

Embora sendo Filho, ele aprendeu a obedecer por meio daquilo que sofreu; e, uma vez aperfeiçoado, tornou-se a fonte da salvação eterna para todos os que lhe obedecem.

— HEBREUS 5:8-9

Você já precisou de um emprego, mas cada anúncio que lia pedia alguém com experiência, e você não tinha? Você queria o emprego, mas não tinha nenhuma experiência e isso o frustrava. Eu já estive nessa situação e me lembro de pensar,

UM NOVO DIA, UM NOVO VOCÊ — 155

Como vou conseguir experiência se ninguém me dá um emprego? Deus também quer pessoas com experiência. Quando vamos trabalhar para Deus em Seu reino, Ele usa todo o nosso passado, não importa quão doloroso tenha sido. Ele considera tudo experiência. Passamos por dificuldades e essas dificuldades é o que nos qualificam para ajudarmos outros a passar pelas suas. Até mesmo Jesus adquiriu experiência através das coisas que sofreu.

Eu o encorajo a ver sua dor de uma perspectiva diferente. Ter a perspectiva certa poderá fazer toda a diferença. Procure ver como pode usar a sua dor para o benefício de outra pessoa. Será que a sua dificuldade pode se tornar o seu ministério? Você talvez tenha passado por tantas coisas que acha que já teve experiência o suficiente para ser um especialista em algum assunto.

Sou especialista em superar a vergonha, a culpa, uma autoimagem ruim, falta de autoconfiança, medo, ira, rancor, autocomiseração, etc. Vá além da sua dor e adquira um "diploma de mestrado" para poder trabalhar no Reino para Aquele que é mestre em restaurar os que sofrem.

6 DE AGOSTO

Torne-se um Estudante da Palavra

Aceitem humildemente a palavra implantada em vocês, a qual é poderosa para salvá-los.

— TIAGO 1:21

Às vezes Deus transcende as leis da natureza e fala conosco através de uma revelação sobrenatural. Não há nada mais sobrenatural do que a Palavra de Deus, que nos inspira sobrenaturalmente pelo Espírito Santo que fala conosco através dos profetas e discípulos de Deus. A Bíblia tem a resposta para cada pergunta que você possa ter. Qualquer pessoa que queira ouvir a voz de Deus deve ser um estudante da Palavra. Deus nunca irá contradizer Sua Palavra escrita, não importa que maneira encontre para se comunicar conosco.

Se pensamos que podemos ouvir claramente de Deus sem passar tempo meditando na Sua Palavra, estamos muito enganados. Ouvir a voz de Deus sem dedicar tempo à Palavra regularmente abre a nossa recepção para ouvirmos vozes que não são de Deus. Conhecer a Palavra escrita nos protege desse engano. Algumas pessoas só buscam a Deus quando estão encrencadas e precisam de ajuda. Mas se não costumam ouvir a Deus, elas terão dificuldade em reconhecer Sua voz quando do realmente precisarem ouvi-lo.

Até Jesus resistiu às mentiras de Satanás respondendo, "Está escrito" (ver Lucas 4). Qualquer ideia, inclinação ou pensamento que passa pela nossa cabeça precisa ser comparado à Palavra de Deus. Todas as imaginações devem ser lançadas fora e ignoradas (ver 2 Coríntios 10:5), mas o conhecimento da Palavra é de vital importância para discernirmos a voz de Deus.

7 DE AGOSTO

Recomece

De todos os lados somos pressionados, mas não desanimados; ficamos perplexos, mas não desesperados; somos perseguidos, mas não abandonados; abatidos, mas não destruídos.

— 2 CORÍNTIOS 4:8-9

Todos nós ficamos desapontados quando temos um plano e ele falha, ou uma esperança que não se materializa, ou uma meta que não alcançamos. Quando as coisas não acontecem, ficamos tristes por um tempo, e isso pode nos levar à depressão se não lidamos com a situação devidamente.

É nesse momento que precisamos decidir nos adaptar e ajustar, adquirir uma nova abordagem, simplesmente seguir em frente apesar de como nos sentimos. É então que devemos nos lembrar de que temos o Grandioso habitando em nós, e por isso não importa o que aconteça e o que venha nos frustrar, ou quanto tempo leve para os nossos sonhos e metas tornarem-se realidade, não vamos abrir mão deles nem desistir só por causa das nossas emoções. É então que devemos lembrar algo que Deus me disse em um determinado momento: "Quando ficar desapontado, você poderá sempre decidir começar de novo!".

A decepção geralmente nos leva ao desânimo, que nos deixa ainda mais por baixo. Como é desencorajador e desalentador vermos aquilo que amamos ser destruído sem razão pelos outros, ou pior ainda, por causa da nossa própria negligência e fracasso.

Não importa como tenha acontecido ou quem seja o responsável, é difícil continuarmos quando tudo com o que contávamos cai por terra ao nosso redor. É nesse momento que aqueles entre nós que possuem o poder criativo do Espírito Santo em seu interior conseguem ter uma nova visão, uma nova direção e uma nova meta para superar a força que nos leva para baixo com a decepção, o desânimo e a destruição.

8 DE AGOSTO

O Amor Imutável de Deus

Eu, o Senhor, não mudo.

— MALAQUIAS 3:6

O amor verdadeiro, aquele que vem de Deus, é sempre o mesmo, nunca muda. Ele é constante! Não é de admirar que Moisés tenha perguntado a Deus o que ele deveria dizer aos israelitas quando lhe perguntaram quem o havia enviado a Faraó, e que Deus tenha respondido dizendo a ele que deveria apresentá-lo como

UM NOVO DIA, UM NOVO VOCÊ — 157

"EU SOU..." (Êxodo 3:13-14). Sou mais do que disposta a admitir que ainda não consegui chegar ao nível de amar com um amor incondicional; mas com certeza gostaria de aprender, e acredito que você também. Parece que nós, seres humanos, estamos sempre mudando e temos que aprender a ser mais estáveis.

A estabilidade é uma virtude que comecei a notar em Dave depois que nos casamos. Eu nunca havia estado muito na presença de pessoas estáveis. Dave era sempre o mesmo aonde quer que fosse, o tempo todo. Ele não era de um jeito quando saía para o trabalho de manhã e de outro quando voltava para casa do trabalho à noite. As circunstâncias não mudavam seu comportamento. Deus trabalhou na vida de Dave por anos antes de nos casarmos e desenvolveu essa estabilidade em seu caráter.

Estabilidade é algo que aprendemos. À medida que passamos repetidas vezes pelas mesmas montanhas na vida, finalmente aprendemos a não permitir que elas nos perturbem. Somente assim e então é que somos candidatos a mostrar o amor de Deus para um mundo tão carente.

9 DE AGOSTO

Expresse Sua Fé

Se você confessar com a sua boca que Jesus é Senhor e crer em seu coração que Deus
o ressuscitou dentre os mortos, será salvo. Pois com o coração se crê para justiça,
e com a boca se confessa para salvação.

— ROMANOS 10:9-10

Este é um princípio muito importante que corremos o risco de perder. Somos salvos pela fé, mas Tiago disse que a fé sem obras é morta. Acredito do fundo do meu coração que Deus é digno de ser adorado; mas se eu não agir para adorá-lo, aquilo em que creio não serve de muita coisa. Posso dizer que acredito em dar o dízimo; mas se não o entregar, isso não vai me ajudar financeiramente. Seja ousado — aja e seja expressivo em seus louvores e adoração. Muita gente se recusa até mesmo a falar sobre Deus. Dizem que religião é um assunto particular. Mas eu ainda não encontrei ninguém na Bíblia que tenha conhecido Jesus e guardado segredo disso. Quando estamos empolgados em louvar e adorar ao Senhor, é difícil não o expressarmos de alguma maneira visível. Quando Ele enche os nossos corações, as boas novas sobre Jesus saem como que involuntariamente das nossas bocas.

10 DE AGOSTO

Um Curador Ferido

Bendito seja o Deus e Pai de nosso Senhor Jesus Cristo, Pai das misericórdias e Deus de toda
consolação, que nos consola em todas as nossas tribulações, para que, com a consolação que
recebemos de Deus, possamos consolar os que estão passando por tribulações.

— 2 CORÍNTIOS 1:3-4

A melhor pessoa para tratar das feridas dos outros é alguém que também já foi ferido, porque ele sabe com o que está lidando porque já sofreu aquilo em sua própria experiência. É disso que Paulo fala nesta passagem de sua carta à igreja em Corinto. Se você passou por momentos difíceis em sua vida, poderá ministrar ainda mais e melhor àqueles que estão passando pelo mesmo tipo de sofrimento.

Apesar de ter passado por um momento difícil em sua vida, Deus pode usar o que você passou para a Sua glória — se você permitir! Se eu ainda me encontrasse do jeito que estava, sentindo pena de mim mesma, não serviria para nada nem ninguém. Mas como o Senhor me deu a graça para deixar a minha autocomiseração de lado e abraçar o desafio de viver por Ele, agora posso ajudar centenas de milhares de pessoas em todo o país e no exterior.

Para mim, o maior testemunho do mundo é ser capaz de dizer: "Deus pegou o que Satanás estava tentando usar para me destruir e o usou para a Sua glória, e para melhorar a vida de outras pessoas no Reino". Somente Deus pode fazer isso! Não importa em que situação você se encontre hoje ou pelo que esteja passando, Deus pode mudar sua situação e usá-la para levar o Seu reino mais longe e abençoar não apenas você, mas muitos outros.

11 DE AGOSTO

A Paciência Agrada a Deus

Porque é louvável (aprovado, aceitável e digno de elogio), que, por motivo de sua consciência para
com Deus, alguém suporte [passe pacientemente pelas] aflições sofrendo injustamente. Pois que
vantagem há em suportar açoites recebidos por terem cometido o mal? Mas se vocês suportam
[pacientemente] o sofrimento por terem feito o bem, isso é louvável diante de Deus.

—1 PEDRO 2:19-20, AMP

Se você e eu vamos receber o que Deus quer nos falar através desses versículos, precisamos lê-los devagar e digerir cada frase plenamente. Admito que estudei esses versículos por anos tentando entender por que Deus se agrada tanto ao me ver sofrer quando a Bíblia deixa tão claro que Jesus levou sobre si os meus

UM NOVO DIA, UM NOVO VOCÊ — 159

sofrimentos e as dores do meu castigo (ver Isaías 53:3-6). Precisei de anos para entender que o foco desses versículos em 1 Pedro não é o sofrimento, mas sim a atitude que devemos ter. Note como a palavra "pacientemente" foi usada nessa passagem, quando diz que se sofremos aflições injustamente e lidamos com a situação com paciência isso é agradável a Deus. Para nos encorajar no nosso sofrimento, somos exortados a olhar para Jesus e ver como Ele lidou com a situação quando foi injustamente atacado. O que agrada a Deus é a nossa atitude de ser paciente — não o nosso sofrimento.

1 2 DE AGOSTO

Estamos Buscando a Presença de Deus ou Seus Presentes?

Tu me farás conhecer a vereda da vida, a alegria plena da tua presença, eterno prazer à tua direita.

— SALMOS 16:11

Para termos a vitória como crentes é vital buscarmos a Deus pelo que Ele é, e não pelo que pode fazer por nós. Essa foi uma lição essencial para mim. Tive de aprender a me regozijar em Deus, não no que Ele estava fazendo ou não por mim. A alegria do Senhor é a nossa força (ver Neemias 8:10), não a alegria das circunstâncias que nos cercam. Teremos pouca ou nenhuma força contra o diabo se formos instáveis e permitirmos que as circunstâncias determinem nossa alegria. Precisei de um bom tempo para fazer essa transição, mas que diferença incrível fez na minha vida espiritual! Antes eu sempre achava que precisava de algo, que algo estava faltando na minha caminhada com o Senhor. Descobri que tenho tudo em Sua presença, não Seus presentes. Devemos buscar não os presentes de Deus, mas o Próprio Deus. Sua presença é o que nos sustém e nos dá vida — abundante e eterna. Temos que decidir que vamos servir a Deus mesmo se nunca recebermos o que queremos. Como Jó, devemos dizer: "Ainda que Ele me mate, nele confiarei" (Jó 13:15).

1 3 DE AGOSTO

Um Coração Perfeito

Porque, quanto ao Senhor, Seus olhos passam por toda a terra, para mostrar-se forte para com aqueles cujo coração é perfeito para com Ele.

— 2 CRÔNICAS 16:9, ARC

A Bíblia diz que Deus procura "aqueles cujo coração é perfeito para com Ele". O que significa ter um coração perfeito? Quer dizer ter um coração cheio do desejo de querer fazer o que é certo e agradar a Deus. Alguém que tem o coração perfeito verdadeiramente ama a Deus, apesar de não ser uma pessoa perfeita. Ainda tem as coisas da carne com as quais lidar; sua boca talvez ainda se meta em encrenca e talvez cometa erros e perca a paciência com os outros. Mas quando faz essas coisas, logo se arrepende e endireita as coisas com Deus. Se ofendeu outra pessoa, humilha-se e pede perdão.

Quando Deus busca alguém a quem usar, Ele não procura uma pessoa com um comportamento perfeito, mas atitudes horríveis de coração. Ele busca alguém que talvez não tenha um comportamento perfeito, mas cujo coração está correto perante Ele. Deus tem todo tipo de posições que precisam ser preenchidas em Seu reino. Para preenchê-las Ele está sempre rebaixando uma pessoa e exaltando outra. Se não nos comportarmos nem mantivermos uma atitude correta, não estaremos numa posição em que Deus poderá nos usar como gostaria. Ele pode nos promover, mas também pode nos rebaixar.

Quando estamos pensando em promover alguém em nossa organização, não procuramos aqueles com mais talentos. Procuramos os que têm uma atitude correta de coração, os que estão dispostos a ir além do dever quando chamados para isso. É assim que Deus nos vê. E, uma das principais coisas principais que Ele busca quando está prestes a promover alguém, é se essa pessoa tem um coração perfeito.

14 DE AGOSTO

Suas Ovelhas Conhecem a Sua Voz

Depois de conduzir para fora todas as suas ovelhas, vai adiante delas, e estas o seguem, porque conhecem a sua voz. Mas nunca seguirão um estranho; na verdade, fugirão dele, porque não reconhecem a voz de estranhos.

— JOÃO 10:4-5

Deus fala conosco de diversas maneiras. Muitas pessoas acham que não ouvem a Deus porque estão buscando uma manifestação sobrenatural que simplesmente não acontece. A maior parte do tempo, Deus fala através de uma voz mansa e delicada no nosso íntimo que nos parece bem natural. Deus diz que somos as Suas ovelhas e que Ele é o nosso Pastor, e que as Suas ovelhas conhecem a Sua voz (ver João 10:1-5).

Ele talvez fale conosco através da natureza, como fez comigo poucos dias depois de eu ter recebido o batismo do Espírito Santo. Passei por um campo cheio de ervas daninhas e no meio de tudo aquilo havia uns dois ou três pontos cheios de lindas flores. Recebi uma mensagem de Deus sobre por que as flores podem crescer no meio das ervas daninhas, e como as coisas acontecem em nossas vidas quando estamos no meio de dificuldades e provações.

Durante todos os anos que tenho ouvido a voz de Deus, tive apenas uma visão e talvez quatro ou cinco sonhos proféticos. Não estou menosprezando o fato de que Deus fala com algumas pessoas através de vários sonhos e visões; mas a maior parte das vezes, Ele simplesmente enche os meus pensamentos e os confirma com a Sua Palavra escrita. Ele me dá paz, e eu tento seguir a Sua sabedoria.

Precisamos discernir a voz de Deus cuidadosamente, mas não temos que espiritualizar o fato de ouvirmos a Deus. Não é tão difícil como algumas pessoas pensam. Se Deus tiver algo a dizer, Ele sabe como se comunicar. É nossa responsabilidade simplesmente ouvir com expectativa e colocar o que ouvimos à prova para ver se sentimos paz sobre isso em nosso interior.

15 DE AGOSTO

Você é Guiado Por Suas Emoções?

Quem é dominado pela carne não pode agradar a Deus. Entretanto, vocês não estão sob o domínio da carne, mas do Espírito, se de fato o Espírito de Deus habita em vocês. E, se alguém não tem o Espírito de Cristo, não pertence a Cristo.

— ROMANOS 8:8-9

Há várias definições para a palavra *emoção*. De acordo com o dicionário Webster, a raiz da palavra vem do termo *emovere* do Latim, que significa mover para longe, afastar-se. Acho essa definição muito interessante porque é isso que as emoções carnais, que não foram crucificadas, tentam fazer conosco — mover-nos para que as sigamos e assim nos afastemos da vontade de Deus.

Na verdade, este é o plano de Satanás para nossa vida — fazer com que vivamos segundo os sentimentos da nossa carne para que nunca andemos no Espírito. O dicionário também diz que *emoções* são "uma reação subjetiva complexa e invariavelmente forte... que envolve mudanças psicológicas como preparação para uma ação". E isso é verdade. Por causa de sua complexidade, as emoções não são algo fácil de explicar, e isso às vezes faz com que seja bem difícil lidar com elas.

Por exemplo, há vezes quando o Espírito Santo está falando conosco sobre algo e nossas emoções se envolvem, então ficamos empolgados com a ideia de fazer tal coisa. O apoio emocional nos ajuda a sentir que Deus realmente quer que façamos aquilo. Outras vezes, o Senhor vai nos mover para fazermos certa coisa, e nossas emoções não vão querer ter nada a ver com o que Deus está nos revelando e pedindo para fazer. Elas não apoiarão o que nos foi pedido. E nessas ocasiões é mais difícil obedecer a Deus.

Nós dependemos muito do apoio emocional. Se não entendermos corretamente a natureza efêmera das emoções — ou a falta delas — Satanás pode usá-las para nos manter longe da vontade de Deus. Acredito fortemente que ninguém jamais andará na vontade de Deus e ser uma pessoa vitoriosa se seguir o que suas emoções lhe ditam.

16 DE AGOSTO

Períodos de Provação São Períodos de Aprendizado

Deus justo, que provas as mentes e os corações (as emoções).

— SALMOS 7:9, AMP

Deus é um Deus que prova as nossas emoções. O que a palavra "prova" significa neste contexto? Significa colocar à prova até ser purificado. Há pouco tempo, eu estava orando e Deus me disse: "Joyce, vou colocar suas emoções à prova". Nunca tinha ouvido nada assim. Seis meses depois, de repente eu parecia um bagaço emocional. Chorava sem motivo. Tudo afetava os meus sentimentos. Eu me perguntei, *Qual é o problema? O que está acontecendo?*

Foi então que o Senhor me lembrou do que havia me dito antes: "Vou colocar suas emoções à prova". Ele me guiou ao Salmo 7:9 e Apocalipse 2:23 e me ajudou a entender o que estava fazendo para o meu próprio bem. Não importa quem você seja, haverá períodos na vida nos quais vai se sentir mais emotivo do que de costume. Talvez você acorde uma manhã e se sinta arrasado e com vontade de chorar sem nenhum motivo. Nesses períodos você precisa ter cuidado porque seus sentimentos serão feridos com muita facilidade.

Houve momentos em minha vida em que fui para cama orando, sentindo-me maravilhosamente bem, e acordei no dia seguinte como se tivesse passado a noite comendo pregos! O que devemos fazer quando começamos a nos sentir assim? Em primeiro lugar, deveríamos não cair em condenação. Em segundo lugar, não deveríamos sequer tentar entender o que está acontecendo. Deveríamos apenas dizer a nós mesmos: "Este é um daqueles períodos em que as minhas emoções estão sendo postas à prova. Vou confiar em Deus e aprender a controlá-las".

Como você vai aprender a se controlar emocionalmente a não ser que Deus lhe permita passar por alguns períodos de prova? Se o Senhor não permitir que tais coisas nos sucedam, nunca iremos aprender a lidar com Satanás quando ele nos atacar com elas — coisa que ele fará mais cedo ou mais tarde. Períodos de provação são períodos de aprendizado.

17 DE AGOSTO

A Terapia do "Deixe Para Lá"

Lancem sobre ele toda a sua ansiedade, porque ele tem cuidado de vocês.

— I PEDRO 5:7

Há certas coisas que você pode controlar na vida — a escolha de seu emprego, quem são seus amigos, o que faz para se divertir — mas há outras que não pode controlar, como por exemplo o que as outras pessoas vão dizer ou fazer, as flutuações do mercado de ações, o pneu furado desta manhã. A maneira como você reage ao que foge ao seu controle determina seu nível de estresse e a qualidade de sua saúde. As pessoas que ficam regularmente muito chateadas com as pequenas coisas sofrem de várias maneiras. Aquelas que encolhem os ombros, admitem que o que aconteceu está fora de seu controle e "deixam para lá", saem-se muito melhor. A Bíblia diz "lancem... a sua ansiedade".

"Deixar para lá" não significa indiferença; simplesmente quer dizer reconhecer que não há nada que você possa fazer para mudar as coisas naquele momento em particular. O pneu já está furado; cuidar da situação pedindo socorro faz sentido; fazer uma cena e chutá-lo não. A abordagem que produz pouco estresse é deixar as coisas passarem. A vida simplesmente acontece. Deus opera de maneiras misteriosas.

Se você confia que Ele vai resolver as coisas, navegará pelas águas profundas da vida sem dificuldade. Passo algum tempo ministrando na Índia e na África, e me deparo com a terrível miséria e fome que vejo lá. Eu me interesso profundamente por aquelas pessoas e faço tudo ao meu alcance para aliviar sua situação, mas entendo que sou apenas uma pessoa e sou limitada em minha contribuição. Posso deixar a situação me queimar por dentro e me irar contra a injustiça que há em tudo isso, mas de que iria adiantar? Não iria conseguir nada a não ser me deixar doente e possivelmente incapaz de fazer alguma coisa. Faço o que posso, mas não fico tão chateada com a situação a ponto de perder o controle. Faça o melhor que pode, ore e Deus fará o resto!

18 DE AGOSTO

Autoconfiança não! Confiança em Deus!

Nós... que nos gloriamos em Cristo Jesus e não temos confiança alguma na carne.

— FILIPENSES 3:3

Todo mundo fala sobre autoconfiança. Há todo tipo de seminários sobre autoconfiança, tanto no mundo secular como no mundo da igreja. Quando se fala de confiança geralmente refere-se à "autoconfiança", porque todos nós sabemos que precisamos nos sentir bem conosco se quisermos realizar algo na vida. Fomos ensinados que todas as pessoas têm uma necessidade básica de crer em si mesmo. Contudo, isso está errado. Na verdade, não precisamos acreditar em nós mesmos, mas sim em Jesus em nós. Não devemos ousar nos sentir bem conosco estando distantes de Deus. Quando o apóstolo Paulo nos instruiu a não confiarmos na carne, ele quis dizer exatamente o que disse — não confie em si mesmo nem em nada que possa fazer sem Jesus.

Nós não precisamos de autoconfiança; precisamos confiar em Deus! Muita gente passa a vida inteira subindo a escada do sucesso para descobrir quando chega ao topo que a escada estava encostada no edifício errado. Outras lutam tentando se comportar bem o suficiente para desenvolver certa medida de autoconfiança, para então passarem por uma série de fracassos. Ambas as atividades produzem os mesmos resultados: vazio e tristeza.

Descobri que a maioria das pessoas se encaixa em uma das duas categorias a seguir: (1) nunca realizam nada, não importa o quanto se empenhem, e acabam se odiando por causa da sua falta de realizações na vida; ou (2) têm talentos naturais suficientes para realizarem grandes coisas, mas tomam todo o mérito pelas suas realizações para si e ficam cheias de orgulho. Tanto em um como no outro caso, elas são um fracasso aos olhos de Deus. A única pessoa verdadeiramente bem-sucedida aos olhos de Deus é o indivíduo que sabe que não é nada, mas é tudo em Cristo. Nosso orgulho e vanglória devem girar somente em torno de Jesus; Ele é quem tem toda a glória (o mérito) por qualquer uma das nossas realizações.

19 DE AGOSTO

Escolha a Igreja Certa

VOCÊ, PORÉM, FALE O QUE ESTÁ DE ACORDO COM A SÃ (ÍNTEGRA, SADIA) DOUTRINA [O CARÁTER E CONDUTA CORRETA QUE IDENTIFICA VERDADEIROS CRISTÃOS].

— TITO 2:1, AMP

Frequentei a igreja por anos e anos, mas nunca ouvi uma mensagem que tratasse do poder que minhas palavras exerciam sobre a minha vida. Devo ter ouvido algo sobre os meus pensamentos; mas se ouvi, não foi o suficiente para causar qualquer impacto, porque não mudei minha maneira de pensar. Ouvi sobre graça e salvação e outras coisas. Mas não foi tudo o que precisei saber para viver uma vida justa, e ter a paz e a alegria que Deus tem para oferecer a todos os que creem Nele (ver Romanos 14:17). Há muitas igrejas maravilhosas que ensinam a Palavra de Deus na íntegra, por isso, gostaria de encorajá-lo a se certificar de que você escolherá uma igreja na qual vai aprender e crescer espiritualmente. Não deveríamos ir à igreja somente para cumprir uma obrigação que achamos que temos para com Deus. Deveríamos frequentar uma igreja para termos convívio com outras pessoas que creem em Jesus Cristo, adoram a Deus, e para aprender a viver a vida que Jesus morreu para que nós vivêssemos e desfrutássemos.

20 DE AGOSTO

Enraizado e Plantado em Deus

Sejam sóbrios (equilibrados, moderados) e vigiem. O diabo, o inimigo de vocês, anda ao redor como leão, rugindo e procurando [vorazmente faminto], a quem possa devorar. Resistam-lhe, permanecendo firmes na fé [contra os seus ataques — enraizados, firmes, fortes, inabaláveis e determinados], sabendo que os irmãos que vocês têm (todo o corpo de cristãos) em todo o mundo estão passando pelos mesmos (idênticos) sofrimentos.

— 1 PEDRO 5:8-9, AMP

Ter moderação é ter autocontrole. E ser sóbrio é ter uma mente equilibrada. Então, na passagem bíblica acima é dito a você e eu para sermos bem equilibrados, termos autocontrole, uma mente equilibrada, termos raízes, sermos firmes, fortes, inabaláveis e determinados. De acordo com essa passagem, como vamos derrotar o diabo e suportar as variações físicas e emocionais que nos assaltam? Estando enraizados e plantados em Cristo. Satanás talvez invista contra nós com sentimentos, mas não temos que nos submeter às nossas emoções. Podemos enfrentá-las com firmeza mesmo quando elas nos atacam até mesmo no nosso íntimo.

Quando surgem os problemas — e isso ocorrerá de tempos em tempos — não podemos presumir que o Senhor intervirá e cuidará do problema para nós se não pedirmos isso a Ele. Devemos orar e pedir ao Senhor para mudar as circunstâncias nas quais nos encontramos. E então devemos permanecer constantes, sem alteração, e isso será um sinal para o inimigo de que ele está prestes a ser derrotado e destruído. Você quer saber por que o fato de sermos constantes e destemidos é um sinal para Satanás de que ele será derrotado? Porque ele sabe que a única maneira de derrotar um crente em Jesus é através do engano e da intimidação. Como é que ele pode vencer alguém que não tem medo dele? Como ele vai enganar alguém que reconhece as suas mentiras e se recusa a acreditar nelas? Que proveito terá em tentar colocar medo, raiva ou depressão em alguém que escolhe permanecer firme na Palavra de Deus? Quando o diabo vir que suas táticas não estão funcionando, ele perceberá que está fracassando e será sumariamente derrotado.

21 DE AGOSTO

Honre a Deus

Quanto a vocês, a unção que receberam dele permanece em vocês, e não precisam que alguém os ensine; mas, como a unção dele recebida, que é verdadeira e não falsa, os ensina acerca de todas as coisas, permaneçam nele como ele os ensinou.

— I JOÃO 2:27

Às vezes levamos mais em consideração o que as pessoas nos falam do que o que Deus nos diz. Se oramos diligentemente, ouvimos a Deus, mas então começamos a perguntar a opinião de todos que conhecemos, estamos honrando mais a opinião das pessoas do que a Palavra de Deus. Essa atitude vai nos impedir de crescer em um tipo de relacionamento com Deus no qual o ouvimos constantemente.

O versículo acima confirma que podemos confiar que Deus vai nos instruir, portanto, não precisamos que outras pessoas nos reassegurem constantemente essa instrução. Não quer dizer que não precisamos de ninguém para nos ensinar a Palavra. Se isso fosse verdade, Deus não ordenaria alguns como professores no corpo de Cristo. Mas quer dizer que, se estamos em Cristo, temos uma unção no nosso íntimo para guiar e orientar a nossa vida. Podemos pedir o sábio conselho de alguém de vez em quando, mas não temos que buscar outra pessoa constantemente para lhe perguntar sobre as decisões que precisamos tomar em nossa vida.

22 DE AGOSTO

Diga Não ao Negativismo!

Se alguém se purificar dessas coisas, será vaso para honra, santificado, útil para o Senhor e preparado para toda boa obra.

— 2 TIMÓTEO 2:21

Você e eu temos duas responsabilidades com relação a "relatórios ruins". A primeira é não fazer esse tipo de coisa, e a segunda é não ouvir esse tipo de coisa. Cada um de nós tem a responsabilidade de não falar negativamente com os outros e não permitir que os outros sejam negativos. É nossa responsabilidade nos ajudarmos uns aos outros, à maneira de Deus, a deixar de lado esse modo de pensar e falar negativamente sobre outros, sobre nós mesmos, e sobre as situações que todos nós temos de enfrentar e lidar nesta vida. Houve ocasiões em que as pessoas vinham me procurar para fazer fofoca sobre os outros e eu me sentia obrigada a ouvir o que elas tinham a dizer. Mas não é isso o que o apóstolo Paulo diz em Efésios capítulo 4. Ele diz que não devemos nos envolver em poluir nossas mentes ou as mentes das pessoas ao nosso redor. Segundo o que Paulo escreveu no versículo acima ao seu jovem discípulo, Timóteo, nós devemos ser vasos limpos. Devemos nos manter puros e ajudar os outros a se manterem puros também.

23 DE AGOSTO

O Riso da Fé

Os reis da terra tomam posição e os governantes conspiram unidos contra o Senhor e contra o seu ungido, e dizem: "Façamos em pedaços as suas correntes, lancemos de nós as suas algemas!" Do seu trono nos céus o Senhor põe-se a rir e caçoa deles.

— SALMOS 2:2-4

Quando os inimigos de Deus se juntam contra Ele, Ele senta-se no Céu e ri. Ele é o Alfa e o Ômega, o Princípio e o Fim (ver Apocalipse 1:8), portanto, Ele já sabe como tudo vai acabar. Visto que Ele é o princípio e o fim, deve também ser tudo o mais entre os dois. Nós rimos do *riso da fé* de Abraão. Deus lhe disse que apesar de ser velho demais para ter um filho naturalmente, Ele daria um filho a Abraão de qualquer forma. Abraão riu (ver Gênesis 17:17)! Anos se passaram antes que Abraão visse o cumprimento da promessa de Deus. Tenho certeza de que quando olhou adiante, para o dia que imaginou em seu coração, ele riu.

Nós passamos tempo demais com os nossos próprios pensamentos, olhando para o que está acontecendo agora em vez de olharmos para a linha de chegada. Pense em todas as coisas que Deus já fez por você. Você teve de esperar por elas, não foi? Ele é fiel; Ele fará o que prometeu. Você talvez tenha que esperar um pouco, mas se decidir desfrutar a jornada, não vai parecer tão demorada assim. Talvez você esteja familiarizado com o velho ditado que diz que "água vigiada não ferve". Quando você fica ao lado da panela cheia de água vigiando, parece levar séculos para ela ferver; mas quando vai fazer outra coisa e esquece aquela água na panela, parece levar apenas alguns segundos.

Ficar observando o seu problema é como vigiar uma panela de água. Se você quiser fazer a única coisa que pode fazer, então tire o problema da cabeça. Ele será resolvido muito mais rápido se você conseguir dizer que "desfrutou a jornada".

24 DE AGOSTO

Relutar nos Esgota, a Fé nos Dá Energia

Entregue suas preocupações ao Senhor, e ele o susterá; jamais permitirá que o justo venha a cair.

— SALMOS 55:22

Relutar para fazer as coisas está estreitamente relacionado ao medo. Talvez possamos dizer que é o precursor do medo. Acredito que muitas pessoas relutam em fazer muitas coisas e nem percebem que isso é um problema. Vai desde não querer sair da cama de manhã para ir trabalhar, a lavar a louça, dirigir no trânsito, pagar as contas, etc.

A maneira como abordamos qualquer situação pode fazer toda a diferença quanto a gostarmos ou não do que fazemos. É claro que vamos nos sentir mal se abordarmos dirigir no trânsito de maneira negativa, reclamando por termos que fazê-lo. Não vai nos servir de nada, porque teremos que dirigir até o trabalho, querendo ou não. Na verdade, é uma grande tolice relutar em fazer as coisas que temos de fazer e sabemos que vamos fazer. Essa atitude acaba nos roubando a paz e a alegria de viver. Ela também suga a nossa energia e as forças que precisamos para o dia a dia. Relutar nos esgota, mas a fé nos dá energia.

Ser negativo nos esgota, ao passo que ser positivo nos dá energia. Milhões de pessoas no mundo hoje em dia andam cansadas. Elas vão ao médico para descobrir qual o motivo de seu cansaço, e ele lhes diz que é o estresse. Muitas vezes tomamos remédios para condições que poderiam ser totalmente resolvidas se eliminássemos de nossa vida a preocupação, o medo e essa atitude de relutar em fazer as coisas. Se decidirmos abordar cada aspecto de nossa vida, não importa qual seja, com uma atitude agradável e agradecida, veremos grandes mudanças para melhor, até mesmo em nossa saúde.

O futuro se aproxima, não importa o quanto o temamos ou relutemos em aceitá-lo. Deus nos dá o que precisamos a cada dia, mas Ele não nos dá a graça e a sabedoria para o dia de amanhã. Se usarmos o dia de hoje para tentar calcular o que fazer amanhã, nós nos sentiremos sobre pressão porque estaremos usando o que nos foi dado para hoje. Uma das maneiras de mostrarmos a nossa confiança em Deus é viver a vida um dia de cada vez. Nós provamos a nossa confiança Nele quando desfrutamos o dia de hoje e não permitimos que as preocupações com o dia de amanhã interfiram no presente.

25 DE AGOSTO

Medite nas Coisas Certas

Meditarei em todas as Tuas obras e considerarei todos os Teus feitos.

— SALMOS 77:12

O salmista Davi falou frequentemente sobre meditar em Deus, na Sua bondade, nas Suas obras e nos Seus caminhos. É extremamente edificante pensarmos na bondade de Deus e em todas as obras maravilhosas de Suas mãos. Gosto muito de assistir aos programas na televisão sobre natureza, animais, vida marítima, etc., porque eles mostram a grandeza e a maravilha de Deus, Sua criatividade infinita e como Ele controla todas as coisas pela força de Seu poder (ver Hebreus 1:3). Se você quiser viver a vitória, precisará aprender a meditar regularmente em Deus, Seus caminhos e Suas obras.

Um dos meus versículos favoritos é o Salmo 17:15, no qual o salmista diz do Senhor: "Mas eu te verei, pois tenho vivido corretamente; e, quando acordar, a tua presença me encherá de alegria". Passei muitos dias infelizes porque começava a pensar em todas as coisas erradas logo que acordava pela manhã. Por outro lado, descobri que escolher pensar no Senhor e ter comunhão com Ele bem cedo pela manhã é uma das maneiras certas de começar o dia e desfrutar a vida. Posso verdadeiramente dizer que tenho sido totalmente satisfeita desde que o Espírito Santo me ajudou a pensar mais com a mente de Cristo (a mente do Espírito) do que com a minha.

26 DE AGOSTO

Considere Seus Próprios Caminhos

Acaso é tempo de vocês morarem em casas de fino acabamento, enquanto a Minha casa continua destruída? Agora, assim diz o Senhor dos Exércitos: "Vejam aonde os seus caminhos os levaram. Vocês têm plantado muito, e colhido pouco. Vocês comem, mas não se fartam. Bebem, mas não se satisfazem. Vestem-se, mas não se aquecem. Aquele que recebe salário, recebe-o para colocá-lo numa bolsa furada".

— AGEU 1:4-6

Começando em Ageu 1:2, vemos um grupo de pessoas a quem Deus dissera dezoito anos antes para reconstruírem a Sua casa. Eles ainda não tinham obedecido ao que Ele lhes havia pedido, e não entendiam por que suas vidas eram um grande desastre. Perguntavam-se onde estava a bênção de Deus. Depois de lhes lembrar de sua desobediência à instrução que havia lhes dado, o Senhor lhes falou os versículos acima.

Isso o lembra de alguém que você conhece? Quantas vezes você ouviu alguém dizer, "Eu simplesmente não entendo o que está acontecendo, Deus. Eu simplesmente não entendo"! Agora, veja a resposta em Ageu 1:7: "Assim diz o Senhor dos Exércitos: Vejam onde os seus caminhos os levaram!".

Em outras palavras, se não estamos satisfeitos com o que está acontecendo em nossas vidas no momento, talvez devêssemos fazer uma retrospectiva e deixar Deus nos mostrar de que modo a maneira como temos vivido tem afetado o que está acontecendo no momento. Temos que estar dispostos a mudar os nossos caminhos se quisermos receber as Suas bênçãos. Se estivermos dispostos a mudar a nossa conduta anterior e o que está nos impedindo de receber as bênçãos de Deus, poderemos ter vitórias maiores do que jamais tivemos.

27 DE AGOSTO

Dê Graças

Deem graças ao Senhor, porque Ele é bom, o Seu amor dura para sempre.

— SALMOS 118:1

Agradecer a Deus pela abundância na sua mesa é a melhor maneira que conheço para iniciar imediatamente um relacionamento muito mais saudável com o seu alimento. Se você tende a comer demais, peça a Deus para ajudá-lo nesta refeição que você irá comer a permanecer na Sua perfeita vontade. Deus quer que você desfrute do que come e deleitar-se verdadeiramente não significa comer tanto a ponto de passar as horas seguintes doente e com a consciência pesada. Entenda que esta refeição não é a última. Você vai se alimentar inúmeras outras vezes na vida, então dê graças a Deus, desfrute a sua comida, faça as escolhas certas e pare assim que se sentir satisfeito.

Outro grande truque para se lembrar de que a comida é mais do que sabor é dizer a si mesmo que você está comendo por dois. Muitas mulheres passam a ter uma dieta mais saudável quando ficam grávidas. Elas talvez não se importassem antes por se alimentarem mal e não comerem coisas muito nutritivas, mas não querem fazer isso com seus bebês! Ora, você também está comendo por dois. Visto que seu corpo é o templo do Espírito Santo, veja como é importante manter o "vaso" de Deus saudável. Você precisa se manter saudável para que Deus possa agir através de você no mundo. Não O decepcione!

28 DE AGOSTO

Comida Espiritual para Fome Espiritual

Ao contrário, revistam-se do Senhor Jesus Cristo, e não fiquem premeditando como satisfazer os desejos da carne.

— ROMANOS 13:14

É fácil ser viciado em comida, porque esse vício não traz o mesmo estigma do que ser viciado em cigarro ou drogas. Ao contrário desses vícios, a comida é uma necessidade legítima — até mesmo essencial — para a nossa saúde. Só quando abusamos dela é que se torna um problema. Mas é tão mais fácil chegar a isso! A comida é algo com que você sempre pode contar. Ao contrário de cônjuges, amigos, ou um clima maravilhoso, ela está sempre presente. Mas aí está o problema. Sempre que nos sentimos espiritualmente vazios, quer nos sintamos tristes, deprimidos ou entediados, é fácil buscar a comida para preencher esse vazio. E logo confundimos fome espiritual com fome física, e a comida se torna

UM NOVO DIA, UM NOVO VOCÊ — 171

a resposta imediata para nos proporcionar bem-estar. Você sabe aonde isso pode chegar. Quanto mais tentar saciar sua fome espiritual com comida ou qualquer outro estímulo que lhe seja prazeroso, mais sua alma irá clamar por alimento espiritual e mais doente ainda você vai ficar.

Felizmente, há outra fonte de consolo que está sempre à sua disposição quando você precisa dela. E, ao contrário dos alimentos nocivos ou das drogas, ela não o deixa acima do peso, doente nem letárgico. E é inclusive gratuita. Essa fonte é Deus. Ele é o "Pai das misericórdias... que nos consola em todas as nossas tribulações" (ver 2 Coríntios 1:3-4). Aprendi a correr primeiro para Deus quando não estou bem, em vez de procurar outra pessoa ou coisa. Não estou dizendo que essa seja uma reação automática. Precisei de anos para aprender a reagir corretamente, e às vezes ainda tenho que me lembrar de que o que verdadeiramente preciso é *alimento espiritual*. Mas adquirir este hábito fará mais por você em termos de manter sua mente e corpo sãos e sua vida equilibrada do que qualquer outra coisa que conheço. Seu espírito precisa de alimento assim como seu corpo. Não espere até passar por uma crise na vida para começar a alimentá-lo.

29 DE AGOSTO

Firme Sua Mente e Mantenha-a Firme

Mantenham o pensamento nas coisas do alto, e não nas coisas terrenas.

— COLOSSENSES 3:2

A Bíblia diz para pensarmos nas coisas do alto e não nas coisas da terra. Como já fui viciada na aprovação dos outros, sei como é difícil não pensar quando sentimos que alguém não está contente conosco. Pensamentos sobre como a pessoa pode estar com raiva de nós e sua rejeição para conosco preenche cada minuto no qual estamos despertos. Em vez de tentar não pensar nas coisas erradas, escolha os pensamentos certos. Encha sua mente com pensamentos positivos. Medite na Palavra de Deus e na vontade Dele para você. Assim os pensamentos errados não terão lugar para se fixar.

Temos muita experiência em ficarmos terrivelmente preocupados com algo, com a mente girando em torno do nosso problema interminavelmente. Se nos envolvemos em alguma outra coisa que nos interessa, paramos de nos preocupar por um tempo. Quando tudo está quieto e estamos sós, ou quando não temos nada mais para fazer, aí voltamos a nos preocupar.

Descobri que um dos melhores aliados que me ajuda a não pensar nas coisas erradas é me ocupar fazendo algo por outra pessoa. Assim não tenho tempo para ficar pensando em "mim" porque estou ocupada com a necessidade de outra pessoa. Dessa forma mantenho a mente nas coisas que são de cima e não nas terrenas, pensando nas instruções que Deus me deu para andar em amor (ver Efésios 5:2).

30 DE AGOSTO

Deus O Ama de Maneira Perfeita

Pois estou convencido de que nem morte nem vida, nem anjos nem demônios, nem o presente nem o futuro, nem quaisquer poderes, nem altura nem profundidade, nem qualquer outra coisa na criação será capaz de nos separar do amor de Deus que está em Cristo Jesus, nosso Senhor.

— ROMANOS 8:38-39

Posso passar um fim de semana inteiro numa conferência falando do amor de Deus, posso demonstrar todas as maneiras diferentes pelas quais Deus tem provado o Seu amor por nós, mas não posso forçar ninguém a receber Seu amor. É uma escolha pessoal que cada um precisa fazer. Até mesmo quando cometemos erros e sabemos que não merecemos o amor de Deus, ainda assim devemos recebê-lo para desfrutarmos do que Ele quer que tenhamos plenamente.

O amor de Deus vai nos ajudar a ganhar as vitórias na vida quando todas as potestades e principados parecerem lutar contra nós. O amor de Deus vai nos carregar através das tempestades da vida e nos levar a um lugar de paz. Mas nunca seremos mais do que vencedores (ver Romanos 8:37) se não nos for revelado o quanto somos amados por Deus.

Precisamos saber que Deus nos ama até mesmo durante os tempos difíceis, quando cometemos erros e falhamos. Seu amor não está restrito aos dias em que achamos que nos saímos bem. Precisamos confiar no Seu amor, especialmente quando passamos por provações e o diabo ri na nossa cara com acusações, tais como, "Olha, você deve ter feito algo errado".

Quando o acusador vier, temos que saber que Deus nos ama. Mesmo se tivermos feito algo errado, mesmo quando abrimos a porta para o diabo entrar, mesmo se agirmos por ignorância, Deus ainda nos ama. Deus está ao nosso lado (ver Romanos 8:28), e Ele vai nos mostrar o que precisamos fazer para sair do problema em que nos metemos.

31 DE AGOSTO

Conhecimento Pode Ser Perigoso

Pois decidi nada saber entre vocês, a não ser Jesus Cristo, e este, crucificado.

— I CORÍNTIOS 2:2

Este versículo é uma passagem bíblica maravilhosa. Você e eu tentamos saber tudo, e aqui está Paulo nos dizendo que ele fez justamente o oposto. Ao contrário de nós, que nos preocupamos com tudo o que não sabemos, Paulo estava tentando se livrar do conhecimento de certas coisas. Por quê? Porque ele descobriu que,

UM NOVO DIA, UM NOVO VOCÊ — 173

como a Bíblia ensina, às vezes o conhecimento pode cansar a mente (ver Eclesiastes 12:12). E ele também descobriu que pode levar ao orgulho: "O conhecimento traz orgulho, mas o amor edifica" (1 Coríntios 8:1).

Às vezes, quanto mais conhecimento acumulamos, mais problemas criamos para nós mesmos. Muitas vezes engendramos coisas, mexemos uns pauzinhos e fuçamos aqui e ali para então descobrirmos que teria sido melhor deixar a coisa quieta. Já lhe aconteceu de fazer de tudo para descobrir o que estava acontecendo e quando descobriu desejou sinceramente ter ficado de fora? É por isso que Paulo disse que tinha se determinado a não ter conhecimento de nada mais a não ser Jesus Cristo, e Ele crucificado. Às vezes, quanto mais penso que sei, mais difícil fica seguir a Deus.

1º DE SETEMBRO

Creia no Favor de Deus

O Senhor, porém, era com José, estendendo sobre ele a sua benignidade e dando—lhe graça aos olhos do carcereiro.

— GÊNESIS 39:21, ARA

A Bíblia cita muitas pessoas que foram favorecidas. Visto que Deus não faz acepção de pessoas (ver Atos 10:34), podemos acreditar e receber o favor Dele no nosso dia a dia.

Temos o favor de Deus à nossa disposição, mas como muitas outras coisas na vida, só porque algo está à nossa disposição não quer dizer que vamos tê-la. O Senhor coloca muitas coisas ao nosso dispor que nunca recebemos ou desfrutamos porque não ativamos a nossa fé para isso. Sou uma mulher muito ousada, que vai direto ao assunto e fala sem papas na língua. Muitas pessoas não conseguem lidar muito bem com esse tipo de personalidade, de modo que eu sabia que precisava de um favor específico. Precisava que Deus mostrasse o meu coração às pessoas e as ajudasse a crer que tudo o que eu queria era ajudá-las. Acredito que todos nós temos algumas características de personalidade que afastam as pessoas, de modo que orar para Deus nos favorecer é algo sábio.

Quando Deus nos favorece, as pessoas nos favorecem — e muitas vezes sem nenhuma razão aparente que elas possam explicar. Se três pessoas se inscrevessem para a mesma posição e todas fossem igualmente qualificadas, a pessoa que tem o favor de Deus a receberia.

Ser favorecido por Deus é parte da dispensação da graça divina. No Novo Testamento a palavra *graça* e a palavra *favor* são ambas traduzidas a partir da mesma palavra grega *charis*. Assim, a graça de Deus é o favor que Deus lhe dispensa. E o favor de Deus é a graça de Deus — o que faz com que as coisas que precisam acontecer aconteçam em nossas vidas, através da nossa fé. É o poder de Deus realizando algo por nós que não teríamos como fazer ou merecer.

Sei que você já deve ter passado por ocasiões em que foi favorecido por Deus e tenho certeza de que desfrutou bastante disso. Quero encorajá-lo a liberar sua fé neste aspecto de uma maneira mais grandiosa do que nunca. Não tenha medo de pedir para que Deus o favoreça.

2 DE SETEMBRO

Ouça o Sussurro do Espírito

Agora, porém, libertados da lei, estamos mortos para aquilo a que estávamos sujeitos, de modo que servimos em novidade de espírito e não na caducidade da letra.

— ROMANOS 7:6, ARA

De acordo com esta passagem da Bíblia, não estamos mais debaixo das restrições da lei, mas agora servimos ao Senhor segundo a obediência às orientações, aos sussurros do Espírito Santo. Um sussurro do Espírito é uma forma de "conhecimento" em nosso íntimo mais profundo que nos diz o que devemos fazer. Em 1 Reis 19:11-12 encontramos uma descrição da voz "mansa e delicada" que o Senhor usou para falar com Elias: "E eis que passava o Senhor, como também um grande e forte vento que fendia os montes e quebrava as penhas diante do Senhor; porém o Senhor não estava no vento; e depois do vento um terremoto; também o Senhor não estava no terremoto; E depois do terremoto um fogo; porém também o Senhor não estava no fogo; e depois do fogo uma voz mansa e delicada".

Um sussurro da parte do Senhor não é como bater na cabeça de alguém com um martelo para incitá-lo a fazer algo! O Senhor não usou o vento grande e forte, nem o terremoto nem o fogo para se comunicar. Ao invés disso veio uma "voz mansa e delicada".

Essa "voz mansa e delicada" não é necessariamente uma voz; pode ser a sabedoria de Deus nos direcionando naquele momento. 1 Coríntios 1:30 diz: "É, porém, por iniciativa Dele que vocês estão em Cristo Jesus, o qual se tornou sabedoria de Deus para nós". Se nascemos de novo, Jesus vive dentro de nós. Se Ele está dentro de nós, temos ao nosso dispor a sabedoria de Deus e podemos usufruir dela a qualquer momento! Mas se não dermos ouvidos à sabedoria, ela de nada nos servirá.

3 DE SETEMBRO

Faça uma Pausa para Louvar

Sete vezes por dia eu te louvo por causa das tuas justas ordenanças.

— SALMOS 119:164

UM NOVO DIA, UM NOVO VOCÊ — 175

Acredito que não há nada que agrade mais a Deus do que pararmos bem no meio do que estamos fazendo e levantarmos as mãos para adorá-lo, ou dedicarmos um momento para nos curvarmos diante Dele e dizer: "Eu te amo, Senhor". No versículo acima, o salmista diz que dedicava tempo sete vezes por dia para louvar a Deus.

Pense num homem de negócios, por exemplo. Talvez ele seja presidente de uma grande empresa. Não seria maravilhoso se duas ou três vezes por dia ele pudesse fechar a porta de seu escritório, ajoelhar-se e dizer: "Deus, só quero parar e passar um tempo adorando-o. Pai, todas essas coisas que Tu estás me dando — meus negócios, dinheiro e sucesso — são ótimas, mas eu quero apenas adorá-lo. Eu quero exaltá-lo. Tu és tão maravilhoso! Eu Te amo! Tu és tudo que eu preciso. Pai, eu Te adoro. Jesus, eu Te adoro. Espírito Santo, eu Te adoro". Acredito que se o homem de negócios fizesse isso, ele nunca precisaria se preocupar com seus negócios, suas finanças ou seu sucesso. Todas essas coisas estariam sendo muito bem cuidadas.

Mateus 6:33 (ARC) diz: "Mas, buscai primeiro o reino de Deus e a sua justiça, e todas estas coisas vos serão acrescentadas".

4 DE SETEMBRO

Um Relacionamento Pessoal

Jesus respondeu, e disse-lhe: Na verdade,
na verdade te digo que aquele que não nascer de novo, não pode ver o reino de Deus.

— JOÃO 3:3, ARC

Quando a Bíblia diz que devemos nascer de novo — ela não diz que devemos ser pessoas religiosas. Devemos deixar Jesus entrar em nossas vidas e sentar-se no trono de nossos corações para reinar e governar cada passo que damos. Quando Ele nos diz para seguirmos numa certa direção, Ele também nos dará o poder que precisamos para fazer o que nos disse para fazer. Jesus jamais dirá: "Apenas faça o que Eu digo!". Ele sempre nos dá os meios e o poder para fazer seja o que for que nos pedir.

O maior impedimento quando queremos ouvir a Deus é tentar chegar a Ele através de obras, ao invés de buscá-lo através de um relacionamento pessoal com Ele, nascendo de novo e tendo convívio regular com Ele. As pessoas podem frequentar uma igreja durante anos e seguir a religiosidade por toda a vida sem jamais conhecer Jesus como Senhor de suas vidas.

É assustador perceber que provavelmente há milhares de pessoas sentadas nas igrejas todas as semanas que não irão para o céu. Como eu digo frequentemente: "Sentar-se num banco de igreja não fará de alguém um cristão, da mesma forma que sentar-se numa garagem não fará dela um carro". Em Mateus 7:20-23, a

Bíblia declara que há pessoas que dirão no julgamento: "Senhor, Senhor, em teu nome não fizemos muitas maravilhas?" E Ele lhes dirá abertamente: "Nunca vos conheci; apartai-vos de mim, vós que praticais a iniquidade". As pessoas podem estar praticando boas obras, todavia negligenciando os mandamentos de Deus, se não estiverem dedicando tempo para estar com Ele e ouvir Suas instruções.

5 DE SETEMBRO

Passe Tempo com Deus

No demais, irmãos meus, fortalecei-vos no Senhor; e na força do seu poder.

— EFÉSIOS 6:10. ARC

Eu tive muita dificuldade quando comecei a tentar passar um tempo com Deus. Sentia-me boba e autoconsciente. Ficava enfadada. Eu me sentava, bocejava e tentava não adormecer. Como tudo que vale a pena na vida, ficar sentada em silêncio na presença do Senhor é algo que leva tempo para aprendermos a fazer bem. É preciso ser persistente. E não é algo que se aprenda com outra pessoa. Não acho que seja possível ensinar outro ser humano a ter convívio com Deus. Por quê? Porque cada pessoa é diferente e precisa aprender por si mesma como se comunicar com seu Criador.

Meu tempo devocional inclui orações de todo o tipo (petições, intercessão, louvor, etc.), ler livros que Deus está usando para me ajudar, estudos bíblicos, esperar em Deus, arrependimento, choro, risos, receber revelações. Meu tempo com Ele é diferente quase todos os dias.

Deus tem um plano individual para cada pessoa. Se você O buscar e se submeter a Ele, Ele entrará em seu coração e terá comunhão com você. Ele ensinará e orientará você quanto ao caminho que deve seguir. Não tente fazer o que outra pessoa faz nem ser o que outra pessoa é. Apenas permita que o Senhor lhe mostre como será o seu convívio com Ele. Depois siga conforme Ele orientar sua vida, passo a passo.

6 DE SETEMBRO

Você Está Confiando ou Se Preocupando?

Confie no Senhor de todo o seu coração e não se apoie em seu próprio entendimento; reconheça o Senhor em todos os seus caminhos, e ele endireitará as suas veredas.

— PROVÉRBIOS 3:5-6

O que você permite que sua mente faça quando está com algum problema? Você tenta resolver as coisas sozinho ao invés de entregá-las nas hábeis mãos de Deus?

UM NOVO DIA, UM NOVO VOCÊ — 177

Existe a mente da carne, que é pensar errado segundo seus próprios pensamentos e raciocínio. E existe a mente do Espírito, que é pensar certo baseado na Palavra de Deus e nos sussurros interiores do Espírito Santo. A confusão, a frustração e a ansiedade são o resultado de agirmos segundo a mente carnal. A alegria é o produto do Espírito e de seguir as orientações do Espírito em oração e convívio com Deus.

Se você age segundo a mente do Espírito, poderá ter "a paz de Deus, que supera todo o entendimento" e poderá ter "alegria indizível" e estar "cheio de glória" bem no meio de provas e tribulações terríveis (veja Filipenses 4:7; 1 Pedro 1:8). A paz que "supera todo o entendimento" e a "alegria indizível" são tipos de paz e alegria que não fazem o menor sentido. Em outras palavras, quando sente esse tipo de paz e alegria no seu interior, você se sente feliz só porque sabe que é Deus agindo em você. Ele é capaz de direcionar e endireitar as suas veredas, de uma maneira excelente, abundante, muito acima do que poderia pedir ou imaginar. Você não precisa tentar mudar a si mesmo ou a qualquer outra pessoa — e isso o deixa feliz.

Não precisa se preocupar com o amanhã — e isso o deixa feliz. Não precisa se preocupar com o passado — e isso o deixa feliz. Não precisa saber como fazer tudo — e isso o deixa feliz. Tudo que precisa fazer é conhecer Aquele que tudo sabe. Tentar resolver as coisas no braço da carne apenas o esgotará. Mas se confiar em Deus para lhe dar as respostas, você entrará o descanso do Altíssimo.

7 DE SETEMBRO

Tempo para a Quietude

De manhã ouves, Senhor, o meu clamor; de manhã
te apresento a minha oração e aguardo com esperança.

— SALMOS 5:3

Ao aprender a reconhecer a voz de Deus, você precisa encontrar momentos de quietude a fim de poder ouvir a orientação de Deus em sua vida. Um estilo de vida ocupado, corrido, frenético e estressado é um grande desafio para ser capaz de ouvir Deus.

Encontre um local para estar quieto diante de Deus. Fique sozinho com Ele e lhe diga que precisa Dele, que deseja que Ele lhe ensine como ouvir a Sua voz. Peça-lhe para dizer o que tem preparado para a sua vida. Pergunte-lhe o que Ele quer que você faça. Peça-lhe para mostrar a você se está fazendo alguma coisa que Ele não quer que faça.

Coloque-se diante de Deus e escute. Mesmo que não consiga escutá-lo, estará honrando a Deus ao buscá-lo. Ele promete que, se você buscá-lo, o encontrará — ouvirá uma Palavra vinda de Deus. Ele o guiará através de uma certeza interior, do bom senso, da sabedoria e da paz.

Aprendi que Deus nem sempre fala conosco imediatamente nem necessariamente durante nosso tempo de oração. Talvez Ele acabe falando com você dois dias mais tarde quando estiver no meio de uma atividade completamente diferente. Honestamente não sei por que Deus às vezes demora a responder; mas sei que, se formos diligentes em buscar a Deus, se mostrarmos que desejamos a Sua vontade, Ele falará conosco. "E os teus ouvidos ouvirão a palavra do que está por detrás de ti, dizendo: Este é o caminho, andai nele" (Isaías 30:21, ARC). Talvez não seja na hora que queremos, mas Deus falará conosco e nos mostrará o caminho que devemos seguir. Enquanto espera as respostas de Deus, concentre-se em obedecê-lo para manter a consciência limpa. Não terá alegria se souber que Deus lhe falou para fazer algo e você não obedeceu. Mas se seguir a voz de Deus, será grandemente e radicalmente abençoado.

8 DE SETEMBRO

Faça do Amor um Hábito

E consideremos uns aos outros para nos incentivarmos ao amor e às boas obras.

HEBREUS 10:24

Se temos a intenção de fazer com que o amor se torne um hábito, devemos então desenvolver o hábito de amar as pessoas com nossas palavras. A natureza carnal (inferior, sensual) aponta para as falhas, fraquezas e fracassos. Parece se alimentar dos negativos da vida. Vê e aumenta tudo que há de errado com as pessoas e as coisas. Mas a Bíblia diz em Romanos 12:21 que devemos vencer o mal com o bem.

Andar no Espírito (continuamente seguir os direcionamentos, orientações e pressentimentos do Espírito Santo que opera em nossos espíritos, ao invés de sermos guiados pelas nossas emoções) requer que sejamos positivos. Deus é positivo, e a fim de caminharmos junto a Ele, devemos concordar com Ele (Veja Amós 3:3).

É fácil encontrar algo errado em todas as pessoas, mas o amor cobre uma multidão de pecados: "Tendo antes de tudo ardente amor uns para com os outros, porque o amor cobre uma multidão de pecados" (1 Pedro 4:8, ARA). O amor não desmascara as faltas; ele joga um manto para cobri-las.

9 DE SETEMBRO

Produz Paciência, Caráter e Esperança

Não só isso, mas também nos gloriamos nas tribulações, porque sabemos que a tribulação produz

perseverança; a perseverança, um caráter aprovado; e o caráter aprovado, esperança.

— ROMANOS 5:3-4

É fácil dizer "Não se preocupe." Mas colocar isso em ação requer experiência com Deus. Não acho que haja alguma maneira de uma pessoa superar completamente o hábito de se preocupar, de sentir ansiedade e temor; e desenvolver o hábito da paz, do descanso e da esperança. É algo que leva anos de experiência. É por isso que é tão importante continuar a ter fé e confiança em Deus em meio as nossas provas e tribulações. É muito importante resistir à tentação de desistir e jogar tudo para o alto quando as coisas ficam difíceis demais — e continuam ficando cada vez mais difíceis no decorrer de um longo período de tempo. É nessas ocasiões difíceis de teste que o Senhor forma em nós a paciência, a capacidade de suportar e o caráter, coisas que eventualmente produzirão uma esperança repleta de alegria e de confiança.

10 DE SETEMBRO

Ore o Tempo Todo

Com toda oração e súplica, orando em todo tempo no Espírito e para isto vigiando com toda

perseverança e súplica por todos os santos.

— EFÉSIOS 6:18, ARA

Em Efésios 6:10-17, o apóstolo Paulo fala sobre a armadura de Deus e como devemos usá-la; e sobre a arma da Palavra para nos engajarmos na guerra espiritual. Depois de citar cada parte da armadura, no versículo dezoito Paulo resume toda sua mensagem dizendo: "Ore em todo o tempo". Com que frequência devemos orar? O tempo todo.

O que isso significa? Significa que quando estamos no supermercado fazendo compras e Deus coloca em nosso coração o desejo de orar, devemos cair de joelhos no meio do mercado? Muitas vezes me ajoelho ao lado de minha cama para orar. Outras vezes, quando me sinto guiada por Deus, eu me deito de cara no chão diante Dele e oro. Temos que tomar cuidado para não confundir posição corporal com oração. Também podemos orar em silêncio dentro do supermercado enquanto andamos pelos corredores.

Em diferentes ocasiões da vida, oramos de maneiras diferentes. Uma jovem mãe com três ou quatro crianças pequenas, por exemplo, terá que estruturar sua vida de oração de maneira diferente de uma vovó cuja família já está crescida e fora de casa.

Se nos tornarmos "religiosos" demais com relação à oração, achando que ela precisa acontecer de certa maneira porque é assim que outros oram, traremos condenação sobre nós. O importante sobre a oração não é a postura corporal nem o tempo ou o local, mas aprender a orar em fé — em todo o tempo, sem cessar. Em qualquer momento que surgir o desejo ou a necessidade: *ore!*

11 DE SETEMBRO

Espere no Senhor

Mas os que esperam no Senhor renovarão as forças, subirão com asas como águias; correrão, e não se cansarão; caminharão, e não se fatigarão.

— ISAÍAS 40:31, ARC

Isaías nos instrui a esperar no Senhor quando soubermos que nossa força precisa ser renovada. Esperar no Senhor significa passar tempo com Ele e com a Sua Palavra, e na Sua presença. Conseguimos extrair forças de algumas pessoas pelo simples fato de estarmos próximos a elas. Só a sua presença, a maneira como falam e encaram a vida, parecem nos fazer sentir melhor quando estamos desanimados ou nos sentindo para baixo de alguma forma. Da mesma forma, há outras que sempre nos jogam para baixo. Elas conseguem dar um tom negativo a tudo.

Quando você e eu precisarmos de fortalecimento, deveríamos passar tempo com Deus e com pessoas cheias do Seu Espírito. Passar tempo na presença de Deus é como se sentar numa sala tomada por um perfume delicioso. Se ficarmos sentados lá por bastante tempo, absorveremos a fragrância e a exalaremos ao sair. Ela estará impregnada em nossas roupas, cabelos e até em nossa pele.

Moisés foi um homem de oração. Ele passou bastante tempo com Deus e falando com Ele. Ele sabia que se Deus não o ajudasse, ele falharia miseravelmente. Devido à fidelidade de Moisés em buscar a Deus, ele recebeu uma mensagem confortadora: "Respondeu-lhe o Senhor: Eu mesmo irei contigo, e Eu te darei descanso" (Êxodo 33:14, ARA).

12 DE SETEMBRO

Quem Acredita, Sempre Ganha

E o Deus da esperança vos encha de todo o gozo [alegria] e paz no vosso crer [através da experiência da sua fé], para que sejais ricos de esperança no poder do Espírito Santo.

— ROMANOS 15:13, AMP

Romanos 15:13 é um de meus versículos favoritos. Ele diz que o gozo, a alegria e a paz se encontram no ato de crer. Eu me lembro de certa vez quando atravessei uma época em que havia perdido minha alegria e minha paz. Não sabia o que estava errado comigo, mas sabia que havia algo errado. Certa noite estava bem desesperada, então peguei minha "caixinha de promessas" cheia de versículos e comecei a olhá-los. Tirei uma das promessas e imediatamente o Senhor falou comigo através dela. Dizia apenas: "Romanos 15:13: Gozo e paz se encontram no crer".

UM NOVO DIA, UM NOVO VOCÊ — 181

Assim que voltei a acreditar, minha alegria e paz retornaram. E o mesmo se aplica a você. Assim que começa a duvidar, você perde sua alegria e paz; mas tão logo começa a acreditar novamente, seu gozo, alegria e paz retornam. Deus nos deu uma ferramenta para nos manter radicalmente felizes e em paz. Tudo que temos a fazer é acreditar. É claro que, assim que começamos a acreditar, o diabo começa a berrar em nossos ouvidos: "Isso é ridículo! E se você acreditar e não receber o que está acreditando?". É aí que temos que lhe dar uma boa resposta: "Não, não é nada ridículo. E se eu acreditar e receber o que estou acreditando? Mas se nunca o receber, ainda estarei mais feliz e mais em paz acreditando do que duvidando".

Então, o fato é que não temos como perder. Não há como perder quando acreditamos, porque se acreditamos, ficamos sujeitos a receber aquilo no que estamos acreditando. Mas mesmo que não recebamos, ainda estaremos felizes e em paz. Por isso, é vital manter em nós um coração que crê.

I 3 DE SETEMBRO

Prometi Amar Você, Mas...

Irmãos, quanto a mim, não julgo havê-lo alcançado; mas uma coisa faço: esquecendo-me das coisas que para trás ficam e avançando para as que diante de mim estão.

— FILIPENSES 3:I 3

O perdão é o principal ingrediente em cada relacionamento bem-sucedido. Tantas pessoas carregam expectativas da sua oferta de amor. "Amo você, mas você realmente magoou meus sentimentos ontem." Ou: "Amo você, mas estou cansado(a) demais, ocupado(a) demais, com distrações demais, irritado(a) demais, zangado(a) demais, infeliz demais para tratá-lo bem nesse momento".

O amor verdadeiro diz simplesmente: "Amo você!" Sem exceções! O apóstolo Paulo menciona em Filipenses 3:11-14 que, para obtermos a ressurreição espiritual e moral que nos levanta dos mortos, mesmo estando ainda aqui em corpo, devemos continuar a esquecer o passado e avançar em direção à meta a fim de ganhar o prêmio ao qual Jesus nos chama. Devemos esquecer o que ficou para trás e avançar para o que está adiante.

As mulheres parecem mais propensas a guardar ressentimentos e se lembrar das ofensas por dias, e algumas guardam rancor durante anos. Jesus nos chama a uma recompensa maior que requer que nós recebamos o perdão e o demos a outros. A oração do Senhor nos incita a orar por perdão assim como a perdoar a outros: "Perdoa as nossas dívidas, assim como perdoamos aos nossos devedores" (Mateus 6:12).

Não há nada em minha carne que sinta vontade de perdoar Dave quando acho que ele está errado. Mas Deus quer que eu reaja em amor e diga não à minha carne e sim a Deus, mesmo sem vontade. Anos atrás, quando comecei a fazer o que Deus me dizia para fazer, honestamente cheguei ao ponto em que desejava o que Deus desejava. Nem sei como ou quando isso aconteceu. Mas uma mudança sobrenatural ocorre em nós ao obedecermos a Deus por respeito à Sua Palavra.

14 DE SETEMBRO

As Tatuagens de Deus

Para onde poderia eu escapar do Teu Espírito? Para onde poderia fugir da Tua presença? Se eu subir aos céus, lá estás; se eu fizer a minha cama na sepultura também lá estás. Se eu subir com as asas da alvorada e morar na extremidade do mar, mesmo ali a Tua mão direita me guiará e me susterá.

— SALMOS 139:7-10

Às vezes tentamos arduamente entrar na presença de Deus, mas a verdade é que é impossível se esconder Dele. Ele está constantemente nos buscando. Talvez você sinta que o Senhor não está perto de você, mas é por isso que é tão importante conhecer a Palavra. O profeta Isaías fez uma reclamação perante o Senhor, contando-lhe o que Seu povo dizia: "Mas Sião diz: O Senhor me desamparou, o Senhor se esqueceu de mim". E o Senhor responde ao povo: "Acaso, pode uma mulher esquecer-se do filho que ainda mama, de sorte que não se compadeça do filho do seu ventre? Mas ainda que esta viesse a se esquecer dele, eu, todavia, não me esquecerei de ti. Eis que nas palmas das minhas mãos te gravei; os teus muros estão continuamente perante mim" (Isaías 49:14-16).

Os pais não foram os primeiros a terem a ideia de carregar sempre fotos de seus filhos — Deus carrega uma foto de Seus filhos por toda a parte. Da próxima vez que questionar seu valor como pessoa, lembre-se que Deus tem uma foto sua tatuada nas palmas de Suas mãos.

15 DE SETEMBRO

Esteja Contente

Conservem-se livres do amor ao dinheiro e contentem-se com o que vocês têm.

— HEBREUS 13:5

Contentamento é uma decisão de ser feliz com o que já se tem. Mas estou convencido de que a maioria das pessoas não está realmente contente. Os descrentes certamente não estão contentes, percebam eles isso ou não. Mas é muito triste como tantos crentes não aprenderam a estar verdadeiramente contentes com suas circunstâncias. Eu me pergunto quantas pessoas podem dizer de verdade: "Estou feliz com minha vida. Amo minha esposa e minha família. Gosto de meu emprego. Estou satisfeito com minha casa e meu carro. Há coisas que desejo que Deus faça por mim, mas estou contente em esperar até que Ele as faça em Seu tempo. Não cobiço nada que pertença ao meu próximo. Não sinto inveja de ninguém nem do que outras pessoas possuam. Se Deus deu algo a eles, então quero que desfrutem disso".

Acredito que Deus nos testa nesses aspectos. Até passarmos no teste do "estou feliz por você porque você é abençoado", nunca vamos ter mais do que temos no momento. Sim, Deus quer que prosperemos de todas as formas. Ele quer que as pessoas vejam Sua bondade e como Ele cuida tão bem de nós. Mas devemos desejar o próprio Deus mais do que desejamos Suas bênçãos. Então Ele nos testa para se certificar se pensamos assim, antes de liberar bênçãos materiais maiores em nossas vidas.

16 DE SETEMBRO

Termine o que Começou

Pois passamos a ser participantes de Cristo, desde que, de fato, nos apeguemos até o fim à confiança que tivemos no princípio.

— HEBREUS 3:14

Por isso, não abram mão da confiança que vocês têm; ela será ricamente recompensada.

— HEBREUS 10:35

Queremos que cada um de vocês mostre essa mesma prontidão até o fim, para que tenham a plena certeza da esperança.

— HEBREUS 6:11

Devemos meditar e levar muito a sério todas os versículos acima. Deus não está interessado em que comecemos coisas que nunca terminamos. É fácil começar, mas é preciso grande coragem para terminar algo. No começo de algo novo, ficamos bastante entusiasmados. Estamos repletos de emoções — nós e todos os outros que nos apoiam. Mas quando as emoções diminuem, só sobra muito trabalho árduo pela frente e a necessidade de uma paciência extrema, descobrimos quem realmente tem o que é necessário para ser bem-sucedido.

Na mente de Deus, nunca seremos bem-sucedidos se pararmos em algum ponto no meio do caminho. Ele quer que terminemos nossa carreira e o façamos com alegria! Se você recentemente se sentiu tentado a desistir — não o faça! Se não terminar aquilo em que está atualmente envolvido, enfrentará os mesmos desafios na sua próxima investida. Algumas pessoas passam toda a vida começando coisas novas sem nunca terminar nada. Devemos tomar a decisão de que seremos mais do que aquelas pessoas que nunca alcançaram todo seu potencial.

17 DE SETEMBRO

Esteja Sobrenaturalmente Relaxado

Venham a mim, todos os que estão cansados e sobrecarregados, e eu lhes darei descanso.

— MATEUS 11:28

Quanto maior o tempo que conhecemos o Senhor, mais relaxados deveríamos ficar quando enfrentamos situações que tentam roubar a nossa paz. As experiências anteriores com Deus são valiosas porque aprendemos que, de alguma forma, Ele sempre cuida da situação. Cada vez que enfrentamos uma nova crise, podemos nos lembrar de que, mesmo que Ele talvez não tenha feito exatamente o que queríamos que Ele fizesse, Ele sempre fez algo que resolveu as coisas. Relaxar diante das tribulações nos ajuda a manter a paz com Deus.

Novos crentes, que não possuem exemplos pessoais sobre os quais depositar sua confiança em Deus, devem depender mais dos exemplos bíblicos da fidelidade de Deus. Os testemunhos de outros crentes também podem encorajá-los sobremaneira. Lembre-se: Jesus disse que devemos procurá-lo quando temos problemas, e Ele nos dará descanso.

Jesus quer que vivamos num estado relaxado, e não tensos, preocupados ou ansiosos com o ontem, o hoje ou o amanhã. Podemos parar de ficar pensando e tentando descobrir o que precisamos fazer. E o Senhor não quer que fiquemos chateados com outras pessoas que tampouco não estão fazendo o que queremos que façam.

Jesus quer que confiemos Nele e relaxemos. Chamo isso de estar *sobrenaturalmente relaxado*, porque no natural talvez tenhamos dificuldade em aprender como encontrar tempo para relaxar. Mas quando Deus acrescenta o seu *sobrenatural* ao nosso natural, tudo muda! Podemos relaxar de maneira sobrenatural! Jesus diz: "Procure-Me sobre qualquer coisa, porque quero sempre ajudá-lo em tudo". Não há nada pequeno demais nem nada grande demais para apresentarmos a Ele e pedirmos Sua ajuda. Não há nada que seja demais para Ele. Você nunca estará pedindo demais a Jesus.

18 DE SETEMBRO

Faça Escolhas Sadias

Então o Senhor Deus fez nascer do solo todo tipo de árvores agradáveis aos olhos e boas para alimento. E no meio do jardim estavam a árvore da vida e a árvore do conhecimento do bem e do mal.

— GÊNESIS 2:9

UM NOVO DIA, UM NOVO VOCÊ — 185

Aprenda a fazer tudo o que faz para a glória de Deus, inclusive comer. Olhe para seu prato ao jantar e pergunte se o que está prestes a comer representa, na sua maioria, o que Deus criou para você. Não considere o ato de comer como um acontecimento secular que não tem nada a ver com seu relacionamento com Deus. Não se esqueça de que Deus colocou Adão e Eva no Jardim do Éden e lhes disse o que deveriam comer. Se a alimentação não tivesse nada a ver com o relacionamento deles com Deus, Ele provavelmente não teria mencionado os alimentos. Faça boas escolhas! Cada vez que escolhe alimentos saudáveis, você está escolhendo a vida, que é o presente de Deus para você. Ele quer que você tenha uma ótima aparência e se sinta ótimo, e é possível conseguir isso se você se lembrar sempre de que seu corpo é o templo de Deus, e o combustível com que o abastece determina como você funcionará e por quanto tempo.

19 DE SETEMBRO

Esteja Ciente do Amor de Deus

Mas Deus demonstra seu amor por nós:

Cristo morreu em nosso favor quando ainda éramos pecadores.

— ROMANOS 5:8

Paulo orou em Efésios 3 para que as pessoas experimentassem por si próprias o amor de Deus. A Bíblia diz que Ele nos ama. Mas quantos dos filhos de Deus ainda não experimentaram uma revelação sobre o amor de Deus? Lembro-me de quando comecei os Ministérios Joyce Meyer. Antes da primeira reunião que conduzi no ministério, perguntei ao Senhor o que ele queria ensinar e Ele respondeu: "Diga ao Meu povo que Eu os amo".

"Eles sabem disso," disse eu. "Quero lhes ensinar algo bem forte e poderoso, não uma lição de escola dominical sobre João 3:16". O Senhor me disse então: "Pouquíssimos dentre o Meu povo realmente sabem o quanto Eu os amo. Se soubessem, agiriam de maneira diferente". Comecei a estudar o assunto sobre receber o amor de Deus e percebi que também era uma grande necessidade minha. O Senhor me guiou durante meu estudo ao versículo de 1 João 4:16, que declara que devemos estar conscientes do amor de Deus. Isso significa que deveríamos ter plena ciência deste fato.

Eu tinha um conhecimento inconsciente, meio vago, de que Deus me amava, mas o amor de Deus deve ser uma força poderosa em nossas vidas. Essa força nos carregará através das batalhas mais difíceis até a vitória.

20 DE SETEMBRO

Continue Dizendo

E certa mulher que, havia doze anos, tinha um fluxo de sangue, e que havia padecido muito com muitos médicos, e despendido tudo quanto tinha, nada lhe aproveitando isso, antes indo a pior. Ouvindo falar de Jesus, veio por detrás, entre a multidão, e tocou na sua veste. Porque dizia: Se tão-somente tocar nas suas vestes, sararei.

— MARCOS 5:25-28, ARC

Vamos falar da mulher que sofria de uma hemorragia. Ela estava com o mesmo problema fazia doze anos. Ela sofrera imensamente e ninguém conseguira ajudá-la. Com certeza esta mulher estava sendo atacada com pensamentos de desesperança. Quando pensou em procurar Jesus, com certeza alguém lhe disse: "De que adianta?". Mas ela se enfiou no meio da grande multidão sufocante. Ela tocou o manto de Jesus, e a virtude de cura foi transmitida a ela. E ela ficou curada (Veja Marcos 5:29-34). Mas há uma parte da história que não podemos perder: "Porque [ela] dizia: Se tão-somente tocar nas suas vestes, sararei" (Marcos 5:28).

Ela *dizia* e *acreditava* nisso! Entendem? Não havia dúvida para ela! Não importa como ela se sentia, nem o quanto outros possam ter tentado dissuadi-la da ideia. Por mais que o problema existisse há doze anos, mesmo parecendo ser impossível atravessar a multidão, esta mulher recebeu seu milagre. Jesus lhe disse que foi a fé dela que a salvou (versículo 34). A fé dela liberada através de suas palavras. A fé precisa ser ativada para funcionar, e uma maneira de ativá-la é através de nossas palavras. *Continue dizendo — e não perca as esperanças!*

21 DE SETEMBRO

De Volta ao Caminho

Porque somos criação de Deus realizada em Cristo Jesus para fazermos boas obras, as quais Deus preparou antes para nós as praticarmos.

— EFÉSIOS 2:10

Somos a obra das mãos do próprio Deus. Ele nos criou com Suas próprias mãos. Nós nos transformamos em uma bagunça, então tivemos que ser recriados em Cristo Jesus. Tivemos que nascer de novo para que pudéssemos seguir adiante e fazer as boas coisas que Deus planejara para nós e nos predestinara a fazer antes de Satanás tentar acabar conosco. Só porque você e eu tivemos dificuldades em nossas vidas, ou só porque cometemos erros, isso não significa que o plano de Deus tenha mudado. Ele ainda está presente. Tudo o que temos a fazer é voltar a trilhar o caminho certo.

UM NOVO DIA, UM NOVO VOCÊ — 187

22 DE SETEMBRO

Comunhão Interrompida

Se confessarmos os nossos pecados, ele é fiel e justo para perdoar
os nossos pecados e nos purificar de toda injustiça.

— 1 JOÃO 1:9

Muitas vezes me pergunto como um ser humano consegue viver um dia sequer sem Deus. Se sinto que estou sem a presença íntima de Deus por um dia, mal consigo suportar. Sou como uma criancinha que perdeu a mãe dentro de uma loja; a única coisa que consigo fazer é tentar voltar para minha mãe. Não quero ficar sem convívio com o Senhor. Preciso Dele para poder atravessar cada um dos meus dias.

Através da minha consciência, o Espírito Santo me faz saber se estou fazendo algo errado que entristece o Senhor, ou que interfere em nosso convívio. O Espírito me mostra se fiz algo errado e me ajuda a voltar aonde deveria estar. O Espírito me dá convicção e me convence de algo, mas nunca, jamais me condena.

Se a condenação está enchendo sua consciência, isso não provém de Deus. Ele enviou Jesus para morrer por nós, para pagar o preço pelos nossos pecados. Jesus levou sobre Ele nosso pecado e condenação (veja Isaías 53). Devemos nos livrar do pecado e não guardar a culpa. Quando Deus quebra de sobre nós o jugo do pecado, Ele também remove a culpa. Ele é fiel e justo para perdoar todos os nossos pecados e nos limpar continuamente de toda a injustiça.

Precisamos de perdão a cada dia de nossas vidas. O Espírito Santo toca o alarme de nossa consciência para reconhecermos o pecado e nos dá o poder do sangue de Jesus para nos limpar continuamente e nos manter justos perante Deus.

23 DE SETEMBRO

Seja Fiel

Portanto, santos irmãos, participantes do chamado celestial, fixem os seus pensamentos em Jesus,
apóstolo e sumo sacerdote que confessamos. Ele foi fiel àquele que o havia constituído, assim como
Moisés foi fiel em toda a casa de Deus.

— HEBREUS 3:1-2

Em Hebreus 3 lemos que tanto Moisés como Jesus foram fiéis. No Novo Testamento, a palavra grega traduzida por *fiel* significa "ser de confiança, seguro". Em outras palavras, digno de confiança; alguém com quem se pode contar. Você sabe o que significa sermos dignos de confiança? Significa que temos que manter nossa palavra. Se dissermos a alguém que vamos fazer algo, então precisamos fazê-lo. Se dissermos que vamos estar num certo lugar a certa hora, precisamos estar lá pontualmente. É impressionante como há pessoas com quem não se pode contar. Não se pode contar que farão o que dizem que irão fazer, ou que estarão onde marcaram de estar. Mais uma vez, não importa quanto talento a pessoa tenha; se não for fiel, Deus não pode usá-la.

E devemos entender que Deus testa a nossa fidelidade. Não basta dizer: "Sim, sou uma pessoa fiel," porque Deus dirá: "Vejamos". Você sabe como Deus testa a nossa fidelidade? Ele nos designa para fazer algo que não queremos fazer durante certo período de tempo, algo que não é divertido nem nos deixa entusiasmados, algo que talvez requeira de nós submissão à autoridade de outra pessoa por um tempo. E ele dirá em nosso coração: "Apenas seja fiel". A fidelidade não é apenas comparecer dia após dia — é comparecer dia após dia com uma boa atitude. Deus recompensará esse tipo de fidelidade. Lucas 16:12 nos diz que, se formos fiéis com o que pertence aos outros, Deus nos dará tal coisa e aquilo será nosso.

24 DE SETEMBRO

Avalie Seus Motivos

Acaso busco eu agora a aprovação dos homens ou a de Deus? Ou estou tentando agradar a homens?

Se eu ainda estivesse procurando agradar a homens, não seria servo de Cristo.

— GÁLATAS 1:10

É muito importante a nossa razão ou motivo em fazer as coisas. Deus quer que tenhamos corações puros. Ele quer que façamos o que for porque acreditamos que Ele está nos guiando a fazê-lo, ou porque é a coisa certa a fazer. Deus quer que sejamos motivados pelo amor. Devemos fazer o que fazemos por amor a Deus e aos homens. Se formos motivados pelo temor, isso não agrada a Deus.

Deus nos instrui em Sua Palavra a não fazermos boas obras apenas para sermos vistos pelos homens. Não devemos fazer as coisas só para sermos reconhecidos e honrados. Quando oramos, não devemos ser vistos pelos homens ou tentar impressionar Deus com muito falar e repetição. Deus não se impressiona com o tamanho e eloquência de nossas orações. Ele busca sinceridade e fervor. Qualquer obra nossa que seja impura será queimada no Dia do Juízo. Perdemos nossa recompensa por qualquer obra que seja feita com motivos impuros (veja Mateus 6:1-7 e 1 Coríntios 3:13-15).

Devemos dedicar um tempo regular para perguntar a nós mesmos por que estamos fazendo as coisas que fazemos. Não é o que fazemos que impressiona Deus; Ele se preocupa com o "porquê" por detrás do que fazemos.

25 DE SETEMBRO

A Alegria da Salvação

Então a minha alma exultará no Senhor e se regozijará na Sua Salvação.

— SALMOS 35:9

Davi falou da alegria que sua alma encontrou no Senhor e na Sua salvação, como vemos em Salmos 51:12, quando ele orou depois de pecar com Batseba: "Restitui-me a alegria da tua salvação, e sustém-me com um espírito voluntário" (ARA). Em Lucas 10:17-20 lemos que Jesus disse aos setenta que havia enviado para ministrar em Seu nome:

Os setenta e dois voltaram alegres e disseram: "Senhor, até os demônios se submetem a nós, em teu nome". Ele respondeu: Eu vi Satanás caindo do céu como relâmpago. Eu lhes dei autoridade para pisarem sobre cobras e escorpiões, e sobre todo o poder do inimigo; nada lhes fará dano. Contudo, alegrem-se, não porque os espíritos se submetem a vocês, mas porque seus nomes estão escritos nos céus.

Se você e eu não tivéssemos absolutamente nenhuma outra razão para nos regozijarmos, a salvação é uma razão suficiente para estarmos abundando em alegria. Imagine apenas como você se sentiria se tudo na sua vida fosse perfeito, mas não conhecesse Jesus, ou o que é pior, se tivesse que enfrentar sua circunstância atual sem conhecer o Senhor.

Às vezes ouvimos as pessoas dizerem: "Sinto como se estivesse entre a cruz e a espada". Quando as pessoas que não conhecem Jesus dizem isso, estão sendo francas; elas *estão* com dificuldades por todos os lados. Mas aqueles que têm um relacionamento de convívio com o Senhor estão entre a Rocha (Jesus) e a dificuldade. Estar sobre a Rocha é um lugar bem melhor para estar do que qualquer outra coisa que esteja à disposição dos que estão sem Cristo.

26 DE SETEMBRO

O Espírito Guia, o Diabo Força

Eu o instruirei e o ensina reino caminho que você deve seguir; eu o aconselharei e cuidarei de você.

— SALMOS 32:8

Quando estamos no meio de uma dificuldade, o Senhor promete em Sua Palavra nos livrar. Jesus enviou Seu Espírito Santo para nos ensinar o que precisamos saber. Ele disse aos Seus discípulos:

Tenho ainda muito que lhes dizer, mas vocês não o podem suportar agora. Mas quando o Espírito da verdade vier, ele os guiará a toda a verdade. Não falará de si mesmo; falará apenas o que ouvir, e lhes anunciará o que está por vir. Ele me glorificará, porque receberá do que é meu e o tornará conhecido a vocês. Tudo o que pertence ao Pai é meu. Por isso eu disse que o Espírito receberá do que é meu e o tornará conhecido a vocês. (João 16:12-15)

Fico muito feliz pelas promessas de Jesus de que o Espírito Santo nos *guiará* — não nos *forçará ou empurrará,* mas nos guiará — à verdade. O diabo quer nos pressionar e manipular, mas o Espírito Santo quer nos guiar com gentileza. Esta é uma das maneiras pela qual podemos reconhecer se estamos ouvindo a Deus ou ao inimigo. Se sentir-se pressionado, confuso, controlado ou estressado a respeito de algo, então isso não provém de Deus; não é assim que Ele trabalha. Mas o Espírito Santo com gentileza "revelará, declarará, transmitirá, tornará conhecida" a verdade a vocês.

27 DE SETEMBRO

Não Fuja de Encarar a Verdade

Disse o homem:"Foi a mulher que me deste por companheira que me deu do fruto da árvore, e eu comi". O Senhor Deus perguntou então à mulher:"Que foi que você fez?" Respondeu a mulher:"A

serpente me enganou, e eu comi".

— GÊNESIS 3:12-13

Quando foram confrontados com seu pecado no Jardim do Éden, Adão e Eva culparam um ao outro, a Deus e ao diabo, fugindo assim da responsabilidade pessoal por suas ações. No passado, observei este mesmo tipo de cena inúmeras vezes no meu próprio lar entre Dave e eu. Parecia que estávamos continuamente evitando as verdadeiras questões da vida, nunca querendo encarar a realidade. Lembro-me claramente de orar para que Dave mudasse. Estava lendo minha Bíblia e via cada vez mais as falhas dele e o quanto ele precisava ser diferente! Ao orar, o Senhor falou comigo e disse: "Joyce, o problema não é o Dave... o problema é você".

Foi um choque para o meu orgulho, mas também foi ali que comecei a me restabelecer no Senhor. Como a maioria das pessoas, culpava a tudo e todos, ou a alguma circunstância que fugira ao meu controle. Achava que estava agindo mal porque tinha sido abusada. Mas Deus me disse: "Talvez o abuso seja a razão pro você agir assim, mas não deixe que seja sua desculpa para permanecer assim!". Acredito que não há nada mais emocionalmente doloroso do que encarar a verdade sobre nós mesmos e nosso comportamento. Por ser difícil, a maioria das pessoas foge disso. É bem mais fácil enfrentar a verdade sobre outra pessoa: mas quando se trata de enfrentar a nós mesmos, a coisa muda de figura: é bem mais difícil lidar com isso.

28 DE SETEMBRO

Manifeste Sua Realidade

Finalmente, irmãos, tudo o que for verdadeiro, tudo o que for nobre, tudo o que for correto, tudo o que for puro, tudo o que for amável, tudo o que for de boa fama, se houver algo de excelente ou digno de louvor, pensem nessas coisas.

— FILIPENSES 4:8

"**M**anifestar sua realidade" soa como algo tirado de um curso de autoajuda contemporâneo, mas o conceito vem direto da Bíblia: "Porque, como imaginou no seu coração, assim é ele" (Provérbios 23:7, ARC). Gosto de dizer isso com estas palavras: "Aonde a mente vai, o homem a segue".

Pensamentos positivos são os precursores de uma vida positiva. Por outro lado, nossa vida pode ficar horrível por causa de pensamentos ansiosos e expectativas negativas. Geralmente achamos que são os nossos problemas que estão arruinando nossas vidas, mas costuma ser nossa atitude com relação a eles que faz o estrago.

Todos nós encontramos pessoas que têm uma atitude maravilhosa apesar de estarem no meio de provações. Também encontramos aqueles que têm dinheiro e privilégio à vontade, mas murmuram e reclamam, são negativos e críticos, e estão cheios de autocompaixão e ressentimento. Temos mais responsabilidade sobre o rumo que toma nossas vidas do que gostaríamos de admitir. Aprender a pensar corretamente é obrigatório para uma boa saúde.

Os pensamentos afetam as emoções e ambos afetam o corpo. Para ser saudável, você precisa ter uma mente saudável. Tome a decisão correta agora de que você terá uma mente saudável. Renovar sua mente vai requerer algum tempo e esforço. É preciso aprender maneiras novas e positivas de pensar, mas ler a Palavra de Deus pode ajudá-lo muito nisso.

29 DE SETEMBRO

Perdoe e Deixe Passar

E quando estiverem orando, se tiverem alguma coisa contra alguém, perdoem-no, para que também o Pai celestial lhes perdoe os seus pecados.

— MARCOS 11:25

Segundo o dicionário, *perdoar* significa: "renunciar à raiva e ressentimento contra alguém, absolver de pagamento (Ex. uma dívida)". Gosto da frase usada na versão em língua inglesa *Amplified Bible* neste versículo: "Se você tem alguma coisa contra alguém, perdoe e deixe para lá, deixe passar". Quantas vezes você teve um problema com alguém e achou que tinham resolvido aquilo entre vocês, mas a outra pessoa continuou lembrando o assunto?

Meu marido e eu já tivemos esse tipo de experiência muitas vezes em nossa vida conjugal. Acredito que a maior parte dos homens está mais disposta a esquecer das coisas do que as mulheres. O estereótipo da mulher que importuna constantemente o marido não é inteiramente falso. Sei disso porque costumava ser assim.

Dave e eu não concordávamos sobre algo ou tínhamos um problema entre nós e ele dizia: "Ah, vamos esquecer isso". Mas eu continuava desenterrando o assunto vez após vez. Lembro-me dele dizendo para mim, desesperado: "Joyce, será que não dá para deixar isso para lá?". É isso que Jesus nos diz para fazer aqui neste versículo. Deixe para lá, esqueça o assunto, deixe passar, pare de falar nisso.

30 DE SETEMBRO

Ame o Homem, Confie em Deus

Enquanto estava em Jerusalém, na festa da Páscoa, muitos viram os sinais milagrosos que ele estava realizando e creram em seu nome. Mas Jesus não se confiava a eles, pois conhecia a todos. Não precisava que ninguém lhe desse testemunho a respeito do homem, pois ele bem sabia o que havia no homem.

— JOÃO 2:23-25

Jesus amava as pessoas, especialmente aos Seus discípulos. Ele tinha um convívio maravilhoso com eles. Viajava com eles, comiam todos juntos e Ele os ensinava. Mas Ele não depositava Sua confiança neles, porque sabia como era a natureza humana. É assim que devemos ser. Devemos amar as pessoas, mas confiar em Deus. Eu amo o meu marido. Ele e eu temos um relacionamento maravilhoso. Não acho que poderia encontrar um homem melhor para ser meu esposo do que Dave Meyer. Ele é bom para mim, me respeita e me trata como um marido deve tratar sua esposa. Mas, sendo humano, às vezes ele diz ou faz coisas que me magoam, da mesma forma que eu às vezes digo ou faço coisas que o magoam.

Por que isso acontece até mesmo nos melhores relacionamentos humanos? Acontece porque não somos perfeitos. Só Deus nunca falhará, nunca nos decepcionará, nos magoará ou errará conosco. Por mais que amemos, honremos, apreciemos e respeitemos outras pessoas — especialmente nosso cônjuge ou membros de nossa família — não podemos colocar nossa confiança no fraco braço da carne, mas somente no forte braço do Senhor.

UM NOVO DIA, UM NOVO VOCÊ — 193

1º DE OUTUBRO

Pleno em Cristo

E tendes a vossa plenitude nele, que é a cabeça de todo principado e potestade.

— COLOSSENSES 2:10, ARA

E, por estarem nele, que é o Cabeça de todo poder e autoridade [de cada principado angélico e potestade], vocês receberam a plenitude [plenitude de vida, em Cristo você também é preenchido com Pai, Filho e Espírito Santo — e alcança estatura espiritual completa].

— COLOSSENSES 2:10, AMP

Sentir que algo está faltando em nossas vidas e não saber o quê, é algo que nos deixa frustrados e nos faz continuar buscando. Nós nos tornamos como as pessoas sobre as quais Deus fala em Jeremias 2:13: cavando poços secos que não contêm água. Tentamos primeiro uma coisa e depois outra, mas nada sacia nossa sede por seja o que for que está faltando em nossas vidas. Podemos descrever nossos sentimentos como incompletos, mas como diz o versículo acima, nos completamos e encontramos nossa plenitude em Jesus.

Estar pleno ou completo significa estar satisfeito, preenchido. Sem Cristo, as pessoas estão sempre buscando, procurando algo. Todos queremos nos sentir satisfeitos. Todos queremos contentamento. Todos queremos saber que somos amados e aceitos por sermos quem somos. Talvez achemos que receber a aceitação e a aprovação das pessoas nos fará sentir completos. Contudo, a Bíblia ensina que, quando confiamos no homem para nos dar o que somente Deus pode nos dar, vivemos debaixo de uma maldição; mas quando acreditamos, confiamos e nos apoiamos no Senhor, somos abençoados (veja Jeremias 17:5-8). A alegria, a paz e a realização que buscamos só são encontradas quando somos preenchidos por Deus. Nada mais é capaz disso.

2 DE OUTUBRO

Espírito Santo: O Encorajador

E eu rogarei ao Pai, e ele vos dará outro Consolador [conselheiro, ajudante, intercessor, advogado, fortalecedor], para que fique convosco para sempre.

— JOÃO 14:16, AMP

Você sabia que até o ministério do Espírito Santo é um ministério de encorajamento? Antes de subir ao céu, Jesus disse aos Seus discípulos: "Vou pedir ao Pai para lhes enviar o Espírito Santo para ser seu consolador". A palavra grega de onde se traduziu "consolador" é *parakletos*, que significa "chamado para estar ao lado de alguém, para auxiliar alguém". Em outras palavras, o Consolador vem para estar ao seu lado encorajando-o, edificando-o e exortando-o. Toda a obra do Espírito Santo é para nos manter encorajados. Ele é nosso auxílio permanente quando caímos, sempre nos levantando e não permitindo que fiquemos deprimidos.

De acordo com o Dicionário Webster, *deprimir* significa: "1. Abater, causar depressão: ENTRISTECER. 2. REBAIXAR. 3. Debilitar, diminuir a atividade ou força, ENFRAQUECER.

Quando Satanás se levanta contra nós para nos deprimir, ele está tentando rebaixar nossos espíritos, nos entristecer, nos jogar para baixo, diminuir nossa atividade e força para Deus. Ele está tentando nos impedir de seguir adiante, porque *deprimido* também significa atrasado, retrógrado. Satanás quer usar a depressão para tirar a nossa força e nos fazer andar para trás. Deus, porém, quer nos dar poder e nos compelir a seguir adiante. A pergunta é, estamos seguindo em frente ou estamos sendo empurrados para trás?

Cada um de nós precisa enfrentar e lidar com as decepções, com as pessoas desanimadoras e situações que encontramos em nosso cotidiano. Contudo, recebemos o Espírito Santo para ajudar a nos levantar, nos encorajar, nos animar e nos ajudar.

3 DE OUTUBRO

Liberdade Gloriosa

> *O homem não pode receber coisa alguma, se não lhe for dada do céu [um homem deve estar contente em receber um dom que lhe foi dado do céu; não há outra fonte].*
>
> — JOÃO 3:27, AMP

No terceiro capítulo do Evangelho de João, os discípulos de João Batista o procuraram e lhe relataram que Jesus havia começado a batizar como João batizava, e que agora mais pessoas procuravam Jesus e não João. Essa mensagem foi levada a João num espírito errado; foi com a intenção de fazê-lo sentir inveja. Os discípulos que lhe deram a notícia estavam obviamente inseguros e sendo usados pelo diabo para tentar gerar sentimentos errados em João sobre Jesus.

No versículo acima, o que João dizia aos seus discípulos era que, fosse o que fosse que Jesus fazia, Ele fazia porque recebera o dom do céu para tal. João sabia o que Deus lhe chamara a fazer e sabia o que Jesus fora chamado a fazer. Ele também sabia que uma pessoa não podia ir além do seu chamado e dom. João dizia aos seus seguidores: "Estejam contentes". Ele sabia que Deus o chamava para ser um precursor de Jesus, para preparar o caminho para Ele, e que quando fosse o tempo de Jesus tomar a dianteira, ele se tornaria menos visto pelo povo.

Estas foram as palavras de João aos seus discípulos em resposta ao que lhe disseram com relação às multidões que se juntavam ao redor de Jesus: "É necessário que Ele cresça e que eu diminua" (João 3:30, ARC). Que liberdade gloriosa João sentia! É maravilhoso nos sentir seguros em Cristo e não termos que estar em competição com ninguém.

4 DE OUTUBRO

Fazer o Quê!

Deixa a ira, abandona o furor; não te impacientes; certamente, isso acabará mal.

— SALMOS 37:8

Sempre que me encontro numa situação em que estou de mãos atadas, tenho visto que uma boa maneira de lançar meus cuidados sobre o Senhor é apenas dizer: "Fazer o quê!".

Por exemplo, numa certa manhã Dave derramou seu suco de laranja no carro e um pouco espirrou no meu casaco. Na mesma hora, ele disse: "Diabo, isso não me impressionou!". E eu disse: "Fazer o quê!". Então aquele problema ficou solucionado e continuamos seguindo com o nosso dia.

Há certas coisas sobre as quais não vale a pena nos irritarmos, mas muitas pessoas não conseguem evitar. Infelizmente, uma grande maioria de cristãos estão zangados, indignados e muito ansiosos *a maior* parte do tempo. Não são as coisas grandes que os afetam; são as pequenas coisas que não se encaixam em seus planos. Ao invés de lançarem seu cuidado sobre o Senhor e simplesmente deixar para lá, eles estão sempre tentando fazer alguma coisa sobre algo para o qual não há o que fazer. São muitas as ocasiões em que esta simples frase "Fazer o quê!" realmente me ajudou a lidar com algo e seguir em frente.

5 DE OUTUBRO

Amor de Pai

Quanto dista o Oriente do Ocidente, assim afasta de nós as nossas transgressões. Como um pai se compadece de seus filhos, assim o Senhor se compadece dos que o temem. Pois ele conhece a nossa estrutura e sabe que somos pó.

— SALMOS 103:12-14

Deus retira toda a injustiça em nós (nossas transgressões) e envia para muito longe, para tão longe quanto o oriente do ocidente. Qual a distância entre o oriente e ocidente? Muito grande. Deus conhece nossas fraquezas e Ele se lembra de que somos apenas pó. Nós colocamos muito mais pressão sobre nós mesmos do que Deus jamais faria.

Quando meu filho era pequeno, ele decidiu fazer algo legal para mim. Ele pegou uma vasilha de água e foi até a varanda. Logo ele me procurou e disse: "Mamãe, lavei as janelas para você". A varanda estava molhada. Ele estava molhado. As janelas estavam lambuzadas. Mas ele fez aquilo porque me amava. Deus me lembrou desse momento em especial. Ele disse: "Você se lembra do que fez depois? Você mandou seu filho ir se trocar e arrumar, e você foi e limpou a bagunça enquanto ele não estava olhando". Deus me mostrou que Ele faz o mesmo conosco.

Deus está ciente das nossas imperfeições e Ele recebe o que fazemos por amor a Ele. Ele cobrirá nossas imperfeições, limpará nossas bagunças e as esconderá, para que nem cheguemos a entender a bagunça que fizemos. Ele faz isso porque estamos em Cristo, Cristo está Nele e Ele está em nós.

6 DE OUTUBRO

A Coragem de Dizer Não

O ladrão vem apenas para roubar, matar e destruir;
Eu vim para que tenham vida, e a tenham plenamente.

— JOÃO 10:10

Certa ocasião, Dave, meu marido, fez uma das coisas mais sábias que já vi. Antes de entrarmos em tempo integral no ministério, ele trabalhava como engenheiro. Ele recebera uma proposta de promoção que incluía um aumento de salário e muito prestígio. Mas ele recusou. No início fiquei zangada com ele. Achei que ele estava cometendo um grande erro. Ele não queria crescer na empresa? Ele não era a pessoa mais indicada para o trabalho?

Mas ele me explicou que havia observado outros homens que ocupavam a mesma posição. Tinham que viajar muito e eram constantemente sobrecarregados com prazos que os deixavam debaixo de forte estresse. "Não é desta maneira que quero viver," disse Dave. Ele escolheu um cargo que lhe permitia ser fiel aos seus valores fundamentais: compromisso com a família e tranquilidade consigo mesmo — ao invés de buscar poder empresarial para que outros o admirassem.

Além disso, por que escolher um salário maior se você vai gastá-lo pagando consultas médicas para aliviá-lo das doenças causadas pelo estresse? O estresse no trabalho causa tantas doenças quanto o vício de fumar e a falta de exercícios. Assim como esses, o estresse mata. Faça o que tiver que fazer para se certificar de desfrutar a vida que Deus proveu para você por inteiro. Às vezes é preciso mais coragem para dizer não do que sim.

Este conceito pode ser aplicado além do âmbito de trabalho. Remover de seu horário todas as coisas que não estão dando bom fruto é algo que reduzirá grandemente o seu nível de estresse, e o capacitará a desfrutar de verdade as coisas nas quais escolheu se concentrar.

7 DE OUTUBRO

O Diabo Planeja Para o Mal, Mas Deus Usa Para o Bem

Vocês planejaram o mal contra mim, mas Deus o tornou em bem,

para que hoje fosse preservada a vida de muitos.

— GÊNESIS 50:20

Depois que José foi elevado ao segundo posto mais importante de todo o Egito, debaixo apenas de Faraó, seus irmãos, que o tinham vendido como escravo, vieram ao Egito para comprar grãos durante a fome que fora predita por José. Mais tarde, José planejou que seu pai, Jacó, e seus irmãos, juntamente com todas as suas famílias, se mudassem para o Egito para viver o restante daquele tempo de fome em paz e prosperidade.

Quando morreu Jacó, seu pai, os irmãos de José ficaram com medo de que José tentasse se vingar deles devido ao que lhe fizeram em sua juventude. E aqui se encontra o versículo em que José os tranquiliza de seu perdão pelo mal que lhe fizeram. Na verdade, vemos sua boa atitude em prática. Observe o que ele lhes diz: "Vocês planejaram o mal contra mim, mas Deus o tornou em bem, para que hoje fosse preservada a vida de muitos".

É impressionante quantas vezes Satanás nos prepara uma armadilha para nos causar mal e destruição. Mas quando Deus se envolve na situação, Ele toma a própria coisa que Satanás queria usar para nos destruir e a transforma em algo para o nosso próprio bem.

Minha vida dá testemunho disso. Fui abusada sexual, mental e emocionalmente durante muitos anos na minha infância. Com certeza é algo horrível de se acontecer com uma criança e definitivamente uma obra de Satanás, mas Deus transformou isso para o bem.

A bagunça em minha vida se transformou na minha mensagem; minha miséria se transformou no meu ministério; e estou usando a experiência que ganhei com a minha dor para ajudar multidões de outras pessoas que sofrem. Eu encorajo você a não desperdiçar sua dor. Deus a usará se você entregá-la a Ele.

8 DE OUTUBRO

O Espírito de Paz

Mas quando os prenderem, não se preocupem quanto ao que dizer, ou como dizê-lo. Naquela hora

lhes será dado o que dizer, pois não serão vocês que estarão falando, mas o Espírito do Pai de vocês

falará por intermédio de vocês.

— MATEUS 10:19-20

Você se dá conta da paz que podemos ter se apenas pararmos de tentar saber tudo de antemão que precisamos dizer e fazer em cada situação que enfrentamos na vida? Se você for como eu, deve se desgastar sobremaneira tentando se preparar para cada situação que possivelmente enfrentará no futuro. Tenta planejar e ensaiar cada palavra que vai falar em cada entrevista e conversa. Jesus nos diz aqui que não temos que fazer isso. Ele nos diz para confiarmos tudo ao Espírito Santo que nos guiará e nos orientará.

Quando temos de tomar decisões difíceis, resolver problemas complicados ou confrontar pessoas difíceis, o Espírito Santo decidirá a hora certa e a melhor abordagem a seguir. O Espírito nos dará as palavras certas para falar. Até lá, não precisamos nos incomodar com o assunto. Se escutarmos o que o Senhor nos diz aqui nesta passagem, não apenas teremos mais paz, mas também desfrutaremos de mais sucesso. Porque, quando realmente tivermos que falar, o que sairá da nossa boca será a sabedoria espiritual de Deus, e não algo que elaboramos com nossa própria mente carnal.

9 DE OUTUBRO

Adoração é Sabedoria

O temor reverente e a adoração ao Senhor são o princípio da sabedoria.

— SALMOS 111:10, AMP

Se você ler o livro de Provérbios e procurar todas as promessas radicais que são feitas à pessoa que anda em sabedoria, depois entender que o temor e a adoração são o princípio da sabedoria, verá rapidamente por que a reverência e a adoração são tão importantes.

A Bíblia diz que os que andam em sabedoria serão saudáveis. Viverão vida longa. Serão muito felizes. Serão abençoados, tão abençoados que serão invejados (veja Provérbios 3:1 a 18). Mas não existe sabedoria sem adoração.

Muitas pessoas hoje em dia buscam conhecimento, é o conhecimento é bom, mas a sabedoria é melhor. A sabedoria é fazer o uso certo do conhecimento. O conhecimento sem sabedoria pode causar a altivez, ou o orgulho, que acabarão por arruinar a vida da pessoa. Uma pessoa sábia sempre abundará em conhecimento, mas nem todos que têm muito conhecimento são sábios. Acredito que em nossa sociedade de hoje, exaltemos o conhecimento acima do que devíamos. A educação parece ser a meta principal da maioria das pessoas, mas nosso mundo atual está rapidamente caindo em decadência moral.

A educação é boa, mas não é melhor do que a sabedoria. A Palavra de Deus nos diz para clamarmos por sabedoria; para buscá-la como se deseja o ouro e a prata; torná-la uma necessidade vital na vida. Não há nada mais importante do que a sabedoria, e o começo dela é a reverência e a adoração. Quem adora aprenderá a sabedoria do próprio Deus.

10 DE OUTUBRO

Fale como Deus Fala

Evite as conversas inúteis e profanas, pois os que se dão a isso prosseguem cada vez mais para a impiedade.

— 2 TIMÓTEO 2:16

Evite conversas vazias, ociosas, vãs e inúteis. Ao invés disso, aprenda a falar como Deus fala. É a Palavra de Deus, saindo em verdade e amor de seus lábios, que voltará para Ele depois de realizar Sua vontade e propósito. Mas para poder falar a Palavra em verdade e amor, seu coração precisa estar correto diante do Senhor, pois da abundância do coração, fala a boca — para o bem ou para o mal. Você é preso por suas palavras e declarações.

Também por elas é julgado. Watchman Nee disse certa vez: "Se ouvir uma pessoa falar, você poderá detectar pelas suas palavras o espírito que provém delas". É por isso que é tão importante guardar seus lábios, para que o que deles se originar seja não só verdadeiro, mas também gentil, positivo, edificante e em sintonia com a vontade de Deus.

Você pode mudar suas ações e comportamentos, mas para que isso aconteça, primeiro é preciso mudar seus pensamentos e palavras. E para que isso aconteça, precisa da ajuda do Espírito de Deus habitando em você. Se realmente quer que sua vida seja totalmente diferente, então se submeta ao Senhor e em humildade, peça-lhe para transformar você na imagem e natureza de Seu Filho Jesus Cristo. Ele está fazendo isso por mim; e se é capaz de fazer comigo, Ele pode — e fará — por você também.

11 DE OUTUBRO

Diversidade e Variedade

Depois que formou da terra todos os animais do campo e todas as aves do céu, o Senhor Deus os trouxe ao homem para ver como este lhes chamaria; e o nome que o homem desse a cada ser vivo, esse seria o seu nome. Assim o homem deu nomes a todos os rebanhos domésticos, às aves do céu e a todos os animais selvagens. Todavia não se encontrou para o homem alguém que o auxiliasse e lhe correspondesse.

— GÊNESIS 2:19-20

Tenho certeza de que, se pensar nisso um pouco, você concordará que nosso Deus é um Deus impressionante. Apenas dê uma volta e olhe ao seu redor. Se isso for lhe ajudar, coloque este livro na mesa agora mesmo e faça isso. Pense no que existe den-

200 — JOYCE MEYER

tro do oceano ou como as abelhas e flores trabalham juntas. Depois entenda que o mesmo Espírito Santo presente na Criação vive dentro de você, se verdadeiramente aceitou Jesus Cristo como seu Senhor e Salvador (veja Atos 2:38).

Há muita criatividade dentro de cada um de nós e precisamos nos conectar a isso sem temor. Acho que muitas vezes caímos em rotinas. Fazemos a mesma coisa o tempo todo mesmo estando enfadados, porque temos medo de mudar.

Preferimos estar seguros e enfadados a animados e inspirados em meio a desafios e riscos. Algumas pessoas permanecem em seus empregos ou profissões por toda a vida, porque o que fazem é seguro. Talvez odeiem seus empregos e se sintam completamente insatisfeitos e sem realização, mas só pensar em fazer algo diferente os assusta sobremaneira. Ou talvez pensem ou sonhem com mudança, mas seus sonhos nunca se manifestam porque temem falhar. Não o aconselho e abandonar tudo a cada impulso que surgir, mas com certeza há um tempo certo para sair do comum e tentar coisas novas.

Deus criou você e eu para necessitarmos e desejarmos diversidade e variedade. Não há nada de errado conosco se às vezes sentimos que só precisamos de uma mudança. Por outro lado, se nunca conseguimos nos satisfazer por muito tempo, não importa o que façamos, então temos o problema contrário. A Palavra de Deus nos instrui a estarmos contentes e satisfeitos (veja Hebreus 13:5 e 1 Timóteo 6:6). O segredo é o *equilíbrio*.

12 DE OUTUBRO

Infinitamente, Abundantemente, Acima e Além

Deus… é capaz [cumprir Seu propósito] de fazer abundantemente mais do que tudo o que pedimos ou pensamos [infinitamente além de nossas maiores orações, desejos, pensamentos, esperanças ou sonhos], de acordo com o seu poder que atua em nós.

— EFÉSIOS 3:20, AMP

Quando oro sobre algo ou se medito em todas as pessoas que sofrem, tenho um forte desejo de ajudar todas elas. Às vezes sinto que meu desejo é maior do que minha capacidade, e é, mas não é maior do que a capacidade de Deus! Quando algo que enfrentamos em nossas vidas ou ministérios parece tão grande diante de nossos olhos que nossa mente dá uma "pane", precisamos *pensar no espírito*.

No plano natural, muitas coisas são impossíveis. Mas no sobrenatural, no plano espiritual, com Deus nada é impossível. Deus quer que acreditemos em coisas grandes, que façamos grandes planos e esperemos que Ele faça coisas tão grandes, que nos deixe boquiabertos e espantados. O versículo de Tiago 4:2 nos diz que "não temos porque não pedimos!". Podemos ser ousados em nossos pedidos.

Às vezes em minhas reuniões, as pessoas se aproximam do altar para pedir oração e perguntam como ovelhinhas humildes se podem fazer dois pedidos. Eu lhes digo que podem pedir a Deus tudo que desejam, desde que confiem Nele para responder segundo a Sua maneira, no Seu tempo. Não se conta por aí o que as pessoas são capazes de fazer — pessoas que não *parecem* poder fazer alguma coisa.

Geralmente Deus não chama pessoas que são capazes. Se fosse assim, Ele não receberia a glória. Frequentemente Ele escolhe aqueles que, no natural, sentem como se a tarefa fosse algo completamente acima de suas capacidades, mas são pessoas que estão prontas a aceitar o chamado e dar passos ousados de fé conforme recebem as direções de Deus. Geralmente queremos esperar até nos "sentirmos prontos" antes de darmos um passo. Mas quando nos sentimos prontos temos a tendência de nos apoiar em nós mesmos ao invés de nos apoiar em Deus.

Conheça suas fraquezas e conheça Deus — Sua força e fidelidade. E, acima de tudo, não seja do tipo que desiste.

13 DE OUTUBRO

As Raposinhas que Roubam Sua Alegria

Todos os dias do aflito são maus [devido a pensamentos e pressentimentos ansiosos e maus]; mas o coração contente tem um banquete contínuo [apesar das circunstâncias].

— PROVÉRBIOS 15:15, AMP

Certa vez atravessei uma época em minha vida em que era atormentada pela ansiedade. Estava cheia de medo e apreensiva sem razão específica. Estava sempre sentindo que algo horrível ia acontecer. Finalmente busquei ao Senhor e lhe perguntei o que estava me atribulando. Ele me disse que eram "pressentimentos maus".

Naquela época eu nem fazia ideia do que significava essa frase ou de onde ela viesse. Mais tarde encontrei Provérbios 15:15 na versão *Amplified Bible*. Imediatamente reconheci o termo que o Senhor usara para me mostrar o que me incomodava: "pressentimentos maus".

Naquela época eu era como tantas outras pessoas. Procurava algum tipo de "problema monstruoso" que me impedia de desfrutar a vida. Tudo era tão intenso para mim, que criava problemas onde jamais existira nada. Certa vez, durante uma reunião, o Senhor me disse para falar algo. Aparentemente alguém precisava ouvir isso: "Pare de fazer uma montanha das coisas". Eu costumava ser o tipo de pessoa que precisava ouvir coisas assim. Eu conseguia transformar pedrinhas em montanhas. Precisava aprender a deixar algumas coisas para lá — esquecê-las e seguir adiante. Alguns de nós nos tornamos zangados por causa de coisas que não valem a pena nos zangar — aquelas "raposinhas que estragam as vinhas" (Cantares de Salomão 2:15). Se nossa vida se resume a ficarmos zangados com uma coisa após a outra, coisas que não são muito importantes, então não teremos muita paz nem alegria.

14 DE OUTUBRO

Seja um Exemplo

Tornem-se meus imitadores, como eu o sou de Cristo.

— I CORÍNTIOS 11:1

Que declaração ousada e impressionante! O que Paulo queria realmente dizer neste versículo? Ele dizia a mesma coisa que disse em 1 Coríntios 4:16 "Portanto, suplico-lhes que sejam meus imitadores".

Ele dizia aos cristãos de Corinto: "Observem minha vida, e lhes mostrarei como Jesus quer que vivam". É isso que Deus quer que façamos. Ele quer que tenhamos a confiança de saber que estamos fazendo tudo ao nosso alcance para obedecer a Deus num grau tal que não sintamos que temos algo para esconder de ninguém. Ele quer que tenhamos a confiança de que qualquer pessoa que nos tomar como modelo virá a ser como Jesus, tanto em atitude como em comportamento.

Amo Romanos 5:19: "Logo, assim como por meio da desobediência de um só homem muitos foram feitos pecadores, assim também, por meio da obediência de um único homem muitos serão feitos justos".

Este versículo diz que um homem apenas ou uma mulher apenas pode afetar o mundo. Se este é o caso, então com certeza um de nós pode afetar o bairro em que vivemos, o local onde trabalhamos, o círculo de amigos com quem nos divertimos, desde que façamos as escolhas certas.

15 DE OUTUBRO

Não Tema

Ninguém conseguirá resistir a você todos os dias da sua vida. Assim como estive com Moisés, estarei com você; nunca o deixarei, nunca o abandonarei.

— JOSUÉ 1:5

Já ouvi dizer que há 365 referências a "não temer" na Bíblia. Sei que há pelo menos 355 segundo a Referência Bíblica Dake, quase um "não temer" para cada dia do ano. Você realmente quer obedecer à Palavra de Deus e "não temer"? Se quer, estará em boa companhia porque cada pessoa na Bíblia que já foi usada por Deus em algum grau, ouviu Deus lhe dizer vez após vez: "Não tema". Um dessas pessoas foi Josué. Josué, o homem que Deus escolheu para seguir Moisés, tinha um grande trabalho à frente: guiar os filhos de Israel à Terra Prometida.

Deus não estava dizendo a Josué para ser Moisés, mas que Ele estaria com Josué assim como esteve com Moisés. Deus não falharia nem abandonaria Josué. Ele dizia: "Não tema, Josué, estarei com você!". Quando Deus lhe diz que Ele

UM NOVO DIA, UM NOVO VOCÊ — 203

estará com você, isso significa que não importam quais sejam as circunstâncias, tudo dará certo porque Deus jamais falhará nem o abandonará.

16 DE OUTUBRO

Faça, Mesmo com Medo!

Sejam fortes e corajosos. Não tenham medo... pois o Senhor, o seu Deus, vai com vocês; nunca os deixará, nunca os abandonará.

— DEUTERONÔMIO 31:6

O temor não passa de um sentimento que causa certas manifestações. O temor nos faz tremer, suar, enrubescer, sacudir e ficar com as pernas moles. A Bíblia não diz: "Não trema". A Bíblia não diz: "Não sue," ou "Não se sacuda". A Bíblia diz: "Não *Tema*". E a palavra *temor* quer dizer fugir de algo! Em outras palavras, Deus está dizendo que, quando o *temor* aparecer, o que vai acontecer porque o temor é o inimigo da confiança, não deixe isso parar você. Devemos *fazer* o que temos que fazer, mesmo com medo!

Quando recebi esta revelação, mal conseguia acreditar. Parecia bom demais para ser verdade. Percebi que não havia nada de errado comigo quando meus joelhos tremiam diante de novas situações, ou quando sentia que ia desmaiar. Por eu ter seguido adiante e feito o que deveria fazer apesar de como me sentia, eu não era uma covarde. Somos covardes apenas se *fugirmos*. Talvez você esteja permitindo que um *sentimento* controle e determine o seu destino. Talvez você ache que algumas pessoas são medrosas e outras não. Mas a verdade é que o temor acontece com *todas as pessoas*. O que fazemos apesar deste temor é que faz a diferença entre a vitória ou a derrota em nossas vidas.

17 DE OUTUBRO

Beba do Espírito, Não da Mente

Pois tem mente dividida e é instável em tudo o que faz.

— TIAGO 1:8

Você e eu temos dois enormes barris de informação dentro de nós. Um contém informação carnal que se origina da nossa mente. O outro contém informação espiritual que brota de nossos corações. Um está cheio de água barrenta, poluída, e o outro cheio de água limpa e potável. Cabe a nós decidir de qual fonte vamos beber. Algumas pessoas tentam beber de ambas as fontes. É por isso que a Bíblia as chama de mente dividida.

Você sabe o que significa ter uma mente dividida? Significa que sua mente está tentando lhe dizer uma coisa e seu espírito está tentando dizer exatamente o oposto. Em vez de dizer: "Não vou acreditar nisso porque é uma mentira," você é pego num fogo cruzado, indo de um a outro pensamento.

Se você e eu vamos viver as vidas cristãs felizes, vitoriosas e bem-sucedidas que o Senhor deseja que vivamos, teremos que decidir de que fonte de informação vamos beber. Precisaremos aprender a viver de nossos espíritos e não de nossas mentes.

18 DE OUTUBRO

Sacudindo

Portanto, também nós, uma vez que estamos rodeados por tão grande nuvem de testemunhas, livremo-nos de tudo o que nos atrapalha e do pecado que nos envolve, e corramos com perseverança a corrida que nos é proposta.

— HEBREUS 12:1

Uma de minhas histórias favoritas é sobre o burro de um fazendeiro que caiu num poço. O animal chorou deploravelmente durante horas enquanto o fazendeiro tentava decidir o que fazer com este pobre burro. Finalmente, ele chegou à conclusão de que o poço era fundo demais e que precisava ser tampado mesmo. Além disso, o burro era velho e daria um trabalho imenso tirá-lo do poço. O fazendeiro decidiu que não valia a pena retirar o animal, então pediu a seus vizinhos para ajudá-lo a encher o poço de terra e enterrar o animal.

Todos pegaram pás e começaram a jogar terra no poço. O burro imediatamente percebeu o que acontecia e começou a zurrar horrivelmente. Se alguém nos maltrata, nossa reação normal é chorar, de modo que este burro reagia da mesma maneira que nós faríamos no início, mas depois ele ficou bem quietinho. Continuaram a jogar a terra e algum tempo depois, o fazendeiro olhou para dentro do poço e ficou surpreso com o que viu. A cada pá de terra que caía sobre as costas do burro, ele sacudia a terra e pisava em cima dela.

Os vizinhos e o fazendeiro continuaram a jogar a terra em cima do animal e ele continuava sacudindo a terra de suas costas e dando mais um passo para cima. Logo o burro sacudiu a última pá de terra, deu mais uma passo para cima e saiu do poço. Podemos aprender uma lição com esta história. Quando surgirem os problemas, se ficarmos quietinhos e ouvirmos, Deus nos dirá o que fazer.

Pela graça e misericórdia de Deus, já consegui sacudir muitas coisas de minha vida, muitos sentimentos feridos, muitos maus tratos, muito abuso, muitas coisas injustas e indelicadas. Assim como o burro, a fim de poder dar um passo para cima e obter a vitória em nossas vidas, teremos de aprender a sacudir de nós os problemas que aparecem em nosso caminho.

UM NOVO DIA, UM NOVO VOCÊ — 205

19 DE OUTUBRO

Dois Tipos de Sofrimento

E não somente isto, mas também nos gloriamos nas próprias tribulações,
sabendo que a tribulação produz perseverança.

— ROMANOS 5:3, ARA

Em algum ponto de sua vida cristã, você deve ter ouvido que Jesus quer libertá-lo de todo o seu sofrimento, e isso é verdade: Ele quer. Contudo, há uma transição a ser feita, e transições nunca são fáceis. O caminho da liberdade e de desfrutar sua vida pode ser difícil às vezes. Seguir em direção à liberdade, porém, é definitivamente mais fácil do que permanecer preso.

Quando finalmente me dei conta de que Jesus podia e desejava me libertar, queria ter essa liberdade. Mas minha atitude foi: "Não sofrerei mais; já sofri o suficiente". Contudo, enquanto estivermos presos, estamos sofrendo de qualquer jeito; e é o tipo de sofrimento que não tem fim. Se estivermos dispostos a deixar Jesus nos guiar através de seja o que for que tivermos que atravessar para podermos ser livres, isso pode doer por um tempo; mas pelo menos será um sofrimento que leva à vitória e a uma nova vida de liberdade.

Muitas pessoas nunca chegam a experimentar a alegria da liberdade devido a uma mentalidade errada com relação ao sofrimento. A passagem bíblica acima revela que deveríamos *escolher* nos alegrarmos enquanto atravessamos transições difíceis. Devemos estar cientes de que Deus nos ama e por isso teremos um bom resultado final; neste caso, um caráter amadurecido.

20 DE OUTUBRO

Um Coração Confiante

Meu coração está firme, ó Deus, meu coração está firme [resoluto e confiante]!

— SALMOS 57:7, AMP

Observe que esta passagem diz que nosso coração precisa estar firme, resoluto e também confiante. Descobri que ter confiança todo o tempo é vital para um ministério bem-sucedido. Vi que, mesmo quando estou ocupada no ministério, mesmo quando estou diante das pessoas ensinando, o diabo tentará introduzir pensamentos na minha mente para me fazer perder a confiança. Por exemplo, se duas ou três pessoas olharem para seus relógios, o diabo sussurrará para mim: "Eles estão tão enfadados que mal conseguem esperar para sair daqui". Se duas pessoas se levantarem para irem ao toalete, o diabo dirá: "Estão saindo porque não gostam da sua pregação".

Seja o que for que façamos pelo Senhor, o diabo tentará fazer algo para nos fazer perder a confiança. Ele não quer que tenhamos confiança em nossas orações. Ele não quer que acreditemos que podemos ouvir Deus. Ele não quer que tenhamos confiança nenhuma com relação ao chamado de nossa vida. Ele quer que andemos por aí nos sentindo um fracasso.

É por isso que precisamos ter um coração cheio de confiança o tempo todo. Não devemos nos arrastar para fora da cama a cada dia com temor e desânimo. Mas devemos acordar a cada manhã preparados para manter Satanás debaixo dos nossos pés.

Como fazemos isso? Ao declarar com confiança o que a Palavra diz sobre nós, como por exemplo: "Somos mais que vencedores em Jesus. Posso todas as coisas através de Cristo que me fortalece. Triunfarei em cada situação porque Deus sempre me faz triunfar". Como veremos, isso não só fará o diabo nos deixar em paz, mas também fortalecerá nossa confiança.

21 DE OUTUBRO

Vestindo a Armadura de Deus

Finalmente, fortaleçam-se no Senhor e no seu forte poder.

— EFÉSIOS 6:10

Você sabe o que acontece quando passa tempo com Deus? Começa a agir como Davi quanto enfrentou o gigante Golias. Você começa a tomar uma posição e a exigir do inimigo: "Quem você acha que é para desafiar o exército do Deus vivo?" (veja 1 Samuel 17:26). Como soldados da cruz, você e eu não devemos ter medo do nosso inimigo, o diabo.

Quando um espírito de temor surgir, ao invés de tremer como um bambu, devemos ser ousados como um leão. O diabo ataca aqueles que estão causando dano ao seu reino, os que estão fazendo algo por Deus. Como resistimos ao diabo? Vestindo toda a armadura de Deus, tomando o escudo da fé, com o qual podemos rebater todos os seus dardos inflamados, e manejando a espada do Espírito, que é a Palavra de Deus (veja Efésios 6:13 a 17). Mas só temos acesso a toda essa armadura e todas essas armas como resultado de passarmos tempo com o Senhor. Na verdade, Efésios 6:10 começa este discurso sobre a armadura de Deus, dizendo: "Fortaleçam-se no Senhor e no seu forte poder". Isso significa para mim: "Fortaleçam-se através de seu convívio com Deus". O versículo 11 acrescenta: "Vistam toda a armadura de Deus". Somente depois de ser fortalecido em convívio com Ele é que podemos vestir adequadamente a armadura.

UM NOVO DIA, UM NOVO VOCÊ — 207

22 DE OUTUBRO

Dê um Passo e Descubra por Si Mesmo

Olho nenhum viu, ouvido nenhum ouviu, mente nenhuma

imaginou o que Deus preparou para aqueles que o amam.

— 1 CORÍNTIOS 2:9

Talvez Deus ande falando com você sobre algumas mudanças em sua vida e você as queira, mas está com medo. Quero encorajá-lo a não ter medo de dar o primeiro passo. Mesmo que cometa um erro, não será o fim do mundo.

Entre pelas portas que Ele está abrindo. Talvez você até precise dar alguns passos numa certa direção para ver se uma porta antes fechada se abrirá quando você se aproximar dela. Talvez tenha recebido uma pequena orientação de Deus, mas não vê o quadro todo. Deus nos guia passo a passo. Talvez Ele só lhe mostre o segundo passo depois que você der o primeiro. Não estou dizendo que devemos fazer coisas tolas, mas quero incentivá-lo a encontrar o equilíbrio entre viver em temor e viver em sabedoria.

Deus é progressista e descobri que minha fé também é. Talvez minha fé seja pequena, e, portanto, Deus me mostre algo pequeno que tenho que fazer. Conforme sou fiel neste algo pequeno, Ele me mostra o próximo passo, e então minha fé cresce mais e sou capaz de lidar com isso.

Não passe a vida inteira olhando para trás e desejando ter experimentado coisas diferentes ou feito as coisas de maneira diferente. Ficar imaginando como poderia ter sido é um sentimento solitário. Posso garantir que você não terá prazer em todas as tentativas, mas pelo menos terá a experiência pessoal de saber de fato. Não terá que passar toda a vida ouvindo falar de todas as outras pessoas que estão fazendo e se perguntando como seria. Você não vai poder fazer tudo, mas dê um passo no tempo de Deus para fazer as coisas que sente que Ele o está guiando a fazer.

23 DE OUTUBRO

Esteja Sempre na Expectativa

Ele lhes respondeu: Não lhes compete saber os tempos ou as datas

que o Pai estabeleceu pela sua própria autoridade.

— ATOS 1:7

Muitas vezes sentimos muita decepção, o que nos impede de estarmos alegres e de desfrutar a vida. Sentimos isso porque decidimos por nós mesmos que algo precisa ser feito de certa maneira ou num certo prazo. Quando queremos muito alguma coisa, podemos facilmente nos convencer de que é a vontade de Deus para nós ter tal coisa.

Sempre acredito em correr atrás. Sou uma pessoa com metas e sempre preciso de algo pelo qual almejar. Há muitos anos, deixava algo que pensava ser fé me deixar frustrada. Tentava usar minha fé para obter o que eu queria. Quando aquilo não chegava no tempo certo, achava que tinha falhado na fé.

Agora, depois de quase vinte anos, sei que posso e devo usar minha fé, mas Deus tem um tempo determinado. "No tempo devido" (1 Pedro 5:6), "na hora designada" (Gênesis 18:14), "na plenitude do tempo" (Gálatas 4:4) — é assim que a Bíblia fala sobre o tempo de Deus.

O Próprio Jesus deixou bem claro que não compete a nós saber quando são esses tempos. Permanecer sempre na expectativa, por mais que demore, é uma das coisas que deixará você e eu abundando em alegria.

Tenho certeza de que a maioria de nós sente expectativa. Sei que eu sou assim. Há coisas que Deus falou comigo — coisas que colocou em meu coração — que eu ainda não vi manifestas. Algumas delas existem há quinze ou dezesseis anos. Outras coisas que Ele falou mais ou menos na mesma época já se realizaram. Eu ficava confusa com isso, mas agora não me sinto mais confusa; estou na expectativa. O tempo dessas coisas em minha vida pode chegar a qualquer momento, qualquer dia — talvez hoje — e na sua também.

24 DE OUTUBRO

Ore: Em Qualquer Lugar, a Qualquer Hora

Orem no Espírito em todas as ocasiões, com toda oração e súplica; tendo isso em mente, estejam atentos e perseverem na oração por todos os santos.

— EFÉSIOS 6:18

Este importante versículo nos informa que podemos orar em qualquer lugar, a qualquer hora, sobre qualquer assunto, e que deveríamos estar atentos a isso. Se acreditamos e praticamos essa passagem bíblica, ela pode mudar nossa vida e com certeza nossa vida de oração.

Parece que mesmo quando pensamos em alguma coisa sobre a qual orar, quase sempre esses pensamentos são seguidos de outro tipo de pensamento errado: *Preciso me lembrar de orar sobre isso durante meu tempo de oração.* Por que não paramos naquele instante e oramos? Porque temos um bloqueio mental nesta área. Achamos que precisamos estar num certo local, num certo estado de espírito e numa certa posição antes de podermos orar.

Não é de se admirar que não oremos muito. Se somente orarmos quando estivermos sentados em silêncio, fazendo absolutamente nenhuma outra coisa, a maioria de nós com certeza não vai orar sem cessar.

Todos nós deveríamos dedicar um tempo especial a Deus, um tempo sem nenhuma outra atividade, e deveríamos nos disciplinar a manter nossos compromissos com Ele. Sim, devemos ter estes momentos separados, mas, além disso, devemos exercitar nossos privilégios de orar o tempo todo, o dia todo. Nossas orações podem ser verbais ou silenciosas, longas ou curtas, públicas ou em particular — o mais importante é que oremos!

25 DE OUTUBRO

Cuidado com os "Dias Carnais"

Reconheça o Senhor em todos os seus caminhos, e Ele endireitará as suas veredas.

—— PROVÉRBIOS 3:6

Descobri que, quanto mais obediente sou, mais fácil é ser obediente novamente. E, quanto mais desobediente sou, mais fácil é ser desobediente. Há certos dias em que podemos dizer assim que acordamos que vamos ter um daqueles dias que chamo de "dia carnal". Começamos o dia teimosos e preguiçosos.

Nossos primeiros pensamentos são: *"Não vou limpar a casa, não vou fazer compras. Também não vou seguir esta dieta idiota. Vou comer o que eu quiser o dia todo e não quero ninguém me incomodando por causa disso. Se me perturbarem, eles vão ouvir umas boas..."*.

Quando nos *sentimos* assim quando acordamos, temos uma escolha a fazer. Podemos seguir a maneira como nos sentimos ou podemos orar: "Deus, por favor, me ajude, rápido!". Nossos sentimentos podem ser subjugados pelo Senhor Jesus Cristo, se nós lhe pedirmos para nos ajudar a endireitar nossa atitude.

Sei tudo sobre "dias carnais"; sei que podemos começar agindo muito mal e o dia pode ir de mal a pior. Parece que a partir do momento em que abrimos a porta para uma atitude egoísta e seguimos nossa carne, seguimos ladeira abaixo e desperdiçamos um dia inteiro. Mas toda vez que obedecemos à nossa consciência, abrimos a janela que Deus pode usar para nos guiar pelo Seu Espírito. Cada vez que seguimos a orientação de nossa consciência, entra mais e mais luz. Depois que desfrutamos de saber que Deus verdadeiramente nos guiará a um plano melhor, fica mais fácil obedecê-lo prontamente.

26 DE OUTUBRO

Deixando o Passado para Trás

"Porque sou Eu que conheço os planos que tenho para vocês", diz o Senhor, "planos de fazê-los prosperar e não de lhes causar dano, planos de dar-lhes esperança e um futuro".

—— JEREMIAS 29:11

Muitas pessoas permitem que seu passado dite seu futuro. Não faça isso! Deixe seu passado para trás. Todos nós temos um passado, mas todos também temos um futuro. A Bíblia nos ensina em Efésios 2:10 que fomos recriados em Cristo Jesus para que possamos fazer as boas obras as quais Deus preparou antes para nós as praticarmos e vivermos a boa vida que Ele preparou para nós. A palavra *recriar* indica que fomos criados, viramos um caos total e precisávamos de reparo.

Em Jeremias 18: 1 a 4, lemos sobre o oleiro que precisou refazer seu vaso porque ele se danificara. Este é um retrato de nós nas mãos do Senhor, o Mestre Oleiro. Ouvimos que devemos ser novas criaturas quando começamos um relacionamento com Cristo. As coisas velhas já passaram. Temos a oportunidade de um novo começo. Nós nos tornamos novo barro espiritual para o Espírito Santo trabalhar. Deus faz planos para cada um de nós termos um novo começo, mas precisamos estar dispostos a deixar o passado para trás e seguir em frente. Abrimos caminho para o novo quando acreditamos no que Deus diz sobre o futuro, por isso, não deixe seus fracassos passados deixarem você sem esperança sobre seu futuro sucesso.

Seu futuro não tem espaço para os fracassos do passado. Como já disse, só porque você falhou em algumas coisas, isso não faz de você um fracasso. Seja o que for que Satanás tenha roubado através do engano, Deus restaurará em dobro, se você estiver disposto a seguir em frente, esquecendo o passado. Você precisa abrir mão do passado para conquistar o futuro!

27 DE OUTUBRO

Reclamar e Ficar na Mesma, Louvar e Ser Elevado

Respondeu, pois, Jesus, e disse-lhes: Não murmureis entre vós...
— JOÃO 6:43, ARC

A reclamação é um pecado! É uma forma corrupta de conversa que leva muitas pessoas a muitos tipos de problemas na vida. A murmuração e a reclamação também abrem muitas portas para o inimigo, pois as palavras são reservatórios de poder. Palavras resmungonas e de murmuração carregam um poder destrutivo. Elas destroem a alegria de quem reclama, e também afetam as outras pessoas que as ouvem.

Em Efésios 4:29, o apóstolo Paulo nos instrui a não usar nenhum tipo de linguagem suja ou profana. Antes eu não sabia que isso também incluía as reclamações, mas agora aprendi que inclui sim. Murmurar e reclamar são atitudes que poluem nossas vidas e provavelmente soam como amaldiçoar a Deus. Para Ele, é poluição verbal, e poluir é o mesmo que envenenar. Você já parou para pensar que podemos envenenar nosso futuro por causa de murmurações e reclamações sobre o que está acontecendo agora?

Quando reclamamos sobre nossa circunstância atual, permanecemos presos a ela; quando louvamos a Deus no meio da dificuldade, Ele nos eleva acima das circunstâncias. A melhor maneira de começar cada dia é com gratidão e ação de graças. Ataque o diabo. Se não encher seus pensamentos e conversas com coisas boas, ele definitivamente os preencherá com coisas ruins. Pessoas verdadeiramente agradecidas não reclamam; elas estão tão ocupadas sentindo gratidão pelas boas coisas que têm, que não têm tempo para reparar em coisas sobre as quais poderiam reclamar. O louvor e a ação de graças são do bem; reclamar e murmurar são do mal.

28 DE OUTUBRO

Encha Seu Tanque de Amor

Para que Cristo habite no coração de vocês mediante a fé;

e oro para que, estando arraigados e alicerçados em amor.

— EFÉSIOS 3:17

Cada um de nós nasce com um "tanque de amor". Se esse tanque de amor ficar vazio, estamos encrencados. Precisamos receber amor desde o momento em que nascemos e continuar recebendo, e dando, até o dia que morremos. Às vezes Satanás consegue arranjar as coisas para que, ao invés de recebermos amor, recebamos abuso. Se este abuso continua, nos tornarmos desesperados por amor e degradados e, portanto, somos incapazes de manter relacionamentos saudáveis.

Muitas pessoas desenvolvem vários tipos de comportamentos ligados a vícios. Se não conseguem bons sentimentos em seu interior, procuram isso do lado de fora. Uma das coisas que precisamos entender é que as pessoas precisam ter certo número de sentimentos positivos. Somos criados para nos sentir bem conosco. Não podemos sair por aí machucando, sendo machucados e nos sentindo mal o tempo todo; simplesmente não fomos feitos para viver assim.

Em busca desses bons sentimentos, muitas pessoas se voltam para o sexo, as drogas, o álcool, o fumo, a comida, o dinheiro, o poder, o jogo, o trabalho, a televisão, os esportes e muitas outras coisas que podem levar a um vício. Elas estão simplesmente tentando obter essas boas sensações que faltam dentro de si e em seus relacionamentos.

A boa notícia é que seja o que for que tenha acontecido conosco no passado, seja qual for a privação que tenhamos sofrido, podemos receber tudo o que precisamos do Senhor. Ele é nosso Pastor, nada nos faltará (veja Salmos 23:1). Ele prometeu não recusar nenhum bem a nós (veja Salmos 84:11).

Se não recebemos amor suficiente quando pequenos, ou se não recebemos amor suficiente agora, não temos de passar o resto de nossas vidas com nosso tanque vazio. Mesmo que não aja nenhum outro ser humano nesta terra que nos ame, ainda somos amados por Deus, e podemos nos aprofundar em Seu maravilhoso amor.

29 DE OUTUBRO

Brilhe e Resplandeça

O Senhor disse a Moisés: "Diga a Arão e aos seus filhos: Assim vocês abençoarão os israelitas: 'O Senhor te abençoe e te guarde; o Senhor faça resplandecer o seu rosto sobre ti e te conceda graça [gentileza, misericórdia, favor a outros]; o Senhor volte para ti [em aprovação] o seu rosto [seu semblante] e te dê paz [tranquilidade de coração e na vida continuamente]'".

— NÚMEROS 6:22-26, AMP

Você sabe o que é o semblante de Deus? É Seu rosto, Sua aparência. Quando qualquer homem ou mulher de Deus nos diz: "o Senhor faça resplandecer o seu rosto sobre ti e te conceda graça; o Senhor volte para ti o seu rosto e te dê paz" (Números 6:25-26), o que ele ou ela está dizendo é: "Que as pessoas vejam a glória de Deus brilhando sobre você e através de você".

Posso encorajá-lo a fazer algo? Quando sair de casa hoje para um novo dia, peça ao Senhor para fazer Seu rosto resplandecer sobre você. Peça-lhe para voltar Seu rosto para você e lhe dar a paz. Peça a Ele para fazer Sua glória brilhar sobre você, como fez com Moisés. Depois, deixe resplandecer sua luz diante dos homens, para que a vejam e glorifiquem a seu Pai que está nos céus (veja Mateus 5:16).

Deixar sua luz brilhar pode ser algo simples como colocar um sorriso em seu rosto. Esta é uma maneira de "ligar o interruptor" da glória de Deus. A glória de Deus está em você, mas se nunca a expressar, se ela nunca vier para fora, as pessoas não serão abençoadas.

30 DE OUTUBRO

As Primeiras Coisas Primeiro

Busquem, pois, em primeiro lugar o Reino de Deus e a sua justiça, e todas essas coisas lhes serão acrescentadas.

— MATEUS 6:33

Muitas vezes não pensamos em quais são nossas prioridades, mas ainda as temos como prioridades. Nossas prioridades são qualquer coisa que ocupe o primeiro lugar em nossos pensamentos e em como planejamos nosso tempo. Ter paz verdadeira em nossas vidas requer colocar Deus em primeiro lugar, acima de todas as outras coisas que exigem nossa atenção.

Se você colocar Deus como o primeiro em suas finanças, em seu tempo, em suas conversas, em seus pensamentos, em suas decisões, sua vida será um sucesso. Sou prova viva dessa verdade. Antes de aprender a colocar Deus em primeiro lugar, eu vivia na pior bagunça que uma pessoa poderia estar; tinha uma atitude ruim e não conseguia pensar duas coisas positivas seguidas; não gostava de ninguém e ninguém gostava de mim. O abuso que sofri durante a infância me deixou cheia de amargura, ressentimento e incapacidade de perdoar.

Nossas vidas não serão abençoadas se mantivermos Deus dentro de uma caixa de "Domingo de manhã", e dermos a Ele nossa atenção prioritária apenas quarenta e cinco minutos, uma vez por semana, durante o culto da igreja. Se os cristãos estivessem colocando Jesus em primeiro lugar em tudo, o mundo estaria melhor. É claro que existem crentes sinceros, dedicados e tementes a Deus em todas as igrejas e na sociedade, mas nem de longe tantos quantos deveria haver.

Eu me treinei a começar cada dia dando a Deus as primícias do meu tempo. Percebi que não vou passar pelo dia em paz se não passar tempo com Deus e colocá-lo em primeiro lugar.

31 DE OUTUBRO

Coma Livremente

Coma livremente de qualquer árvore do jardim.

— GÊNESIS 2:16

Depois que Deus criou Adão e Eva, Ele lhes deu algumas orientações e um cardápio muito simples. Será que Ele disse: "Comam livremente de todos os sanduíches da rua"? Não. Será que ele disse: "Comam livremente de todos os salgadinhos e batatinhas dos saquinhos"? Não. Ele não lhes disse para comerem *fast food*, pizza congelada nem mesmo biscoitos light com pouca gordura.

Deus disse a Adão e Eva para comerem do jardim, e nos sairemos bem se seguirmos Seu conselho. Temos sido inundados com uma quantidade absurda de informações ruins sobre dieta nas últimas décadas, coisas que obscureceram as verdades simples de se alimentar de forma saudável: coma alimentos que vieram de Deus, no estado mais próximo possível da maneira como Deus os criou. Assim, você não tem como errar. Somente quando nos corrompemos com alimentos feitos pelo homem em laboratórios e fábricas é que nos envolvemos em problemas.

1º DE NOVEMBRO

Desenvolva um Estilo de Vida de Dar

Porque Deus amou o mundo de tal maneira...

— JOÃO 3:16, ARA

Deus está operando milagres financeiros maravilhosos para nós, possibilitando assim que coloquemos em ação o ministério mundial que temos agora. Contudo, nos primeiros anos de nossa vida, mesmo atravessando dificuldades financeiras, ainda assim plantávamos o dízimo. Tínhamos apenas o suficiente para pagar nossas contas e depois precisávamos acreditar em Deus para nossas demais necessidades.

Quando olho para trás, alguns daqueles momentos mais difíceis guardam algumas das minhas melhores lembranças e foram os mais divertidos para nós. Eu tinha um pequeno caderno de oração e certo dia escrevi nele: "Pai Amado, preciso de doze panos de prato novos e não tenho dinheiro para comprá-los. Por favor, supra esses panos de prato". Um dia, uma amiga minha tocou a campainha e disse: "Espero que não me considere totalmente insana, mas acredito que Deus tenha me dito para lhe dar uma dúzia de panos de prato".

A alegria e a emoção de Deus me tomaram e quase derrubei minha amiga, gritando toda animada: "Isso é Deus!". Quem fica com este entusiasmo por causa de panos de prato hoje em dia? Mas o entusiasmo entra em nossa vida quando começamos a viver da maneira de Deus.

Se você precisa de milagres financeiros, não tenha medo de obedecer a Deus com relação às suas finanças. Comece a provar o poder de Deus para abençoá-lo através do dízimo e de ofertas além do dízimo. Como casal, Dave e eu estamos seguindo um estilo de vida de dar, e gostamos de dar mais a cada ano. Conforme obedecemos a Deus e damos quando Ele assim nos guia, alguém sempre dá de volta para nós e nos mantém nessa dimensão de ver milagres empolgantes. Na verdade, buscamos maneiras de dar. Não esperamos ter um grande sentimento interior; damos de propósito e com um propósito. Como resultado disso, nossa alegria e prosperidade estão sempre crescendo.

2 DE NOVEMBRO

Você Pode Fazer o que Deus o Chamou Para Fazer

Posso todas as coisas em Cristo que me fortalece.

— FILIPENSES 4:13, ABV

Recentemente, vi um cartaz em uma igreja que dizia: "Confie em Deus, acredite em si mesmo, e você fará qualquer coisa". Isso não está correto.

Houve um período em minha vida em que eu teria visto esse cartaz e dito, "Amém!" Contudo, não mais. Você e eu na verdade não temos condições de fazer *nada* que queremos. Não podemos fazer nada ou todas as outras coisas que as pessoas fazem. Mas podemos fazer tudo o que *Deus nos chamou para fazer*. E podemos fazer qualquer coisa que *Deus diz que temos condições de fazer*.

Precisamos encontrar um equilíbrio nessa área. Podemos participar de seminários motivacionais e ouvir um monte de palavras muito inspiradoras do tipo, "Você consegue fazer qualquer coisa. Pense que consegue; acredite que consegue; diga que consegue — e conseguirá!". Isso funciona até certo ponto. Mas se for longe demais, transforma-se em humanismo. Nós precisamos citar para nós mesmos o que a *Palavra* diz sobre nós.

Nós somos capazes de fazer o que somos *chamados* a fazer, o que somos dotados para fazer. Há maneiras de aprendermos a reconhecer os dons que nos são dados na vida por meio da graça divina.

Aprendi isso com relação a mim mesma: quando começo a ficar frustrada, sei que é um sinal de que estou agindo na minha própria força e não estou mais recebendo a graça de Deus, ou estou tentando fazer algo para o qual não recebi a graça de fazer.

---

3 DE NOVEMBRO

Graça Divina Não é Desculpa Para Pecarmos

Sobreveio a lei para que avultasse a ofensa; mas onde abundou o pecado, superabundou a graça... E daí? Havemos de pecar porque não estamos debaixo da lei, e sim da graça? De modo nenhum! Não sabeis que daquele a quem vos ofereceis como servos para obediência, desse mesmo a quem obedeceis sois servos, seja do pecado para a morte ou da obediência para a justiça?

— ROMANOS 5:20; 6:15-16, ARA

Quando Paulo começou a ensinar as pessoas de sua época sobre a lei e a graça — que a lei produz o pecado, mas onde o pecado abundou a graça superabunda ainda mais — os primeiros crentes ficaram um pouco confusos. Eles pensaram, "Ora, então, se quanto mais pecamos, mais a graça de Deus abunda, e se Deus tem tanto prazer em nos dar a Sua graça, então devemos pecar tanto quanto pudermos para ganharmos mais graça" (ver Romanos 6:15).

Então, Paulo teve de escrever: "Deus nos livre! Não sabem que, quando vocês pecam tornam-se servos do pecado? Como podem viver em pecado se já se declararam mortos para o pecado?" (ver Romanos 6:16).

216 — JOYCE MEYER

A graça de Deus não é desculpa para continuarmos do jeito que somos, declarando que não temos que fazer nada por nós mesmos e por nossas vidas porque não estamos mais debaixo da lei, mas debaixo da graça. Isso é um erro que os primeiros cristãos estavam cometendo. Sim, a graça de Deus vai nos livrar da condenação mesmo quando pecamos. A graça de Deus vai manter nossos nomes escritos no Livro da Vida do Cordeiro apesar de não sermos perfeitos. A graça de Deus nos salva, nos declara justos à Sua vista, nos assegura de Suas bênçãos e de um lar no céu; ela nos sustenta através desta vida e nos dá paz de espírito e muitas e muitas coisas maravilhosas.

Mas a graça de Deus faz mais do que tudo isso; ela também nos ensina a viver como Deus quer que vivamos, ou seja, em santidade. Ela não somente nos dá o poder para viver, mas este poder nos é dado para nos tirar do pecado e nos colocar acima dele.

4 DE NOVEMBRO

Confusão Não é de Deus

Porque Deus não é de confusão, e sim de paz. Como em todas as igrejas dos santos...

— I CORÍNTIOS 14:33, ARA

Eu estava dirigindo uma reunião em Kansas City quando veio ao meu coração perguntar aos presentes quantas pessoas ali se sentiam confusas. Havia cerca de trezentas pessoas na reunião e, pelo que consegui ver, duzentas e noventa e oito levantaram a mão. E o meu marido foi um dos que não levantou a mão. Posso afirmar a você que Dave nunca ficou confuso em sua vida, porque ele não se preocupa. Ele não tenta calcular nada. Não está interessado em ter todas as respostas para tudo, porque ele confia em Deus.

Quando você confia em Deus, pode relaxar e desfrutar a vida. Você não precisa passar pela vida se preocupando e tentando calcular como vai resolver todos os seus problemas. Pense em tudo pelo que já se preocupou na sua vida e como tudo acabou se resolvendo no final. Isso deveria ajudá-lo a entender que preocupar-se e tentar calcular tudo é uma perda de tempo e energia. Pare de se preocupar. Pare de complicar a vida tentando calcular como tudo deve ser. Simplesmente admita que você não sabe, que não é capaz e que precisa de Deus. E então siga com a sua vida, desfrute-a e deixe Deus lhe dar as soluções.

5 DE NOVEMBRO

Nunca Vá Para a Cama Irado

Quando vocês ficarem irados, não pequem. Apaziguem a sua ira antes que o sol se ponha.

— EFÉSIOS 4:26

UM NOVO DIA, UM NOVO VOCÊ — 217

Eu não sei sobre você, mas estou feliz por este versículo estar na Bíblia, porque nos ajuda a construir o nosso caráter nos dando uma orientação para lidarmos com a ira: livre-se dela antes de ir para a cama. Por quê? Ora, o que acontece quando ficamos zangados justo antes de irmos para a cama? Se nos irarmos pela manhã, pelo menos temos o dia inteiro para superarmos isso, mas quando nos zangamos na hora de ir para a cama, temos que tomar uma decisão rápida.

Por que é tão ruim para nós irmos para a cama irados? Acho que é porque enquanto dormimos, nossa ira tem tempo de se enraizar na nossa alma. Mas a Palavra diz: "E não deem lugar ao diabo" (Efésios 4:27). Este versículo nos diz o que acontece se nos recusamos a vencer a nossa ira antes de nos deitarmos: você abre uma porta para o diabo e dá entrada à Satanás. E uma vez que Satanás põe o pé na porta da nossa vida, então pode entrar e se alojar lá. Você talvez se pergunte, *Ora, o que eu deveria então fazer se ficar irado?* Supere a sua ira! Você talvez pense, *É fácil para você dizer isso, porque não está na minha situação.* Eu posso não estar na sua situação, mas você tampouco está na minha. Todos nós passamos por diferentes situações. Se quiser ter uma vida feliz e vitoriosa, terá que escolher viver assim e não simplesmente seguir os seus sentimentos.

Em Deuteronômio 30:19, o Senhor nos diz: "Coloquei diante de vocês a vida e a morte, a bênção e a maldição. Agora escolham a vida". Escolha a vida recusando-se a ceder à ira. Assuma a responsabilidade pela sua ira e aprenda a lidar com ela — processe-a e ponha um fim a ela, e isso aliviará a pressão.

6 DE NOVEMBRO

Meditação Produz Sucesso

> *Não deixe de falar as palavras deste Livro da Lei e de meditar nelas de dia e de noite, para que você cumpra fielmente tudo o que nele está escrito. Só então os seus caminhos prosperarão e você será bem-sucedido.*
>
> — JOSUÉ 1:8

A maioria das pessoas não mergulha na Palavra de Deus muito profundamente. Como resultado, elas ficam confusas, sem saber por que não são cristãos cheios de poder que levam vidas vitoriosas. A verdade no caso da maioria é que elas não se esforçam muito para estudar a Palavra por si mesmas. Talvez saiam e ouçam o que os outros ensinam e pregam da Palavra. Talvez ouçam sermões em fitas ou leiam a Bíblia de vez em quando, mas não são verdadeiramente dedicadas a fazer com que a Palavra seja uma parte essencial de suas vidas, inclusive o tempo para pensarem sobre a Palavra.

A carne é basicamente preguiçosa, e muita gente quer ganhar algo em troca de nada (sem nenhum esforço); mas não é assim que funciona. *Uma pessoa vai extrair da Palavra tanto quanto estiver disposta a investir nela.*

Se você quer ser bem-sucedido e prosperar em tudo o que faz, a Bíblia diz que deve meditar na Palavra de Deus dia e noite. Quanto tempo você passa pensando na Palavra de Deus? Se estiver tendo problemas em algum aspecto de sua vida, uma resposta sincera a esta pergunta poderá lhe mostrar o motivo.

7 DE NOVEMBRO

Você é Responsável Por Sua Vida

Sejam praticantes da palavra, e não apenas ouvintes, enganando-se a si mesmos.

— TIAGO 1:22

Um dos maiores problemas na sociedade hoje é o fato das pessoas não quererem assumir a responsabilidade por suas vidas. Elas querem soluções rápidas. A sociedade as treinou para acreditarem que se têm problemas, outra pessoa é responsável por eles. Seus pais são os responsáveis. Seus cônjuges são os responsáveis. Suas escolas ou patrões são os responsáveis. A empresa que fez os cigarros ou o carro, ou a comida ruim são os responsáveis.

Não estou dizendo com isso que você seja responsável pelo estado em que a sua vida se encontra atualmente. Acontece muita coisa em nossas vidas que foge ao nosso controle. Às vezes há pessoas ruins que nos prejudicam. A situação na qual se encontra pode ou não ser culpa sua. Mas você será o responsável por aceitá-la! Você não precisa permanecer nessa situação. Você tem escolha, e essa escolha é cem por cento sua.

Não importa como chegou a este ponto, não permita que seja uma desculpa para ficar assim. Eu tinha muitas desculpas e razões para ter uma saúde ruim, atitudes ruins e uma vida desequilibrada. Enquanto eu me desculpava, nunca fazia progresso.

Chegou o momento de ser honesto consigo mesmo e com Deus. Quando tiver um momento a sós, respire fundo, limpe a mente e repita a seguinte frase: "Eu sou responsável pela minha própria vida. Ninguém a controla, senão eu. Se for infeliz ou sem saúde, sei que tenho o poder de mudar essa situação. Tenho toda a ajuda e conhecimento que preciso; e com a ajuda de Deus hoje, posso começar a me tornar a pessoa rumo à excelência que sempre soube que eu poderia ser".

8 DE NOVEMBRO

Você Adora ou Se Preocupa?

O Senhor disse a Moisés: "Faça uma serpente e coloque-a no alto

de um poste; quem for mordido e olhar para ela viverá".

— NÚMEROS 21:8

Em Números 21, vemos que quando os israelitas estava m no deserto, muitos morreram por causa da praga das cobras que os atacaram como resultado de seus pecados. Moisés foi e se prostrou perante Deus e o adorou. Ele voltou sua atenção imediatamente para Deus, não para si mesmo nem ninguém, para resolver o problema.

Descobri que em toda a Bíblia, quando as pessoas tinham um problema, elas adoravam a Deus. Pelo menos aquelas que saíam vitoriosas. Elas não se preocupavam — mas O adoravam. Eu lhe pergunto hoje: *Você se preocupa ou adora a Deus?* Moisés buscou a Deus para saber como lidar com as serpentes. Ele não fez seu próprio plano e pediu a Deus para abençoá-lo; ele não tentou encontrar uma solução por si mesmo, nem se preocupou — ele adorou a Deus. Sua ação trouxe a resposta de Deus.

Nós sabemos que a vara com a serpente de bronze representa a cruz, e Jesus tomando sobre Si os nossos pecados nela. A mensagem ainda é a mesma hoje: "Olhe e viva". Volte-se para Jesus, para o que Ele fez, não para si mesmo ou para o que você fez ou pode fazer.

A solução para o seu problema, seja qual for, é não se preocupar, mas adorar a Deus. Comece adorando a Deus porque Ele é bom, e Sua bondade será liberada em sua vida.

9 DE NOVEMBRO

O amor Não se Regozija com a Injustiça

O amor não se alegra com a injustiça, mas se alegra com a verdade.

— 1 CORÍNTIOS 13:6

O amor sofre com a injustiça. Ele sempre quer o que é justo e correto. Deseja a justiça não apenas para si mesmo, mas especialmente para os outros. Eu não gosto de ver pessoas serem maltratadas. Já fui muito magoada em minha vida e me lembro muito bem de como me senti.

Deveríamos cuidar dos outros e de suas dores, orar por eles e fazer o que estiver ao nosso alcance para aliviar seu sofrimento. O amor não é insensível; ele não vê uma situação injusta e faz pouco caso ou nada a respeito. A mentalidade mundana de "não me incomode com isto, é problema seu" não tem lugar na vida dos cristãos.

Obviamente, não podemos resolver os problemas físicos e financeiros de todo o mundo, mas podemos nos importar o suficiente. Podemos trabalhar através do Espírito Santo e garantir que o nosso coração não endureça perante toda a violência e injustiça ao nosso redor.

Deus é amor e Ele ama a justiça (saber que você está correto perante Deus — agindo corretamente, falando o que é correto). Portanto, aqueles que andam em amor também devem amar a justiça. O Salmo 97:10 diz que se amamos ao Senhor, temos de odiar o mal. Aqueles que amam a justiça geralmente são perseguidos por causa disso — Jesus foi, e não estamos acima do nosso Mestre (ver Mateus 10:24). Não odeie as pessoas ruins, mas a sua maldade. Deus odeia o pecado, mas Ele ama os pecadores.

Continue andando em amor, odiando a injustiça e a maldade, e o favor de Deus estará presente na sua vida de uma maneira assombrosa.

10 DE NOVEMBRO

Deixe Deus Ser Deus

Ó nosso Deus, não irás Tu julgá-los? Pois não temos força para enfrentar esse exército imenso que está nos atacando. Não sabemos o que fazer, mas os nossos olhos se voltam para Ti.

— 2 CRÔNICAS 20:12

Neste versículo, Jeosafá admite abertamente a Deus sua total inabilidade em lidar com o problema. Por anos tentei mudar a mim mesma, mas sem sucesso. Tentei muito e por muito tempo quebrar maus hábitos e falhei cada vez. Tentei alterar várias coisas em minha vida, conseguir a prosperidade, aumentar o meu ministério e ser curada. Lembro-me de ter vontade de desistir simplesmente porque fiquei exausta de lutar as minhas próprias batalhas. Passei por tudo isso regularmente até o dia em que estava sendo um tanto melodramática sobre a minha situação, tentando impressionar a Deus com a profundidade da minha tristeza. Eu disse algo tipo, "Deus, já basta. Chega. Não aguento mais. Nada que eu faço dá certo. Eu desisto. Não vou mais fazer nada disto".

Foi então que, no fundo do meu ser, ouvi o Espírito Santo dizer, *"É mesmo?"* com certo tom de empolgação. Ora, Deus só pode operar em nós quando esgotamos totalmente nossas forças e decidimos finalmente que "Em vez de continuar tentando, eu desisto e vou deixar Deus agir". Tentar viver o papel de Deus vai deixá-lo exausto, e bem rápido. Por que não desistir do seu esforço próprio e fazer o que Jeosafá fez no versículo 12? Admita para Deus que você não tem poder para enfrentar os seus inimigos e que não sabe o que fazer, mas que está esperando que Ele o oriente e livre.

11 DE NOVEMBRO

A Bênção da Convicção

Quando ele vier, convencerá o mundo do pecado, da justiça e do juízo.

— JOÃO 16:8

Jesus disse aos Seus discípulos que, quando o Espírito Santo viesse, Ele ministraria para eles de uma maneira íntima e pessoal. Uma das coisas pelas quais o Espírito Santo é responsável é guiar os que creem em toda a verdade, e Ele é o agente no processo de santificação da vida dos crentes. Isso é parcialmente feito através de Seu poder de nos deixar com um sentimento de convicção. Em outras palavras, sempre que estamos nos desviando ou seguindo pela direção errada, o Espírito Santo nos deixa com a convicção de que o nosso comportamento ou decisão estão errados.

Isto acontece através de um "conhecimento" em nosso espírito de que o que estamos fazendo não está certo. Quando você e eu nos sentimos sob a convicção do Espírito Santo, deveríamos nos arrepender e mudar de direção. Se nós soubermos como e estivermos dispostos a colaborar com o Espírito Santo, poderemos amadurecer espiritualmente e liberar as bênçãos que Deus tem preparadas para nossa vida. Se, porém, ignorarmos esta convicção e seguirmos o nosso próprio caminho, veremos que esse caminho será bem áspero e difícil.

Satanás não quer que recebamos a convicção do Espírito Santo, nem sequer deseja que a entendamos. Ele sempre tem um substituto, um impostor, para tudo o que Deus tem para nos oferecer — algo um pouco parecido com o que Deus nos oferece, mas que, se aceitarmos, nos trará destruição em vez de bênçãos. Acredito que Satanás nos traz o sentimento de condenação no lugar da convicção de Deus. A condenação sempre produz sentimentos de culpa. Ela nos faz sentir "por baixo" de todas as formas. Nós nos sentimos "por baixo" de um peso, que é justo como Satanás quer que nos sintamos.

Deus, por outro lado, enviou Jesus para nos libertar, para nos dar justiça, paz e alegria (ver Romanos 14:17). Os nossos espíritos deveriam ser leves e sem preocupação, não oprimidos e pesados com os fardos que não temos condições de suportar. Não podemos levar o peso dos nossos pecados; Jesus veio para levá-lo por nós. Só Ele pode fazer isso, e devemos receber Seu ministério em nós.

1 2 DE NOVEMBRO

Alimento Espiritual

Dirigindo-se aos seus discípulos, Jesus acrescentou: Portanto eu lhes digo: Não se preocupem com sua própria vida, quanto ao que comer; nem com seu próprio corpo, quanto ao que vestir. A vida é mais importante do que a comida, e o corpo, mais do que as roupas.

— LUCAS 12:22-23

Se você tem uma vida espiritual rica, estará satisfeito com este momento, com este dia e com este ano. Todos passamos por momentos assim de vez em quando. Você passeia por um campo no verão cheio de flores e de repente sente a tranquilidade e fica extasiado com toda aquela beleza. Pega seu filho pequeno (ou neto) no colo e sente um grande elo espiritual de amor ao seu redor. Está sentado no banco da igreja no domingo de manhã e a luz atravessa o vitral da janela e enche o seu coração de alegria. O momento é completo, pleno. Você não pensa, *Meu coração está cheio de alegria, mas puxa, como gostaria de ter um pedaço de bolo de chocolate nas mãos!*

Você pode conhecer a sensação de estar plenamente alimentado espiritualmente e saber que se conseguir viver assim regularmente, não terá nenhum problema em comer ou beber apenas o que precisa. Na verdade, todos nós deveríamos ter esses momentos transcendentais mais vezes. Creio que eles são essenciais para a nossa saúde física, emocional e espiritual. E acho que passamos pouco tempo tentando alcançar esses momentos e tempo demais meditando nos nossos problemas. Quer em uma terapia, em casa, ou com amigos tomando um café, se remoermos os nossos problemas o tempo todo, eles estarão ainda mais presentes.

Tire a mente dos seus problemas e passe mais tempo meditando na única e verdadeira solução — o amor de Deus. Os problemas que temos na vida — e eles são muitos — deveriam nos levar a Deus, e não nos afastar Dele. Jonas tentou fugir de seu dever para com o Senhor velejando para uma terra remota, e veja o que lhe aconteceu! Não siga as pisadas de Jonas. Corra para Deus! Ele não apenas pode ajudá-lo a encontrar as soluções para sua fome espiritual; Ele é a própria solução!

13 DE NOVEMBRO

Os Caminhos de Deus Não São os Nossos

"Pois os meus pensamentos não são os pensamentos de vocês, nem os seus caminhos são os meus caminhos", declara o Senhor.

— ISAÍAS 55:8

Descobri que Deus muitas vezes não parece muito razoável. O que Ele escolhe fazer nem sempre faz sentido para nós. Nem sempre se encaixa na nossa razão. Temos a tendência de querer que as coisas façam sentido, mas Deus quer que aprendamos a ser guiados pela nossa confiança Nele, e não pelo nosso entendimento. Na verdade, deveríamos agradecer a Deus por Seus caminhos não serem os nossos caminhos. Minha vida teria sido muito ruim se Deus me tivesse permitido fazer as coisas à minha maneira. É uma atitude sábia orarmos, "Seja feita a Sua vontade, e não a minha".

Geralmente digo ao Senhor o que gostaria de ter e em seguida falo: "Mas, se Tu sabes que não é bom para mim, por favor, não permita que eu o tenha". Os Seus pensamentos são justos e verdadeiros. Podemos achar que algo faz sentido no plano natural, mas pode não ser o que Deus quer para nós no final.

UM NOVO DIA, UM NOVO VOCÊ — 223

14 DE NOVEMBRO

Vazio e Preenchido

Fui crucificado com Cristo. Assim, já não sou eu quem vive, mas Cristo vive em mim. A vida que agora vivo no corpo, vivo-a pela fé no filho de Deus, que me amou e se entregou por mim.

— GÁLATAS 2:20

Assim que comecei a ministrar, eu queria ajudar as pessoas. O Senhor então falou comigo e disse: "Quando você estiver vazia de si mesma de modo que tudo o que lhe resta é a habilidade de depender do Espírito Santo, quando aprender que tudo o que você é e tem provém Dele, então Eu a enviarei aos seus vizinhos para encher os seus vasos vazios com a vida que derramei no seu vaso vazio". Chegar a este ponto em que nos encontramos vazios de nós mesmos não é uma tarefa fácil e raramente algo que acontece rapidamente.

Passei vários anos me perguntando se algum dia chegaria a este ponto em que manifestaria humildade em vez de orgulho — em que dependeria de Deus em vez de ser independente, em que confiaria em Seu braço em vez de no meu próprio. Se você se sente assim, permita-me encorajá-lo dizendo que, desde que você não desista, estará fazendo progresso. Pode parecer estar levando séculos para chegar a este ponto, mas "Estou convencido de que aquele que começou boa obra em vocês, vai completá-la até o dia de Cristo Jesus" (Filipenses 1:6).

Só depois que percebemos que não somos nós que devemos fazer as boas obras, mas sim o Senhor, é que então podemos começar a servi-lo como deveríamos. Alguém disse certa vez, "Nós ainda veremos o que Deus pode fazer através de um homem ou mulher que lhe dá toda a glória". Se formos diligentes e sinceros sobre alcançarmos maturidade espiritual, eventualmente estaremos vazios de nossa própria pessoa e prontos para sermos usamos por Deus para preencher outras pessoas vazias.

15 DE NOVEMBRO

Não Se Agarre às Coisas

Mas Deus é a força do meu coração e a minha herança para sempre.

— SALMOS 73:26

Uma das maneiras que tentamos seguir para edificar nossa fé é olhar para todas as coisas boas que temos e perceber como poderíamos viver sem elas. Fico satisfeita ao pensar em como a nossa casa é bonita, mas sei que se tivesse que viver num apartamento de dois ou três quartos novamente, seria tão feliz como sou agora, porque a minha alegria vem de dentro e não das coisas que possuo.

Encontramos equilíbrio em percebermos que tudo o que temos nos é emprestado por Deus. Ele nos deu o uso de tudo o que possuímos, mas elas não são nossas possessões, nem tampouco tais coisas devem nos possuir. Assim que começamos a nos agarrar a certas coisas e elas se tornam importantes demais para nós, Deus começa a sacudi-las como que para tirá-las de nossas mãos. Se abrirmos mãos delas quando Ele fizer isso e dissermos, "Tudo bem, Você está certo, Deus, eu estou ficando muito apegado a isto, ou estou começando a gostar demais disto, ou estou dependendo demais disto," então, na maioria das vezes Ele nos permite ficar com elas. Mas se as segurarmos muito apertado e elas se tornarem importantes demais para o nosso senso de segurança e a nossa alegria começar a depender delas, então Deus as tirará de nós. Deus nos dará todo tipo de coisas para usarmos e das quais desfrutarmos, mas Ele não permitirá que tais coisas nos possuam.

16 DE NOVEMBRO

Estamos Com Pressa, Mas Deus Não

Para tudo há uma ocasião certa; há um tempo certo para cada propósito debaixo do céu.

— ECLESIASTES 3:1

Nós nunca aprendemos paciência sem termos algo com o qual a exercitarmos. Paciência é algo que aprendemos — ela não surge do nada. O fruto da paciência está em nossos espíritos, porque, como filhos de Deus, o Espírito Santo vive em nós.

Mas para a paciência ser expressa em nossas almas (na nossa mente, vontade e emoções), a obra deve ser realizada em nós. Cada vez que um de meus filhos estava para nascer, depois de passada a data, eu fazia de tudo para dar início ao trabalho de parto. Eu caminhava, passava óleo de rícino, trabalhava ainda mais arduamente do que o de costume, na esperança de "acelerar as coisas". No nascimento de um deles, até fui ao hospital para o médico induzir o parto. Não funcionou e me mandaram de volta para casa. O médico basicamente disse, "Vá para casa e deixe a natureza seguir o seu curso".

Meu conselho para você, com base na Palavra de Deus e na minha experiência pessoal, é "Não tenha tanta pressa". Você pode estar cheio de sonhos sobre sua vida, mas também pode estar tentando realizá-los fora de hora. Você pode acabar metendo os pés pelas mãos, e às vezes ficarmos zangados com Deus porque as coisas não funcionaram do jeito que pensamos que o Senhor disse que iriam funcionar. Tudo vai acontecer como Deus disse, se esperarmos pela hora certa, segundo a Sua sabedoria. Nós é que estamos com pressa. Deus nunca tem pressa!

Procure se ocupar deleitando-se no Senhor e permita-lhe que Ele lhe dê o que deseja para você. Se Deus colocou um desejo em seu coração, esteja certo de que Ele fará com aconteça na hora certa. Espere até Deus o orientar e instruir para então proceder, faça o que Ele lhe disser para fazer ou o que lhe mostrar, mas não vá além disso.

17 DE NOVEMBRO

O Que Fazer Quando Surgirem Problemas

Combata o bom combate da fé.

—I TIMÓTEO 6:12

Mais cedo ou mais tarde todos nós passamos por problemas na vida. Todos temos algumas provas e tribulações. Todos passam por momentos difíceis de provação. E nem toda tempestade é prevista. Há dias em que acordamos e pensamos que tudo vai estar bem e então, antes do dia acabar, somos postos à prova com todo o tipo de dificuldades inesperadas.

Os problemas fazem parte da vida, de modo que simplesmente temos que estar preparados para eles. Precisamos ter um plano de como vamos reagir aos problemas, porque é mais difícil nos fortalecermos depois que eles surgem. É melhor estar preparado permanecendo forte.

A primeira coisa a fazer quando os problemas surgirem é orar: "Deus, me ajude a permanecer emocionalmente estável". Não permita que suas emoções o controlem. A próxima coisa a fazer é confiar em Deus. No instante em que tiver medo, ore. Permaneça emocionalmente estável, confie em Deus e ore. E então, enquanto espera Deus lhe responder, continue simplesmente fazendo o bem. Honre os seus compromissos. Não deixe de servir ao Senhor só porque tem um problema. A melhor época para manter os seus compromissos com Deus é em meio às dificuldades e adversidades. Quando o diabo perceber que as provas e tribulações não irão pará-lo, ele é que vai parar de perturbá-lo por um tempo.

Para estar preparado para a próxima vez em que se vir numa situação difícil, pratique dizer a seguinte frase: "Eu vou ser fiel a Deus, e Deus vai me retribuir em dobro porque estou encarando esse problema. Satanás, você achou que ia me prejudicar, mas eu vou ganhar uma bênção em dobro, porque busco ao Senhor diligentemente".

18 DE NOVEMBRO

Somente Creia

Entrando ele em casa, os cegos se aproximaram, e ele lhes perguntou: "Vocês creem que eu sou capaz de fazer isso?" Eles responderam: "Sim, Senhor!".

— MATEUS 9:28

Em Marcos 5:36, Jesus disse: "Não tenha medo; tão-somente creia". Já houve várias ocasiões em minha vida quando estive desencorajada e sem saber o que fazer, ou em que senti que nada estava dando certo e que todo o mundo estava contra mim. Quer fossem necessidades financeiras, quer dores incessantes por todo o corpo, eu dizia a Deus: "O que Tu queres que eu faça?", e o que ouvi vezes sem conta foi: "Somente creia". Hebreus 4:3 nos diz que crer faz com que entremos no descanso de Deus. Quando encontramos esse descanso, é maravilhoso, porque apesar de ainda termos o problema, não nos sentimos mais frustrados por causa dele.

Jesus diz em Marcos 11:24 que tudo o que pedirmos, orando, devemos crer que o recebemos e vamos ter o que pedimos. Em Atos 16:31 nos é dito: "Creia no Senhor Jesus, e serão salvos, você e os de sua casa". Hebreus 11:6 nos diz que aqueles que buscam a Deus devem crer que Ele existe e que recompensa aqueles que O buscam. Você consegue ver, a partir desses versículos, como é importante acreditar? Se você e eu quisermos receber qualquer coisa de Deus, devemos primeiro acreditar que Ele existe, e então devemos acreditar que Ele é bom.

19 DE NOVEMBRO

Eliminando o Preconceito

Deus não trata as pessoas com parcialidade.

— ATOS 10:34

Jesus lidou com muros de divisão na Sua época. Os judeus desprezavam os gentios, a quem chamavam de cães. Muitos homens consideravam as mulheres inferiores e as maltratavam. Como mulher, eu poderia considerar isso e resolver odiar todos os homens porque minhas ancestrais foram tratadas com injustiça. Da mesma forma, os judeus poderiam passar o resto da vida odiando os alemães por causa daquele homem louco e possuído pelo diabo chamado Adolf Hitler. Os americanos poderiam odiar os japoneses por terem bombardeado Pearl Harbor e investirem contra os Estados Unidos na Segunda Guerra Mundial. Os afro-americanos poderiam passar a vida odiando os brancos por causa da escravidão.

Ninguém pode voltar no tempo e reparar o passado. Não importa o quanto gostaríamos de fazer isso, não é possível. Não podemos sequer retribuir o que fizeram ou não por nós. Só Deus pode fazer isso. A única opção que temos é esquecer o que ficou para trás e seguir para o que temos à frente (ver Filipenses 3:13-14).

A vida é curta demais para a passarmos odiando os outros. Examine-se sobre esse aspecto. Seja franco consigo mesmo e veja se tem ou não preconceitos. Mesmo se for apenas um pequeno preconceito, arrependa-se e ore sinceramente para que ele seja retirado de seu coração. Diga a si mesmo, "eu não sou melhor do que ninguém; todos somos iguais aos olhos de Deus. Cada pessoa é criação Sua, e Ele afirmou que tudo o que Ele faz é bom".

20 DE NOVEMBRO

Demonstre Amor aos Desconhecidos

Não se esqueçam da hospitalidade [aos desconhecidos, em irmandade, sendo amigável, cordial, gentil, partilhando o conforto de sua asa e fazendo a sua parte com generosidade]; foi praticando-a que, sem o saber alguns acolheram anjos.

— HEBREUS 13:2, AMP

Uma panelinha é um grupo exclusivo, para o qual nem todos são aceitos. Fazer parte dela nos faz sentir importantes, e estar de "fora" pode ser muito doloroso. Eu descobri que até mesmo a igreja é cheia de panelinhas.

Como crentes no Senhor Jesus Cristo, você e eu somos instruídos pela Palavra de Deus a fazermos com que os estrangeiros se sintam aceitos, a sermos hospitaleiros para com eles e não os maltratar de maneira alguma. Isso é especialmente importante na igreja. Eu me pergunto quantas pessoas finalmente reuniram coragem suficiente para visitar uma igreja numa manhã de domingo, mas nunca mais voltaram porque foram ignoradas por todos lá.

É claro que nem todas as igrejas são frias e insensíveis. Muitas são calorosas, amigáveis e amorosas; e essas são as que crescem. Todo o mundo quer ser aceito, sentir-se bem-vindo e amado. Deus deu instruções específicas aos israelitas para não fazerem mal nem oprimirem os estrangeiros, dizendo-lhes para se lembrarem de quando eles eram estrangeiros na terra (ver Êxodo 22:21).

Todos nós já fomos a pessoa nova no trabalho ou na escola, na vizinhança ou na igreja. Devemos nos lembrar de como apreciamos aqueles que tomaram a iniciativa e foram amigáveis conosco. Devemos sempre nos lembrar da regra de ouro: "Como vocês querem que os outros lhes façam, façam também vocês a eles" (Lucas 6:31).

21 DE NOVEMBRO

A Liberdade da Confissão

Então reconheci diante de ti o meu pecado e não encobri as minhas culpas. Eu disse: Confessarei as minhas transgressões ao Senhor, e tu perdoaste a culpa do meu pecado.

— SALMOS 32:5, ARC

Em 1 João 1:9, a Bíblia nos ensina que se admitirmos os nossos pecados e os confessarmos, Ele nos perdoa e limpa de toda a nossa injustiça. Comece por admitir os seus erros. Não esconda nada. Admita-os a Deus e aos outros. Não arrume desculpas nem culpe a mais ninguém.

Ao fazer isso, você vai sentir uma nova liberdade, e o seu relacionamento com Jesus e com as pessoas vai melhorar muito. Descobri que se contar às pessoas os meus erros antes delas descobrirem por si mesmas, nem eu nem elas vamos nos incomodar muito com eles.

Seja aberto com as pessoas. A maioria das pessoas respeita e admira a sinceridade e a franqueza. O que tentamos esconder nos assombra depois. Convide Jesus para cada aspecto de sua vida. Não ache que tem que esconder seus erros Dele. Ele sabe tudo sobre eles. Na verdade, o Senhor sabe mais sobre nós do que conseguimos lembrar ou viremos a descobrir, e Ele nos ama assim mesmo.

Dê a Deus não só o que você é, mas especialmente o que você não é. É fácil lhe oferecer os nossos pontos fortes, mas também deveríamos lhe oferecer as nossas fraquezas porque Sua força se aperfeiçoa nas nossas fraquezas. Não retenha nada de Deus; dê tudo a Ele! O Senhor não vê apenas o que somos no momento, Ele vê no que podemos nos transformar, porque Ele é paciente conosco.

22 DE NOVEMBRO

Fé ou Medo?

Mas aquele que tem dúvida é condenado se comer,
porque não come com fé; e tudo o que não provém da fé é pecado.

— ROMANOS 14:23

É possível permitirmos a alguém nos controlar e manipular, e dizer honestamente que estamos fazendo isso em fé? É claro que não! Sabemos que esse tipo de comportamento é fundamentado no medo, não na fé. A fé obedece a Deus, mas o medo é facilmente intimidado e encontra muitas desculpas para desobedecer.

Alguém que é perfeccionista, ou viciado em trabalho, ou envolvido em perversão sexual, é tão dependente quanto alguém viciado numa substância química como tabaco, álcool ou drogas. Se tentarmos satisfazer as necessidades dessa pessoa à custa das nossas necessidades, seremos codependentes desse indivíduo.

É bom ajudarmos as pessoas que foram prejudicadas; mas quando suas necessidades emocionais começam a nos controlar, corremos o perigo de sermos guiados por elas e seus problemas em vez de guiados pelo Espírito Santo de Deus. A fé faz com que demos um passo e digamos ou façamos o que Deus coloca em nossos corações, mas o medo faz com que fiquemos tímidos e sejamos controlados e dominados.

Quantas vezes ouvimos pessoas manipuladores dizerem coisas como, "Estou velho e você não se preocupa mais comigo agora," ou "Eu cuidei de você a vida inteira. Sacrifiquei-me para lhe dar uma casa, vesti-lo e colocá-lo na escola, e agora você quer simplesmente me deixar aqui sozinho"?

Deve-se encontrar um meio termo nessas situações. O Espírito Santo em nosso íntimo deve nos guiar a toda a verdade em cada situação e a encontrar este meio termo. Ele nos dará a sabedoria para sabermos quando devemos nos adaptar e ajustar à situação e quando devemos ter uma posição firme e inabalável. Mantenha sempre em mente que *a fé obedece a Deus; o medo é facilmente levado pelas emoções!*

23 DE NOVEMBRO

Discernimento

Mas quem é espiritual discerne todas as coisas [examina, investiga, inquire, questiona e entende].

— 1 CORÍNTIOS 2:15, AMP

Enquanto tentarmos resolver os nossos problemas, só ficaremos mais e mais frustrados e confusos. Isso porque tentamos operar sem a graça de Deus.

Em meu ministério, o pedido de oração que mais recebo é geralmente por orientação. Muitas pessoas não parecem saber o que fazer. Elas estão frustradas e confusas com as situações com as quais se deparam no seu cotidiano. Precisam de ajuda, mas não sabem onde procurar essa ajuda.

Se eu tiver um problema, não preciso tentar resolvê-lo, preciso sim de discernimento. Preciso ouvir o Senhor e aplicar a Palavra de Deus à minha situação. Preciso que o Senhor me mostre o que fazer. Discernir é ter a sabedoria de Deus para qualquer situação na vida. É um "entendimento espiritual" de como lidar com a situação.

Certa vez eu estava orando e pedi a Deus para me dar discernimento, e o Senhor falou comigo e me disse: "Joyce, você nunca terá discernimento até parar de tentar racionalizar as coisas". Ora, note que o Senhor não disse "até Eu a livrar de racionalizar as coisas", Ele disse "até você parar de racionalizar".

Se você está tentando entender tudo na vida, deve perceber que isso é simplesmente um hábito, um mau hábito, um hábito que não lhe dará sossego. Sua mente talvez seja como a minha costumava ser. Eu era viciada em racionalizar demais sobre toda e qualquer coisa. Com certeza não há nada de errado em usarmos nossa mente. Deus nos abençoou com mentes fortes para realizarmos coisas grandiosas. Mas assim que você começar a se sentir frustrado e confuso, assim que começar a perder sua paz interior, precisa dizer consigo mesmo, "Opa, fui longe demais". Você deve abrir mão de seus próprios esforços e confiar inteiramente no Senhor, colocando a situação nas mãos de Deus.

24 DE NOVEMBRO

Familiaridade Pode Levar ao Desrespeito

Deem graças em todas as circunstâncias, pois esta é a vontade de Deus para vocês em Cristo Jesus.

— 1 TESSALONICENSES 5:18

A familiaridade pode gerar desprezo e desrespeito. Pense em como uma pessoa trata um carro novo. Ela o admira, acha-o lindo, lava-o o tempo todo e espera que todo o mundo tenha muito cuidado quando anda nele.

Mas o que acontece quando o carro já é dela por alguns anos? Anda sempre sujo, fica todo amassado, cheio de latinhas de refrigerante e papel de embrulho de hambúrguer. O que aconteceu? O dono se familiarizou com o carro, já não lhe dá mais tanto valor e não demonstra mais o mesmo respeito por ele como quando era novo. Ele poderia mantê-lo com a mesma aparência e desempenho de quando ainda era novo se tivesse continuado a lhe dispensar a mesma atenção do começo.

Encontramos um ótimo exemplo dos perigos da familiaridade na Bíblia com relação à arca de Deus. Quando Davi tentou levá-la de volta para casa, um homem chamado Uzá a tocou com a mão para equilibrá-la, e Deus o matou porque ninguém devia tocar a arca (ver 1 Crônicas 13).

Uzá conhecia as rígidas diretrizes com relação à arca, então, por que a tocou? Acredito que foi porque ela estava guardada na casa de seu pai por bastante tempo, e ele se familiarizou com ela. Seu respeito por ela diminuiu sem ele sequer notar, simplesmente por tê-la por perto tanto tempo. Neste caso, a familiaridade lhe custou a vida.

O mesmo acontece no casamento, ou numa amizade ou com qualquer privilégio que obtemos. Quando as coisas são novas elas parecem maravilhosas, mas quando nos familiarizamos com elas, então começamos a respeitá-las menos, ou até mesmo desprezá-las. Não permita que algo especial se torne corriqueiro. Para evitar deixar de dar valor às coisas, podemos praticar nos lembrar como as pessoas são preciosas e nos concentrar na nossa gratidão pela sua presença em nossa vida.

25 DE NOVEMBRO

Dê Graças

Então tiraram a pedra. Jesus olhou para cima e disse: Pai, eu te agradeço porque me ouviste.

— JOÃO 11:41

Vemos um bom exemplo neste versículo de Jesus dando graças a Deus. Quero encorajá-lo a, quando orar, terminar sua oração como Jesus fez, dizendo: "Pai, Eu Te agradeço porque Me ouviste". Uma razão para isso é que, como João nos diz,

UM NOVO DIA, UM NOVO VOCÊ — 231

quando sabemos que Deus nos ouviu, sabemos que alcançamos as petições que lhe fizemos (ver 1 João 5:14-15). O diabo quer que você e eu oremos e depois nos perguntemos se Deus nos ouviu e está disposto a nos conceder o que lhe pedimos. A maneira de superar essa dúvida é elevarmos nossa voz em gratidão a Deus (ver Salmos 26:7 e Jonas 2:9).

26 DE NOVEMBRO

Santidade Não é Coisa que se "Pega"

Assim diz o Senhor dos Exércitos: Pergunta, agora, aos sacerdotes a respeito da lei: Se alguém leva carne santa na orla de sua veste, e ela vier a tocar no pão, ou no cozinhado, ou no vinho, ou no azeite, ou em qualquer outro mantimento, ficará isto santificado? Responderam os sacerdotes: Não. Então, perguntou Ageu: Se alguém que se tinha tornado impuro pelo contato com um corpo morto tocar nalguma destas coisas, ficará ela imunda? Responderam os sacerdotes: Ficará imunda.

— AGEU 2:11-13, ARA

A *Santidade* é definida como "separado para Deus," uma separação que deveria resultar em uma conduta apropriada àquele que é separado. No Novo Testamento, a mesma palavra grega traduzida como *santidade* também é traduzida como *santificação*, que o dicionário grego define como algo que "não pode ser transferido nem imputado". Isso quer dizer que santidade é uma possessão individual, que é edificada pouco a pouco. Não pode ser dada nem tomada de outra pessoa.

Em outras palavras, você e eu não podemos nos tornar santos porque oraram por nós, ou porque alguém impôs as mãos sobre nós, ou por nos associarmos a alguém que é santo.

Como vemos nesta passagem do profeta Ageu no Velho Testamento, impiedade é algo contagioso; mas santidade não. Ou seja, você e eu podemos nos associar com alguém que leva uma vida pecaminosa, e nos contaminarmos com o pecado dessa pessoa. Podemos pegá-lo como se pega uma doença.

Mas isso não acontece com a santidade. Não podemos "pegá-la" a partir do contato com outra pessoa ou por sermos expostos a ela; precisamos escolhê-la, conscientemente.

27 DE NOVEMBRO

Torne-se um Porta-Voz de Deus

Fala com sabedoria, e a instrução da bondade está na sua língua.

— PROVÉRBIOS 31:26

Além do ministério específico que cada um de nós tem no corpo de Cristo, somos porta-vozes de Deus de alguma forma. Quer tenhamos recebido um dom para ensinarmos no mundo inteiro, ou quer tenhamos recebido a habilidade de testemunharmos para os nossos colegas de trabalho, Deus quer que usemos a nossa boca para Ele.

Um sábio homem me disse certa vez: "Joyce, Deus lhe deu um ouvido para ouvir a muitos. Mantenha-se parada e só fale quando Deus falar através de você". Isso obviamente requer um treinamento intensivo do Espírito Santo. Se quisermos que as palavras da nossa boca tenham o poder de Deus, então nossa boca deve pertencer a Ele. A sua boca é de Deus? Você realmente a deu a Ele para que a usasse para o Seu propósito?

O nosso coração pode se endurecer como resultado de inventarmos desculpas pelo nosso comportamento. Eu me desculpei por muito tempo pelos problemas que tinha com a minha boca, culpando a minha personalidade, ou o abuso que sofri no passado, ou o fato de me sentir mal ou cansada. Na verdade, a lista de desculpas que fazemos por fracassarmos à vontade e à Palavra de Deus não tem fim. Finalmente o Espírito Santo conseguiu minha plena atenção e eu então comecei a me responsabilizar pelas minhas palavras. Ainda tenho muito que mudar, mas acho que fiz muito progresso porque cheguei a um ponto de verdadeiro arrependimento.

Aqueles que desejam ser usados por Deus devem lhe permitir lidar com eles com relação à sua boca e o que procede dela.

28 DE NOVEMBRO

Um Coração Agradecido

Não andeis ansiosos de coisa alguma; em tudo, porém, sejam conhecidas, diante de Deus, as vossas petições, pela oração e pela súplica, com ações de graças.

— FILIPENSES 4:6

Anos atrás preguei uma mensagem dizendo que quando pedimos algo a Deus, deveríamos lhe agradecer de antemão pelo que vamos receber porque isso ajuda a liberar a resposta. Eu acredito nisto. Acho que o versículo acima significa exatamente isto, que quando oro por algo, deveria começar agradecendo a Deus pelo que está a caminho. Um dia, porém, Deus me revelou um aspecto ainda maior deste versículo. Ele disse: "Na verdade, o que estou realmente dizendo é que quando você ora e Me pede alguma coisa, certifique-se de ter um coração agradecido". E Ele então continuou: "Se não estiver grata pelo que já tem, por que Eu deveria lhe dar algo mais para reclamar?".

Nessa época eu tinha um coração murmurador, que vivia reclamando e encontrando defeito em tudo. Conseguia pensar em um milhão de coisas das quais reclamar, mas Deus não quer que tenhamos um coração murmurador. Ele quer nos levar ao ponto em que somos cartas vivas que todos os homens podem ler. As pessoas deveriam ser capazes de dizer que temos algo diferente ao reparar no nosso modo de viver, e nos perguntar "Por que você é tão feliz? Como consegue ter tanta paz? Por que você é tão amoroso?". Devemos ser o sal da terra e a luz do mundo. Nossa vida deveria fazer com que os outros desejassem aquilo que temos.

29 DE NOVEMBRO

Derrotando a Dúvida

Usem o capacete da salvação e a espada do Espírito, que é a Palavra de Deus.

— EFÉSIOS 6:17

Soube de um homem que estava doente e confessava a Palavra sobre o seu corpo, citava versículos de cura e cria que ela poderia se manifestar. Mas enquanto fazia isso era intermitentemente atacado com dúvidas. Depois de ter passado por um momento difícil e começar a se sentir desencorajado, Deus abriu os seus olhos para o mundo espiritual. E isto foi o que ele viu: um demônio lhe dizendo mentiras, dizendo que ele não iria ficar curado e que confessar a Palavra não ia funcionar. Mas ele também viu que cada vez que confessava a palavra, saía uma luz de sua boca, como uma espada, e o demônio se acovardava e caía para trás.

Quando Deus lhe deu esta visão, ele pôde entender por que era tão importante continuar citando a Palavra. Ele viu que verdadeiramente tinha fé, e era justo nisso que o demônio o atacava com dúvidas. A dúvida não nos é dada por Deus. A Bíblia diz que Deus dá a cada homem uma medida de fé (ver Romanos 12:3).

Deus colocou fé em nossos corações, mas o diabo tenta renegar a nossa fé nos atacando com dúvidas. A dúvida vem em forma de pensamentos que se opõem à Palavra de Deus. Por isso é tão importante conhecermos a Palavra. Se a conhecemos, então podemos reconhecer quando o diabo está mentindo para nós. E então podemos citar a Palavra e vencer a dúvida.

30 DE NOVEMBRO

Você é Precioso Para Deus

No último e mais importante dia da Festa, Jesus levantou-se e disse em alta voz:"Se alguém tem sede, venha a Mim e beba!".

— JOÃO 7:37

Você é precioso e valioso, e Deus tem um plano para manifestar Sua bondade e gentileza através do que quer fazer por você. Não importa o que você fez ou que lhe fizeram — o passado é passado. Deus tem um futuro grandioso para você. Você pode ter uma vida maravilhosa, mas precisa recebê-la. Você tem que concordar e dizer: "Isto é para mim".

Jesus *gritou* para nos dizer que Ele era o que precisávamos: "No último e mais importante dia da Festa, Jesus levantou-se e disse em alta voz: 'Se alguém tem sede, venha a Mim e beba!'" (João 7:37). Deus já fez por você o que você não pode fazer por si mesmo. Ele agora o convida a vir e receber, beber e assimilar no seu íntimo. E você faz isso acreditando que o que Ele diz é para você.

Beber é definido como "tomar ou aceitar avidamente"; "receber na consciência". Lembre-se que Jesus disse: "Peçam e receberão, para que a alegria de vocês seja completa" (João 16:24). Se você pedir e receber, então a sua alegria será plena.

Como vamos impressionar um mundo deprimido se os crentes estão deprimidos assim como as pessoas que vivem sem Cristo? Deus quer que o Seu povo demonstre a glória da Sua bondade para com eles. Quando recebermos a provisão de Deus, nossa alegria será completa, que é como a igreja deveria ser.

Aja como um receptáculo das bênçãos de Deus. Aceite o que Jesus pagou com Sua própria vida para lhe dar. Estude a Palavra para ter certeza das promessas de Deus. Ore a Ele dizendo, "Estou aqui, Senhor. Pode derramar. Eu recebo a plenitude do que Seu Espírito Santo tem para me dar".

I° DE DEZEMBRO

Ousado o Bastante Para Ser Guiado Pelo Espírito

O ímpio foge, embora ninguém o persiga, mas os justos
[que não abrem concessões] são corajosos como o leão.

— PROVÉRBIOS 28:1, AMP

Se nós pretendemos ter êxito em sermos nós mesmos, devemos chegar a um ponto em que podemos ser guiados pelo Espírito Santo. Só Deus, através de Seu Espírito, vai nos guiar ao sucesso e a sermos tudo o que podemos ser. As outras pessoas geralmente não farão isso, o diabo certamente não, e nós não temos condições de fazer isso sem Deus.

Ser guiado pelo Espírito não significa que você nunca vai cometer um erro. O Espírito Santo não comete erros, mas nós sim. Seguir a orientação do Espírito é um processo que só pode ser aprendido na prática. Começamos a nos lançar a fazer coisas que acreditamos que Deus falou ao nosso coração, e aprendemos através da sabedoria e da experiência a ouvir mais clara e definidamente Sua voz.

Eu diria que é preciso ousadia para ser guiado pelo Espírito porque: 1) precisamos de ousadia para dar esses passos, e 2) só a ousadia sobrevive aos erros.

UM NOVO DIA, UM NOVO VOCÊ — 235

Quando pessoas inseguras cometem erros, elas muitas vezes nunca mais tentam de novo. Por outro lado, pessoas ousadas cometem muitos erros, mas sua atitude é, "Vou continuar tentando até aprender a fazer direito".

Aqueles que sofrem sentindo-se condenados, geralmente não acreditam que podem ouvir a Deus. Mesmo quando acham que ouviram a Deus e dão um passo, o menor fracasso já é um problema para eles. Estou preparada tanto mental como emocionalmente a não ser derrotada por erros e problemas quando eles surgem.

Seja ousado. Esteja determinado a ser tudo o que Deus quer que você seja. Não se esconda mais atrás de seus temores e inseguranças. Se você já cometeu erros na vida e tem vivido sob condenação por causa disso, agora é a hora de deixá-los para trás! *Siga em frente!* Você está lendo este livro por um motivo, e eu o encorajo a aceitar essa mensagem como se fosse escrita para você, pessoalmente, como se Deus estivesse falando diretamente a você através dela. Determine-se a seguir rumo à vitória.

2 DE DEZEMBRO

Jesus é o Nosso Padrão

Para que vocês vivam de maneira digna do Senhor e em tudo possam agradá-lo...

— COLOSSENSES 1:10

Obedeça a Deus em cada pequena coisa e você irá desfrutar uma vida excelente. Seja diligente em sua obediência. Aprenda a viver para agradar a Deus e não aos homens. Caminhe a segunda milha e faça tudo que Deus lhe diz para fazer, mesmo se ninguém mais jamais souber. Coloque o carrinho de compras de volta em vez de deixá-lo bem no meio do estacionamento. Por quê? Porque o dono do supermercado pôs um cartaz que diz, "Por favor, deixe os carrinhos aqui" e Deus disse para nos submetermos às autoridades (ver Tito 3:1).

A carne diz, "Ora, todo mundo deixa o carrinho espalhado por aí; por que eu deveria devolver o meu?". Porque o nosso padrão não são os outros — Jesus é o nosso padrão. Quando me comparo a todas as outras pessoas, não pareço tão ruim. Mas se me comparo a Jesus, sinto-me humilhada e peço a Deus para me ajudar! Até Jesus voltar para nos buscar, precisamos nos comparar a Ele e o padrão de santidade que Ele tem para as nossas vidas.

3 DE DEZEMBRO

Saiba Quando Falar

Evite as conversas inúteis e profanas, pois os que se dão a isso prosseguem cada vez mais para a impiedade.

— 2 TIMÓTEO 2:16

Uma das áreas da minha vida em que tive de aprender a obediência ao Senhor foi em minha maneira de falar — ou, para ser mais precisa, saber quando devo *parar* de falar.

Se você é falador como eu, entende por que digo que há ocasiões quando falamos ungidos pelo Espírito Santo e outras quando falamos em vão, quando não faz sentido, é só papo furado — o tipo de comunicação sobre a qual o apóstolo Paulo adverte o jovem Timóteo em sua carta, citado no versículo acima.

Houve ocasiões em que recebíamos visitas na nossa casa e eu acabava de falar tudo o que o Senhor queria que eu dissesse, mas mesmo assim não parava de falar. Geralmente podemos identificar quando deixamos de estar ungidos por Deus e começamos a ser somente *nós*, na carne — na nossa própria força. Depois deste ponto eu começava a tagarelar e não dizia verdadeiramente nada de valor, ou repetia a mesma coisa vez após vez.

Às vezes, quando as pessoas iam embora de nossa casa eu me sentia exausta. Se tivesse parado de falar umas duas horas antes, quando o Senhor havia me dito, não estaria tão desgastada! O requisito especial que o Senhor queria que eu aprendesse era dizer o que Ele queria que eu dissesse, e então parar.

Já lhe aconteceu de estar conversando com alguém sobre um assunto delicado e então a conversa tomar um rumo tal que se torna um pouco acalorada? Dá para sentir que as emoções estão começando a ficar fora de controle e aquela vozinha no seu interior lhe diz, "Chega. Não diga mais nada". Essa vozinha, embora delicada, é muito forte, e você sabe que dizer algo mais não seria sábio. Mas depois de pensar um minuto, decide seguir em frente, na carne! E poucos minutos depois está no meio de uma guerra declarada! Assim que o Espírito diz, "Chega", precisamos parar. Se continuarmos, estamos pedindo para viver frustração e derrota.

4 DE DEZEMBRO

Servir Uns aos Outros é Servir a Deus

Tudo o que fizerem, façam de todo o coração, como para o Senhor, e não para os homens, sabendo que receberão do Senhor a recompensa da herança. É a Cristo, o Senhor, que vocês estão servindo.

— COLOSSENSES 3:23-24

Certa manhã, levantei-me e desci para fazer o café e senti o Senhor tocar o meu coração para fazer uma salada de frutas para Dave. Era o dia de folga da nossa empregada e Dave gosta muito de comer salada de frutas pela manhã. Para ser sincera, eu não queria fazer aquela salada de frutas. Tudo bem levar uma maçã e uma banana para ele, mas não queria gastar tempo cortando tudo e colocando numa tigela para lhe servir. Eu queria ir orar e ler a minha Bíblia!

UM NOVO DIA, UM NOVO VOCÊ — 237

Às vezes cometemos o erro de achar que a atividade espiritual toma o lugar da obediência e nos faz espirituais, mas não é assim. O Senhor falou ao meu coração que servindo ao Dave eu estaria servindo a Ele. Então obedeci e fiz a salada de frutas.

Parece que todo o mundo hoje em dia quer estar livre, e Jesus na verdade nos libertou, mas Ele não nos libertou para sermos egoístas e querermos ser servidos, mas sim para servirmos aos outros.

5 DE DEZEMBRO

Paz no Meio da Tempestade

Levantou-se um forte vendaval, e as ondas se lançavam sobre o barco, de forma que este ia se enchendo de água. Jesus estava na popa, dormindo com a cabeça sobre um travesseiro. Os discípulos o acordaram e clamaram: "Mestre, não te importas que morramos?"

— MARCOS 4:37-38

Em Marcos 4:35-41 lemos sobre uma tempestade que ocorreu quando Jesus e Seus discípulos estavam em um barco atravessando o mar da Galileia. Os discípulos ficaram perturbados, mas Jesus repreendeu a tempestade calmamente, ordenou a ela que se acalmasse e ficasse em paz, e a tempestade passou.

Você sabe por que Jesus pôde falar em paz para a tempestade? *Porque Ele nunca permitiu que a tempestade entrasse Nele.* Os discípulos não podiam acalmar a tempestade porque estavam tão perturbados quanto as ondas. Lembre-se que você não pode dar algo que não tem. Jesus deu paz porque Ele tinha paz para dar. O Seu coração estava em paz. Vou lhe dizer uma coisa, quero ser este tipo de pessoa que tem um efeito tranquilizante nos outros quando está por perto. Quero ser o tipo de pessoa que passa poucos minutos numa sala cheia de contenda e, de repente, todo o mundo começa a se acalmar.

Quando Jesus andou pela Terra, Ele tinha algo — a unção ou a virtude de Deus, que é o poder de Deus. Algo emanava constantemente Dele e levava cura, esperança e salvação à vida das pessoas. Não era apenas algo que Deus colocou Nele; a maneira como Ele vivia era um alicerce. De fato, Ele era ungido, mas a unção não seria liberada se Jesus não vivesse da maneira certa. E foi por isso que Ele nunca permitiu que o diabo o perturbasse. Ele não permitiu que as tempestades da vida entrassem em Seu interior. Ele manteve o coração em paz, calmo e cheio de amor, e nós temos de ser como Ele.

6 DE DEZEMBRO

O Poder de Louvar em Particular

Mas tu, quando orares, entra no teu aposento [mais privado] e, fechando a tua porta, ora a teu Pai

que está em secreto; e teu Pai, que vê em secreto, te recompensará publicamente.

— MATEUS 6:6, AMP

Como Jesus nos disse, há certas coisas que devemos fazer em particular. Há ocasiões em que vou para o meu quarto, fecho a porta, danço e adoro a Deus, às vezes choro, às vezes rio, mas faço tudo isso sozinha. Se alguém me visse, pensaria que preciso de uma camisa de força. Eu me expresso livremente quando estou em particular, sem inibições; não preciso me preocupar em ofender alguém ou deixar alguém confuso. Se você faz essas coisas publicamente, o mundo lhe dirá que você está doido. Eles não entendem como você se sente porque não têm um relacionamento com Deus como você. Mas, você pode fazer tudo isso em particular, somente entre você e Deus, e verá o fruto em sua vida. O fruto vem do que Deus vê, não do que as pessoas veem.

Creio que todos nós precisamos ficar a sós e nos regozijarmos perante o Senhor, nos prostrarmos perante Ele, erguermos os braços em louvor, e se precisarmos, até mesmo chorarmos na Sua presença. Adoração e louvor não deveriam ser restritos ao culto na igreja. Eu adoro a Deus publicamente quando estou com outras pessoas que o estão adorando, mas também o adoro a sós em casa. Tanto o louvor e a adoração em particular quanto o que fazemos em público são muito importantes. Quero encorajá-lo a dedicar um tempo a essas duas coisas.

7 DE DEZEMBRO

Pessoas Determinadas São Bem-Sucedidas

Pela fé Abraão, quando chamado, obedeceu e dirigiu-se a um lugar que mais tarde receberia como

herança, embora não soubesse para onde estava indo.

— HEBREUS 11:8

Gosto de assistir ou ler biografias de diferentes pessoas que foram bem-sucedidas em seu ministério, no ramo do entretenimento ou nos negócios. Praticamente todas, sem exceção, tiveram que "pagar o preço", por assim dizer. O que quero dizer é que no começo de suas carreiras elas tiveram de estar bastante determinadas a não desistir ou abandonar o que faziam. Elas passaram por vários fracassos antes de alcançar algum sucesso.

Ocasionalmente vemos o que chamamos de "estrelas cadentes"; gente que chega ao topo de sua profissão muito rápido sem ter passado pelas dificuldades

UM NOVO DIA, UM NOVO VOCÊ — 239

do início, mas que geralmente não dura muito tempo. Elas surgem do nada e desaparecem rapidamente. A força de caráter é adquirida através das dificuldades. Nosso chamado e desejos são postos à prova quando recebemos uma negativa, vez após vez, e ainda assim permanecemos determinados.

Disseram-me que Abraão Lincoln foi candidato a vários cargos públicos e que foi derrotado várias vezes antes de ser eleito presidente dos Estados Unidos. Muitas pessoas teriam desistido, mas ele não. Thomas Edison, que inventou a luz elétrica, teve cerca de mil experiências fracassadas antes de obter êxito.

Somente pessoas determinadas obtêm êxito. Só porque damos um passo de fé não quer dizer que vamos evitar todo o resto do processo. Deus geralmente edifica de forma lenta e sólida, não rápida e fraca.

8 DE DEZEMBRO

A Palavra Tem Vida

E lhes disse..."*Considerem atentamente o que vocês estão ouvindo", continuou ele.*"*Com a medida [de pensamento e estudo] com que medirem [a verdade que estão ouvindo], vocês serão medidos [de virtude e conhecimento]; e ainda mais [além disso] lhes acrescentarão".*

— MARCOS 4:24, AMP

Este princípio funciona exatamente como o princípio de plantar e colher. Quanto mais semeamos, mais colhemos na época da colheita. O Senhor está dizendo em Marcos 4:24 que quanto mais tempo você e eu investirmos pessoalmente pensando na Palavra que ouvimos e estudando-a, mais vamos assimilar dela.

[As coisas são escondidas temporariamente só para depois poderem ser reveladas.] Porque não há nada oculto, senão para ser revelado, e nada [temporariamente] escondido senão para ser trazido à luz. (Marcos 4:22, amp).

Este versículo e o outro acima com certeza estão nos dizendo que a Palavra tem tesouros tremendos inseridos nela, segredos poderosos e vivificantes que Deus quer nos revelar. Eles são manifestados àqueles que meditam, ponderam, estudam e pensam nela, praticam mentalmente e refletem na Palavra de Deus. Conheço a verdade desse princípio pessoalmente, como professora da Palavra de Deus. Não parece haver fim ao que Deus pode me mostrar em apenas um versículo das Escrituras. Estudo uma vez e capto uma coisa, e quando estudo outra vez, vejo algo novo que não havia notado antes.

O Senhor continua revelando Seus segredos àqueles que são diligentes com a Palavra. Não seja o tipo de pessoa que sempre vive das revelações dos outros. Estude a Palavra por conta própria e permita ao Espírito Santo abençoar sua vida com a verdade.

240 — JOYCE MEYER

9 DE DEZEMBRO

Deus Está Vendo

Porque, quanto ao Senhor, seus olhos passam por toda a terra, para mostrar-se forte para com aqueles cujo coração é perfeito para com Ele.

— 2 CRÔNICAS 16:9, ARC

Deus está vendo, e Ele vê tudo o que você faz. O salmista disse do Senhor: "Sabes quando me sento e quando me levanto; de longe percebes os meus pensamentos" (Salmos 139:2).

Deus busca avidamente oportunidades de recompensá-lo pela sua fé Nele. Jesus disse: "Eis que venho em breve! A Minha recompensa está comigo, e Eu retribuirei a cada um de acordo com o que fez" (Apocalipse 22:12). Isso quer dizer que as pessoas serão recompensadas por suas ações aqui na terra.

Precisamos entender que Deus está nos observando e ninguém nem nada está passando despercebido. Deus não dorme, Ele está sempre alerta (ver Salmos 121:4). Ele sabe tudo o que acontece por trás das portas fechadas, portanto, precisamos viver como se realmente acreditássemos que Deus está observando cada pequena coisa que fazemos. Quando nos sentamos para conversar com alguém, precisamos nos lembrar de que Deus é a visita invisível, que está ouvindo tudo o que dizemos.

Não se canse de fazer o bem, porque Deus vê tudo o que você faz pelos outros por amor a Ele. Nenhuma boa ação que você tenha feito pela motivação certa passou despercebida. Deus vê cada pessoa a quem você ajudou, cada pessoa com quem você foi gentil; Ele sabe de cada vez que você demonstrou um pouco de misericórdia, cada vez que perdoou alguém, e Ele o recompensará.

10 DE DEZEMBRO

Passe Tempo na Presença de Deus

Quanto a mim, feita a justiça, verei a tua face; quando despertar, ficarei satisfeito ao ver a tua semelhança.

— SALMOS 17:15

Há um espaço vazio no interior de cada um de nós a ser preenchido por Deus, e nada que possa ser comprado em uma loja tem condições de preenchê-lo. A única coisa que irá satisfazer este anelo é o Próprio Deus. Uma oração não será suficiente. Precisamos de manutenção constante. A Bíblia diz: "Não se embriaguem com vinho, que leva à libertinagem, mas deixem-se encher pelo Espírito" (Efésios 5:18).

UM NOVO DIA, UM NOVO VOCÊ — 241

Passei anos tentando encontrar tempo para encaixar Deus no meu dia a dia. Deus finalmente me disse para parar de tentar inseri-lo na minha agenda e passar a montar minha agenda ao redor Dele.

Encontramos contentamento na presença de Deus. Os Salmos proclamam que a plenitude da alegria está na presença de Deus: "Far-me-ás ver a vereda da vida; na tua presença há fartura de alegrias; à tua mão direita há delícias perpetuamente" (Salmos 16:11, ARC).

Estaremos totalmente satisfeitos quando despertarmos e nos virmos contemplando a Sua face e tendo doce comunhão com Ele. Quando Deus está em primeiro lugar em nossa vida, a ponto de ser a primeira coisa que vem à nossa cabeça quando acordamos pela manhã, então teremos a satisfação profunda que nenhum mal jamais poderá tirar de nós.

11 DE DEZEMBRO

A Maneira de Deus é Melhor

Porque quem compreendeu a mente do Senhor? ou quem foi Seu conselheiro?

— ROMANOS 11:34

Precisamos entender de uma vez por todas que Deus é mais esperto do que nós. O plano Dele é melhor. Não importa o que você e eu pensemos, a maneira de Deus é sempre melhor do que a nossa. Fazendo uma retrospectiva agora dos muitos períodos de frustração pelos quais passei durante toda minha vida, tentando dar início às coisas no meu prazo determinado e ficando frustrada por ter de esperar, agora vejo que, na verdade, eu não estava preparada, mas achava que sim. Passei muito tempo perguntando, "Por que, Deus, por quê?" e "Quando, Deus, quando?". Eu fazia perguntas para as quais somente Deus tinha a resposta, e Ele não tinha nenhuma intenção de respondê-las. Lembre-se que Deus quer que confiemos Nele, não que lhe façamos perguntas.

Descobri ao longo dos anos que confiança requer questões não respondidas. Quando nos deparamos com situações que nos deixam sem saber o que fazer, deveríamos dizer: "Senhor, isto não faz nenhum sentido para mim, mas eu confio em Ti. Acredito que Tu me amas e que irás fazer o que é melhor para mim no momento certo". Deus não precisa do nosso conselho para trabalhar; Ele precisa da nossa fé.

Em Êxodo 33:13, Moisés orou pedindo a Deus que lhe mostrasse os Seus caminhos: "Agora pois, se tenho achado graça aos Teus olhos, rogo-te que agora me faças saber o Teu caminho, e conhecer-Te-ei, para que ache graça aos Teus olhos: e atenta que esta nação é o teu povo" (ARC). Deveríamos fazer essa oração regularmente, lembrando que os caminhos de Deus incluem o tempo em que Ele resolve fazer as coisas.

12 DE DEZEMBRO

Não Tenha Medo de Cometer Erros

Sabemos que Deus age em todas as coisas para o bem daqueles que o amam, dos que foram

chamados de acordo com o seu propósito.

— ROMANOS 8:28

Descobri que se nosso coração estiver correto e fizermos o melhor que pudermos quando ouvirmos ao Senhor, Deus irá nos redimir e honrar os nossos passos de obediência. Se agirmos com uma confiança infantil para obedecermos ao que acreditamos de coração ser o que Deus nos disse para fazer, então, mesmo se tomarmos uma decisão errada, Deus pode pegar o nosso erro e fazer com que ele contribua para o nosso bem.

Muitas pessoas têm medo de fazer algo porque acham que se cometerem um erro Deus ficará zangado com elas. Mas é aí que confiar no caráter do Senhor é tão vital para a nossa caminhada de fé. As pessoas que têm medo demais para obedecer são tão infelizes de qualquer forma, que não poderiam estar piores se dessem um passo de fé e tentassem fazer o que Deus lhes diz para fazer.

Eu amava o meu serviço como uma das pastoras da igreja de St. Louis. Não saí de lá porque queria sair, mas Deus retirou a Sua unção de mim, e eu fiquei muito infeliz até obedecer a Ele. Percebi que só encontraria paz se colocasse à prova o que eu acreditava que Ele havia me dito para fazer. Era a única maneira de descobrir se estava certa ou errada sobre ter ouvido a voz de Deus. Por isso, agora, eu o exorto com esta verdade: não passe toda a sua vida na zona de segurança! Segurança é algo muito confortável, mas talvez esteja impedindo-o de seguir o plano perfeito que Deus traçou para sua vida.

13 DE DEZEMBRO

Não Despreze os Pequenos Começos

Porque, quem despreza o dia das coisas pequenas?

— ZACARIAS 4:10

A maioria de nós que cremos em Deus para alguma coisa podemos encontrar evidências de um pequeno começo: uma pequena semente, uma nuvem do tamanho de uma mão (ver 1 Reis 18:44). Alegre-se pela pequena semente. Ela é um sinal de coisas maiores que estão por vir. Não amaldiçoe sua semente reclamando por ela. Deus nos dá a semente, algo que nos faz ter esperança — uma pequena coisa talvez, mas algo é melhor do que nada. Deveríamos dizer: "Senhor, isto é só

UM NOVO DIA, UM NOVO VOCÊ — 243

uma coisa pequena, mas obrigado por me dar alguma esperança, algo no que me agarrar. Obrigado, Senhor, por um começo".

Pegue essa semente e plante-a acreditando nela. O Espírito Santo me mostrou que eu estava jogando fora muitas das minhas sementes. Quando desprezamos algo, não lhe damos importância, não a notamos nem achamos que vale nada. E acabamos não cuidando dela. Mas se não cuidarmos do que Deus nos dá, vamos perdê-lo. *Se perdermos a semente, nunca veremos a colheita.* Parte de Hebreus 13:5 diz, em essência, para nos contentarmos com o que temos. Esse versículo diz o seguinte, "Porque Deus mesmo disse: Nunca o deixarei, nunca o abandonarei". É por isso que podemos estar contentes — pela fé — enquanto ainda estamos no começo das coisas. Sabemos que o Senhor é o Autor e o Consumador (ver Hebreus 12:2). O que Ele começa, Ele completa (ver Filipenses 1:6). Ele fará isso por nós — se mantivermos nossa fé firme até o fim (ver hebreus 3:6).

14 DE DEZEMBRO

O Senhor é o Nosso Refúgio

Eu te amo, ó Senhor, minha força. O Senhor é a minha rocha, a minha fortaleza e o meu libertador;

o meu Deus é o meu rochedo, em quem me refugio. Ele é o meu escudo e o poder que me salva, a

minha torre alta. Clamo ao Senhor, que é digno de louvor, e estou salvo dos meus inimigos.

— SALMOS 18:1-3

Uma rocha é um tipo de alicerce sólido. Quando as águas da provação ameaçam subir e nos afogar, precisamos fazer o que Davi fez e subir na rocha que é mais alta do que nós. Davi também chamou o Senhor de sua Fortaleza. Uma fortaleza é um castelo, um forte, uma defesa, um lugar no qual vamos quando estamos sendo perseguidos ou atacados. Não é um esconderijo no qual o inimigo não consegue nos encontrar. É um lugar de proteção no qual podemos ver e ser vistos, mas no qual não podemos ser alcançados porque estamos seguros sob a proteção de Deus.

Davi também chamou o Senhor de sua Torre Alta — outro lugar alto e inacessível — e de seu Escudo — que faz parte da armadura protetora que cerca aquele que crê em Deus (ver Efésio 6:10-17). Deus não está apenas acima de nós, mas ao nosso redor; Ele está inclusive embaixo de nós, porque, como o salmista nos diz: "O Senhor sustém os justos" (Salmos 37:17).

Deus está nos sustentando com Sua mão poderosa e nos cercando como as montanhas cercam a santa cidade de Jerusalém. O diabo é contra nós; mas Deus é por nós, está ao nosso redor, conosco e em nós. Porque se importa conosco, Ele zela por nós e nos guarda para que possamos encontrar repouso e paz na sombra das Suas asas, quando lançamos toda a nossa ansiedade sobre Ele.

15 DE DEZEMBRO

Encarando o Medo

O diabo, o inimigo de vocês, anda ao redor como leão, rugindo e procurando a quem possa devorar.

— I PEDRO 5:8

Note que o versículo diz que o inimigo *possa*, não que ele *vai* devorar. Em outras palavras, sua atitude tem a ver com ele poder ou não devorá-lo. E se você conhece Satanás ainda um pouco que seja, sabe que ele não tem nenhum poder. Seu único poder reside no poder que você lhe dá.

O medo, claro, é uma das suas táticas favoritas, de modo que ele tentar usar o medo para pará-lo. Mas não se renda a ele. Vá em frente e faça o que tem que fazer, mesmo com medo. Quando Deus lhe diz para dar um folheto evangelístico ou testemunhar para alguém, diga: "Sim, Senhor, quero fazer isso porque Tu estás me dizendo para fazer. Eu tenho um pouco de receio, Senhor, mas acredito que estás comigo e vou simplesmente obedecer". Quando Deus lhe diz para dar uma oferta extra generosa na igreja porque quer que você a plante como uma semente (ver Lucas 6:38) para que suas finanças aumentem, diga: "Sim, Senhor, vou dar. Sei que significa que vou ter que realmente confiar em Ti para prover para mim, mas como acredito que estou ouvindo a Tua voz, vou fazer isso".

Não permita ao diabo lhe roubar o destino que Deus tem para você. Dê um passo de fé e encare os seus temores; encare a sua dor. Você pode ser um cristão vitorioso, ou pode ser alguém que nunca realmente teve condições de desfrutar a plenitude de Deus. A única diferença entre os dois é que um foi parado pelo medo e o outro faz o que lhe é dito apesar do medo. Resolva hoje *fazer ainda que com medo!*

16 DE DEZEMBRO

Comunique-se Como Cristo

O seu falar seja sempre agradável e temperado com sal, para que saibam como responder a cada um.

— COLOSSENSES 4:6

Em todo o Novo Testamento, vemos Jesus agindo de duas maneiras contrastantes. Ele confrontou os cambistas no templo, derrubando suas mesas e demonstrando energicamente a vontade de Deus a todos que O observavam. "E lhes disse: 'Está escrito: A Minha casa será chamada casa de oração; mas vocês estão fazendo dela um covil de ladrões'" (Mateus 21:13). Contudo, em outras passagens, vemos Jesus sendo falsamente acusado, sem proferir uma única palavra em Sua defesa. Então, o que devemos aprender com esse padrão de comunicação de Jesus? Ele era um leão quando precisava ser e, contudo, sempre foi um cordeiro

UM NOVO DIA, UM NOVO VOCÊ — 245

— nunca pecou nem falhou em comunicar-se de maneira excelente. É um desafio não se defender quando alguém investe contra nós. É difícil ignorar insultos e não retaliar. Isaías 53:7 diz de Jesus: "Ele foi oprimido e afligido, contudo não abriu a Sua boca; como um cordeiro foi levado para o matadouro, e como uma ovelha que diante de seus tosquiadores fica calada, Ele não abriu a sua boca".

Às vezes acho que uma das coisas mais difíceis que Deus nos pede para fazer é sermos como Cristo em nossa comunicação com os outros. Quando alguém é rude e nos diz um desaforo, nos maltrata ou insulta, é difícil simplesmente ficarmos ali, olhando para a pessoa com o amor de Deus e esperando em Deus. Graças a Deus, Ele nos dá o poder para mudarmos e nos tornarmos mais como Cristo. Às vezes ainda sinto a reação da minha velha natureza, mas cada vez estou aprendendo a me controlar mais. A chave para melhorarmos neste aspecto é aprendermos a confrontar quando Deus nos diz para confrontarmos e deixarmos o assunto de lado quando Deus nos diz para deixar passar.

17 DE DEZEMBRO

Ore Para Ter os Amigos Certos

Não se relacione com aqueles que vão poluí-lo.

— 2 CORÍNTIOS 6:17, AMP

Amigos verdadeiros não tentam controlar você — eles o ajudam a ser o que Deus quer que você seja. Ponha a sua fé em Deus e peça a Ele para lhe dar amigos que estarão verdadeiramente ao seu lado. Você talvez nunca tenha pensado em usar sua fé para ter os amigos certos, mas Deus nos oferece uma nova maneira de viver. Ele nos convida a vivermos por fé. Não há nenhum aspecto de sua vida pelo qual Deus não se interesse, e Ele quer estar envolvido em tudo o que você quer, precisa ou faz.

Eu não posso fazer com que todo o mundo me aceite, nem você pode, mas podemos acreditar que Deus vai nos dar o favor das pessoas com quem Ele quer que nos envolvamos. Às vezes tentamos nos relacionar com pessoas que Deus nem mesmo quer que nos associemos. Algumas pessoas que eu me esforcei tanto para ser amiga no passado, muitas vezes abrindo concessões do que acreditava para ser aceita, foram justamente aquelas que me rejeitaram quando não fiz algo exatamente da maneira que elas queriam que eu fizesse. Agora percebo que eu queria a amizade delas pelos motivos errados. Era insegura e queria ser amiga das pessoas "populares", achando que se eu me associasse com pessoas importantes eu me tornaria alguém importante.

Nós deveríamos colocar a nossa fé no Senhor e no fato de que Ele pode nos ajudar a escolher as amizades certas, assim como nos ajuda em todas as outras coisas que nos dizem respeito.

18 DE DEZEMBRO

Um Coração Alegre

O coração alegre é como o bom remédio, mas o espírito abatido seca até os ossos.

— PROVÉRBIO 17:22, ARC

Descobri que ouvir música boa, edificante e de Deus é uma maneira excelente de manter um coração alegre. Quando ouvimos uma música assim, começamos a cantarolar ou cantar junto com ela, mesmo sem nos darmos conta. Quando temos um coração alegre, podemos ter alegria no coração mesmo enquanto trabalhamos. Também podemos ter mais energia e vitalidade porque a Bíblia nos diz que a alegria do Senhor é a nossa força. Temos uma escolha a fazer. Podemos reclamar dos problemas, ou cantar enquanto passamos por eles. De um jeito ou de outro, vamos ter problemas na vida, portanto é melhor passarmos por eles com alegria.

19 DE DEZEMBRO

A Dúvida Tem que Sumir!

Então disse Moisés ao Senhor: Ah, meu Senhor! Eu não sou homem eloquente, nem de ontem nem de anteontem, nem ainda desde que tens falado ao Teu servo; porque sou pesado de boca e pesado de língua.

— ÊXODO 4:10, ARC

Quando Deus chamou Moisés para ser o Seu porta-voz perante Faraó e os israelitas, Moisés disse que não era eloquente o suficiente para fazer o que Deus queria que fosse feito porque ele era "pesado de boca e pesado de língua". A resposta de Deus foi: "Quem fez a boca do homem?... Não sou Eu, o Senhor?" (Êxodo 4:11). Às vezes pensamos que Deus não sabe tudo sobre as nossas fraquezas — mas Ele sabe.

Quando comecei a perceber que Deus estava me chamando para ministrar Sua Palavra em larga escala, eu o lembrei de que era uma mulher. Duvidei que Ele se lembrasse deste fato. Eu não tinha problema com isso, mas sabia que os outros tinham, e isso me fez duvidar um pouco. Essa dúvida precisava sumir antes que eu pudesse começar.

No versículo 12, Deus diz a Moisés: "Vai pois agora, e Eu serei com a tua boca, e te ensinarei o que hás de falar". Da próxima vez que Deus lhe disser para falar para Ele e você começar a temer, lembre-se: se Ele o enviou, Ele será a sua boca e lhe ensinará o que há de falar.

20 DE DEZEMBRO

A Importância de Guardar a Palavra

Quando você fizer um voto, cumpra-o sem demora, pois os tolos desagradam a Deus; cumpra o seu voto. É melhor não fazer voto do que fazer e não cumprir.

— ECLESIASTES 5:4-5

Recentemente programamos um evento que requeria que as pessoas se inscrevessem de antemão, indicando se iam ou não participar. Novecentas pessoas disseram que compareceriam, mas apenas setecentas apareceram. Poucas se esforçaram para cancelar ou até mesmo comunicar que não compareceriam. O problema era duplo: primeiro, elas não guardaram sua palavra, e segundo, tivemos que comprar e cozinhar comida para novecentas pessoas, e como apenas setecentas compareceram, obviamente ficamos com muita comida sobrando.

Este é um problema comum nos dias de hoje em nossa sociedade. A maioria das pessoas acredita que não há problema em dizer que vai fazer uma coisa e então mudar de ideia sem uma boa razão, só porque não sentiram vontade de fazer o que se comprometeram a fazer. Contudo, nossas palavras são um contrato verbal.

Não assuma compromissos às pressas sem ponderar se está ou não preparado para cumpri-los. Tenho certeza de que algumas das duzentas pessoas que não apareceram tinham boas razões para não manterem sua palavra, mas tenho igualmente certeza de que a maioria simplesmente não viu a necessidade de manter a sua palavra. Quando guardamos nossa palavra, mesmo se for inconveniente para nós, isso demonstra um bom caráter. Deveríamos nos preocupar com o nosso exemplo porque o mundo está observando aqueles que se dizem cristãos. Eles querem ver se estamos apenas falando, ou se de fato vivemos o que dizemos acreditar.

21 DE DEZEMBRO

Um Passo de Cada Vez

Não que eu já tenha obtido tudo isso ou tenha sido aperfeiçoado, mas prossigo para alcançá-lo, pois para isso também fui alcançado por Cristo Jesus.

— FILIPENSES 3:12

Seguir a Deus é como escalar uma montanha. Se no princípio Deus nos mostrasse quão alta é a montanha que quer que escalemos, talvez tivéssemos medo de dar o primeiro passo. Talvez discutíssemos com Ele dizendo que não estávamos prontos ou totalmente preparados para subir até o cume. Ele, então, encobre o topo do cume com uma nuvem, e tudo o que conseguimos ver é um passo à frente. O primeiro passo é viável, então o damos. E depois damos mais um passo, e mais outro, e outro, até um dia descobrirmos que estamos no cume da montanha sem nem mesmo percebermos para onde estávamos indo quando começamos. E então ficamos felizes por temos feito a jornada.

Lembro-me de uma mulher que me procurou reclamando que não conseguia ouvir a Deus, dizendo que Ele não estava falando com ela apesar de ela O buscar sobre algumas coisas. O Senhor então me disse que não fazia sentido falar com ela para fazer outra coisa até ela ter feito a última coisa que Ele havia lhe dito, e que ela ainda não tinha obedecido.

Não podemos pular os passos que não gostamos e passar adiante no plano que Deus tem para nós. Não podemos pular os passos difíceis e os que requerem sacrifício. Repito: seguir o plano de Deus para as nossas vidas requer investimento. Devemos sacrificar a nossa *vontade própria* para fazermos a *vontade de Deus*. Devemos sacrificar *nossa maneira* de fazer as coisas para encontrarmos *a maneira de Deus*. Não tenha medo de fazer sacrifícios — eles nos libertam para sermos tudo o que desejamos ser.

22 DE DEZEMBRO

Não é Pecado Ter uma Boa Aparência

A beleza de vocês não deve estar nos enfeites exteriores, como cabelos trançados e joias de ouro ou roupas finas. Ao contrário, esteja no ser interior, que não perece, beleza demonstrada num espírito dócil e tranquilo, o que é de grande valor para Deus.

— I PEDRO 3:3-4

"Será que Deus realmente se importa com a nossa aparência? Será que tenho de ser magra?". Mais de uma pessoa já se perguntou algo parecido. A resposta é que Deus não nos julga segundo a nossa aparência. Felizmente, Ele vê o nosso coração. Mas Ele quer que tenhamos a melhor aparência possível para a Sua glória e honra. Nós o representamos e deveríamos sempre viver com excelência em cada aspecto de nossa vida. Excelência simplesmente significa pegar o que você tem e fazer o máximo que pode com isso. Deus se importa com a maneira como você se sente por dentro, e, na verdade, esforçar-se para ter a melhor aparência possível é um reflexo de sua condição interior espiritual, sua saúde e felicidade. Não estou falando sobre ter a aparência de uma modelo de capa de revista; você ficaria surpresa ao ver quantas camadas de maquiagem e truques há nessas fotos. Estou falando do tipo de beleza natural, sadia, que faz com que as pessoas reajam positivamente a você e o ajuda a se sentir muito bem consigo mesmo.

O que Pedro quis dizer é que você não deveria confundir a beleza exterior com o que é mais importante, que é um espírito gentil e cheio de paz.

Mais do que tudo, o que importa para Deus é que você esteja vestido de justiça. Mas estar bem-vestido, além de vestido de justiça, não faz mal a ninguém. Se as pessoas virem que você se respeita, elas vão respeitá-lo também. Como tudo o mais na vida, é uma questão de equilíbrio. Tenha o quadro geral em mente. Pergunte-se, "Que trabalho Deus me colocou aqui na Terra para fazer?", então decida quanto da sua atenção você deveria dar à sua aparência e a como se sente para ter o máximo de energia, saúde e o carisma que precisa para fazer esse trabalho e ser o mais bem sucedido possível.

23 DE DEZEMBRO

Aprenda a Receber

Farei de você um grande povo, e o abençoarei. Tornarei famoso o seu nome, e você será uma bênção.

— GÊNESIS 12:2

Nada é mais frustrante para mim do que as pessoas que não sabem aceitar presentes. É uma alegria poder expressar o meu amor ou apreço por alguém lhe dando um presente que sei que a pessoa vai gostar. Mas se a resposta for: "Não, não, não posso aceitar" ou "Puxa, você realmente não deveria", ou "Não, por favor, pegue de volta". Então isso rouba toda a alegria do ato. É simplesmente constrangedor ter que forçar a pessoa a receber o seu presente. Você fica até se perguntando se deveria mesmo ter lhe dado tal coisa. Receber um presente graciosamente é um sinal de segurança interior. As pessoas que se sentem desconfortáveis em ganhar presentes geralmente têm uma certa insegurança bem enraizada que não lhes permite aceitar a bondade de outra pessoa. Elas se sentem tão inferiores que não conseguem imaginar que merecem tal presente. Ou preocupam-se achando que se aceitarem terão, portanto, a obrigação de retribuir a gentileza. Elas preferem rejeitar o gesto a se envolver num relacionamento.

Na minha vida e trabalho tenho oportunidade de dar muito presentes, e também receber alguns. Quando ganho algo, eu verdadeiramente gosto disso e digo isso a quem me deu. Seja generoso e espere que Deus o abençoe através de outros. Quando eles fizerem isso, agradeça e receba alegremente o seu presente. A maior dádiva que existe nos é oferecida a cada dia, contudo poucos de nós têm a fé e a autoestima para aceitá-la. Deus nos oferece o Seu amor. Tudo que precisamos fazer é abrir os nossos corações e decidir que vamos recebê-lo. E depois, por sua vez, passá-lo a outros. Receber o amor de Deus é um passo importante porque não podemos amar os outros sem ele. Não podermos dar algo que não temos.

24 DE DEZEMBRO

Vença o Mal com o Bem

Não se deixem vencer pelo mal, mas vençam o mal com o bem.

— ROMANOS 12:21

Nós vencemos o mal com o bem. Acredito que essa verdade é uma das armas mais poderosas que possuímos e o segredo mais bem guardado que existe. Deus quer que todos saibam disto, mas Satanás nos mantém presos em nossos problemas e dores pessoais de modo que poucos de nós chegam a entender essa dinâmica. Podemos dar o troco em Satanás pelas situações dolorosas que ele causou em nossas vidas sendo bons para outros. Podemos vencê-lo (o mal) sendo bons para outras pessoas. Na verdade, é Deus quem vence Satanás quando lhe permitimos operar o bem através de nós. Satanás quer usar a nossa dor para nos destruir, mas nós destruímos o seu plano fazendo justamente o oposto do que ele espera.

Quando somos bons para outra pessoa isso derrota Satanás e também libera alegria em nossas vidas. Ao longo da História, vemos que as pessoas que foram prejudicadas ou magoadas por outros muitas vezes passam por depressão. Eu acredito que isso é parcialmente verdade porque a atenção delas está voltada para a sua própria dor em vez de para o que podem fazer para aliviar a dor de outra pessoa. Deus não nos chamou para nos voltarmos para "dentro", mas sim para "fora". Quando nos voltamos para os outros, Deus volta-se para as nossas almas e nos cura. Ele é o Único que pode sarar um coração partido e fazer com que aquele que está ferido fique ainda melhor do que antes.

25 DE DEZEMBRO

Os Camelos Estão Chegando!

Quando tornaram a ver a estrela, encheram-se de júbilo. Ao entrarem na casa, viram o menino com Maria, sua mãe, e, prostrando-se, o adoraram. Então abriram os seus tesouros e lhe deram presentes: ouro, incenso e mirra.

— MATEUS 2:10-11

Todos nós nos lembramos da história de Natal: como Jesus nasceu de Maria num estábulo e foi colocado numa manjedoura; como os Reis Magos vieram do Oriente seguindo uma estrela que os guiou até a Santa Criança; como eles entraram e adoraram o Menino, colocando perante Ele presentes preciosos, ouro, incenso e mirra.

UM NOVO DIA, UM NOVO VOCÊ — 251

E nesta história vemos que Maria e José não saíram procurando presentes. Apesar de terem sido forçados a passar a noite em um estábulo frio e escuro, eles não enviaram nenhuma mensagem pedindo presentes. Mas como estavam no centro da vontade de Deus, Ele enviou os Reis Magos do Oriente montados em camelos com provisões.

Uma vez ouvi um sermão sobre este assunto em uma igreja em Minnesota. Seu título era: "Os Camelos Estão Chegando". A mensagem básica era que se estivermos no centro da vontade de Deus, Ele sempre vai nos levar provisões. Não temos que tentar correr atrás delas; elas irão atrás de nós. Não temos que tentar fazer as coisas acontecerem; Deus vai levá-las até nós.

Acredito que os camelos virão para cada um de nós se permanecermos na vontade de Deus. A única maneira de podermos contar com este tipo de provisão é sendo fiéis em permanecer onde Deus nos coloca e fazer o trabalho que Ele nos deu para fazer por amor ao Seu reino. Quando começamos a acreditar nisso, somos libertados para lançarmos toda a nossa ansiedade sobre Ele. Não temos que ficar acordados a noite inteira nos preocupando e agonizando, tentando calcular o que podemos fazer para nos ajudar. Podemos simplesmente nos colocar nas mãos de Deus.

26 DE DEZEMBRO

Estou Bem e Estou Progredindo

A vereda do justo é como a luz da alvorada, que brilha cada vez mais até a plena claridade do dia.

— PROVÉRBIOS 4:18

Não cheguei aonde deveria estar, nem ninguém. Todos nós estamos no processo de nos tornarmos o que devemos ser. Durante grande parte de minha vida sentia que nunca estaria bem até ter conseguido ser tudo o que precisava ser, mas aprendi que isso não é verdade. Meu coração deseja ser tudo o que Deus quer que eu seja, e eu quero ser como Jesus. Mas a minha carne nem sempre coopera comigo. Em Romanos 7, Paulo diz que não consegue fazer as coisas boas que gostaria de fazer, mas sempre se vê fazendo as coisas ruins que não queria fazer. Ele diz que se sente um miserável. Eu consigo me identificar com isto — e você? No versículo 24, ele clama: "Quem me libertará do corpo sujeito a esta morte?". E então, no versículo seguinte, é como se ele tivesse recebido a resposta que foi uma revelação para ele: "Graças a Deus por Jesus Cristo, nosso Senhor!".

É, todos nós temos muito chão pela frente. Eu estava desanimada pensando no quanto ainda me faltava, e Satanás parecia me lembrar disso todos os dias, às vezes a cada hora. Eu me sentia constantemente um fracasso, tinha um sentimento de que simplesmente não era o que precisava ser, que não estava fazendo o suficiente, que deveria me esforçar mais — mas aí, quando me esforçava mais,

252 — JOYCE MEYER

falhava ainda mais. Agora adotei uma nova atitude: "Eu ainda não sou tudo o que preciso ser, mas graças a Deus não sou mais o que costumava ser. Estou bem, estou fazendo progresso!".

Agora sei de todo o coração que Deus não está zangado comigo porque eu ainda não alcancei a perfeição. Ele está feliz por eu estar fazendo progressos, porque estou no caminho. Se você e eu simplesmente continuarmos fazendo progressos, Deus estará muito satisfeito. Continue seguindo pelo caminho. Uma caminhada é algo que se faz um passo de cada vez. E isso é algo importante de se lembrar.

27 DE DEZEMBRO

Orações Poderosas

A oração de um justo é poderosa e eficaz.

— TIAGO 5:16

Muito pode [tem dinâmica], por sua eficácia, a súplica (uma oração fervorosa e contínua) do justo.

— TIAGO 5:16, AMP

Para que a oração seja eficaz ela deve ser fervorosa. Contudo, se interpretamos incorretamente a palavra *fervorosa*, talvez achemos que temos que nos "esforçar" para termos emoções fortes antes de orar, para as nossas orações serem eficazes. Eu às vezes me emociono bastante quando estou orando, às vezes até choro. Mas muitas vezes não sinto muita coisa, nem choro. Estou orando sinceramente, mas não *sinto* nada extraordinário. Não podemos basear o valor de nossas orações nos nossos sentimentos. Eu me lembro de desfrutar muito de momentos de oração nos quais eu conseguia *sentir* a presença de Deus, e aí me perguntava o que havia de errado naquelas vezes quando eu não *sentia* nada. Aprendi depois de um tempo que a fé não é baseada nos *sentimentos* nem nas emoções, mas numa certeza de coração.

Além disso, Tiago 5:16 afirma que a oração de um "justo" é poderosa. Ou seja, alguém que não está debaixo de condenação — que confia em Deus e no poder da oração. Não significa alguém sem imperfeição na vida.

O apóstolo Tiago nos instrui a fazermos orações poderosas e eficazes como os homens e mulheres justos de Deus — e em seguida faz um discurso sobre Elias, e como ele era tão humano como nós, mas ainda assim fez orações poderosas. Isso deveria nos dar "respaldo bíblico" suficiente para derrotar a condenação quando ela surgir para nos dizer que não podemos orar por causa das nossas fraquezas e defeitos.

28 DE DEZEMBRO

Seja Você Mesmo

Ora, vocês são o corpo de Cristo, e cada um de vocês, individualmente, é membro desse corpo.

— I CORÍNTIOS 12:27

Estar satisfeito e feliz consigo mesmo é um fator importantíssimo para podermos desfrutar a vida. Por causa da minha criação, tinha muita dificuldade em me aceitar e ser eu mesma. Sempre me comparava com outros, tinha inveja deles, do que possuíam e de suas habilidades. Eu não era eu mesma; tentava ser mais parecida com todas as outras pessoas.

Muitas vezes me sentia sob pressão e frustrada porque não agia segundo os meus dons e chamado. Quando finalmente entendi que não tinha condições de fazer nada a não ser que Deus o tivesse ordenado e me ungido para tal, comecei e relaxar e dizer, "Eu sou quem sou. Não posso ser nada além do que Deus me ajudar a ser. Vou simplesmente me concentrar em ser o melhor que posso".

Deus fez cada um de nós único. Ele o criou pessoalmente e lhe deu seus dons, talentos e habilidades. Pense nisto: ninguém mais no mundo é exatamente como você. Então, quando for tentado a dizer a Deus, "Eu gostaria de ser como fulano de tal," ou "Eu gostaria de poder fazer isto ou aquilo como beltrano", fique quieto. Esteja satisfeito com quem Deus o criou para ser. Lembre-se que Ele o fez exatamente da maneira que Ele quer que você seja. Se tentar ser outra pessoa, perderá a linda vida que Deus planejou especialmente para você.

29 DE DEZEMBRO

Com Deus, Nada é Desperdiçado

Ajuntem os pedaços que sobraram. Que nada seja desperdiçado.

— JOÃO 6:12

Nenhuma experiência em sua vida jamais será desperdiçada ou em vão se você colocar tudo nas mãos do Senhor. Mesmo se sua vida despedaçada parecer um campo de batalha abandonado, Jesus pode usar todos os cacos de seu passado e fazer algo lindo.

Depois que Jesus alimentou cinco mil pessoas com apenas uns poucos pães e dois peixes, Ele disse aos Seus discípulos: "Ajuntem os pedaços que sobraram. Que nada seja desperdiçado" (João 6:12). Os discípulos juntaram doze cestos com as sobras da comida, muito mais do que os pães e os peixes oferecidos a Jesus no começo.

Deus me libertou do medo, da insegurança, dos vícios emocionais e da prisão de um sentimento bem enraizado de rejeição. Então Ele usou os pedaços, os cacos da minha vida, e me deu o glorioso privilégio de ensinar ao Seu povo como podem ser íntegros; como terem vidas e ministérios frutíferos e felizes, e como podem desfrutar relacionamentos saudáveis e amorosos.

Precisamos de uma força interior para nos livrar de sermos assolados pelas circunstâncias ao nosso redor. Temos que permitir a Deus pegar os cacos dos nossos sonhos desfeitos e nos remodelar na imagem de Cristo. Para isso, Ele precisa esmagar os poucos pedacinhos que sobraram e transformar numa argila fina, nos molhar com a Sua Palavra, dar outra forma à nossa massa de restos e nos colocar de volta na Sua roda de oleiro. Mas Ele é mais do que capaz de fazer algo milagroso com o que temos para lhe dar.

30 DE DEZEMBRO

Busque o Trono Antes do Telefone!

Se procurar a sabedoria como se procura a prata e buscá-la como quem busca um tesouro escondido, então você entenderá o que é temer o Senhor e achará o conhecimento de Deus. Pois o Senhor é quem dá sabedoria; de sua boca procedem o conhecimento e o discernimento.

— PROVÉRBIOS 2:4-6

Não corra em busca de conselhos de qualquer pessoa. Ore primeiro, pergunte ao Senhor se é da Sua vontade você buscar o conselho de outro ser humano ou se Ele quer aconselhá-lo Ele mesmo. Eu tive muitos, mas muitos problemas em minha vida, contudo só uma vez busquei o conselho de outra pessoa. Nessa ocasião, visitei uma senhora no ministério que também havia sido abusada. Não quero desmerecê-la, mas ela na verdade não pôde me ajudar. Não foi culpa sua; ela simplesmente não foi ungida pelo Senhor para isto.

Deus não tem a obrigação de ungir aquilo que Ele não iniciou. As pessoas tantas vezes correm para outros sem seguirem a orientação e a liderança do Espírito Santo, e isso nunca dá bom fruto, nem fruto duradouro. *Quando tiver problemas, vá para o trono antes do telefone.* Não quero dizer com isso que estou sugerindo que é errado buscar o conselho dos outros. Só estou sugerindo que você ore e permita que Deus o oriente e conduza através do Seu Espírito Santo. Deixe-o escolher o conselheiro certo para você. Só porque alguém passou pelo que você passou, ou é um amigo chegado, não significa que o indivíduo seja a pessoa certa para aconselhá-lo. Por isso, eu repito, ore!

UM NOVO DIA, UM NOVO VOCÊ — 255

31 DE DEZEMBRO

Paz Para Você

Deixo-lhes a paz; a minha paz lhes dou. Não a dou como o mundo

a dá. Não se perturbe o seu coração, nem tenham medo.

— JOÃO 14:27

Momentos antes de ir para a cruz, Jesus disse aos Seus discípulos que lhes deixaria um presente — a Sua paz. Depois de Sua ressurreição, Ele lhes apareceu novamente, e a primeira coisa que disse foi: "Paz seja com vocês!" (João 20:19). Para provar a eles quem Ele era, Jesus lhes mostrou Suas mãos e Seu lado, e então disse mais uma vez: "Paz seja com vocês!" (v. 21). Oito dias depois, Ele mais uma vez lhes apareceu e novamente Suas primeiras palavras foram: "Paz seja com vocês!" (v. 26).

Obviamente Jesus pretende que Seus seguidores vivam em paz, apesar de tudo o mais que acontece ao seu redor. O que Ele disse aos Seus discípulos — e a nós — é simplesmente: "Parem de se permitir ficar ansiosos e perturbados".

No Salmo 42:5, o salmista pergunta: "Por que você está assim tão triste, ó minha alma? Por que está assim tão perturbada dentro de mim? Ponha a sua esperança em Deus! Pois ainda o louvarei; ele é o meu Salvador".

Quando começamos a ficar preocupados, perturbados, abatidos ou angustiados, precisamos esperar com fé em Deus, que é o nosso Auxílio e o nosso Deus.